今注本二十四史

漢書

漢 班固 撰 唐 顔師古 注

孫曉 主持校注

中國社會科學出版社

二五　傳〔一三〕

漢書　卷九四上

匈奴傳第六十四上

匈奴，[1]其先夏后氏之苗裔，曰淳維。[2]唐虞以上有山戎、獫允、薰粥，[3]居于北邊，隨草畜牧而轉移。其畜之所多則馬、牛、羊，其奇畜則橐佗、驢、驘、駃騠、騊駼、騨奚。[4]逐水草遷徙，無城郭常居耕田之業，然亦各有分地。[5]無文書，以言語爲約束。兒能騎羊引弓射鳥鼠，[6]少長則射狐菟，[7]肉食。[8]士力能彎弓，盡爲甲騎。其俗，寬則隨畜田獵禽獸爲生業，急則人習戰攻以侵伐，[9]其天性也。其長兵則弓矢，短兵則刀鋋。[10]利則進，不利則退，不羞遁走。苟利所在，不知禮義。自君王以下咸食畜肉，衣其皮革，被旃裘。[11]壯者食肥美，老者飲食其餘。貴壯健，賤老弱。父死，妻其後母；兄弟死，皆取其妻妻之。其俗有名不諱而無字。

[1]【今注】案，"匈奴"族名的來源有多種説法。或以爲指"凶惡奴隸"；或以爲"匈"與蒙古語"人"有關；或以爲"匈"即"凶"，與射箭有關；或以爲"匈"爲"獯狁"的拼音，"奴"字是後來漢人所加，具有歧視意味；或以爲"匈奴"名號與其日月

崇拜習俗有關；或以爲“匈奴”名號與其薩滿習俗信仰有關，“匈奴”可解釋爲“胸敕”，用以稱呼那些“外膺内胸，哐氣所衝，能發出呶讙之聲”的人們，或者是衆人呶讙的場景（參見任崇嶽《“匈奴”族名來源辨析》，《中國社會科學報》2016 年 2 月 22 日；李焕青、張宇、李月新《匈奴名號考》，《中央民族大學學報》2019年第 3 期）。

[2]【顔注】師古曰：以殷時始奔北邊。【今注】夏后氏：古史傳說中舜禪位於禹，禹即天子位，南面朝天下，以夏后爲國號，以姒爲姓，故稱夏后氏。案，或以爲匈奴與中原華夏民族並非同宗共祖，其人種構成是以蒙古人種爲主體，並隨着歷史發展逐步融納歐羅巴、華夏血統成分（參見馬利清《關於匈奴人種的考古學和人類學研究》，《中央民族大學學報》2007 年第 4 期）。

[3]【顔注】師古曰：皆匈奴別號。獫音險。粥音弋六反。【今注】唐虞：唐堯與虞舜的並稱，即堯舜。　山戎：北方古族名。或以爲山戎即北狄，亦即匈奴的祖先。或以爲山戎在春秋前期就已和赤狄、白狄、貊、無終等一起東移，存在於燕北和冀東地區。或以爲山戎在齊桓公討伐後又東遷、西遷，已經同東胡、匈奴及中原的秦、晉等國融合。或以爲山戎即無終戎、令支戎和孤竹戎，齊桓公所伐的就是這三支戎族。或以爲“夏家店上層文化”就是“山戎文化”。或以爲軍都山、玉皇廟類型的青銅文化即山戎文化，這一類型文化的先民在齊桓公東征後，既沒有融合於東胡，也沒有融合於匈奴，更沒有融合於中原文明，而是獨立發展成爲隋唐時期的庫莫奚部，成爲幾千年一直傳承的文明。或以爲山戎是對古代北方具有濃郁“崇山”習俗的各游牧部族的泛稱（詳見李焕青《“山戎”名號考》，《中央民族大學學報》2010 年第 1 期）。　獫（xiǎn）允：北方古族名。又作“獫狁”。　薰粥（yù）：北方古族名。又作“薰育”“薰鬻”。關於匈奴的族源，王國維《鬼方昆夷獫狁考》認爲後世之匈奴即商時的鬼方、混夷、獯鬻，周時的獫

狄，春秋時的戎狄，戰國時的胡。蒙文通、黃文弼主張義渠爲匈奴前身。岑仲勉、孫次舟認爲匈奴爲西來種族而非東方土著。多數學者認爲，匈奴的起源地在今蒙古和外貝加爾地區或中國北方鄂爾多斯地區（參見馬利清《原匈奴、匈奴——歷史與文化的考古學探索》，內蒙古大學出版社 2005 年版）。

[4]【顏注】師古曰：橐佗，言能負橐囊而馱物也。蠃，驢種而馬生也。駃騠，俊馬也（俊，殿本作“駿”），生七日而超其母。駒駼，馬類也。生北海。驒奚，駏驢類也。佗音徒何反（何，蔡琪本、殿本作“河”）。駃音決。騠音提。駒音桃。駼音塗。驒音顚。【今注】橐（tuó）佗：駱駝。蠃（luó）：同“騾”。驢、騾爲外來畜種，因稀罕而珍貴，在上古以至秦及西漢時期被中原視爲“奇畜”。顧炎武《日知錄》卷二九説：“自秦以上，傳記無言驢者。意其雖有，而非人家所常畜也。……嘗考驢之爲物，至漢而名，至孝武而得充上林，至孝靈而貴幸。然其種大抵出於塞外。”駃（jué）騠（tí）：良馬。或以爲公馬母驢所產爲駃騠，公驢母馬所產爲蠃。駒（táo）駼（tú）：如馬之獸。驒（diān）奚：一種野馬。

[5]【顏注】師古曰：分音扶問反。其下亦同。【今注】分（fèn）地：意同封地。匈奴政權實行以部落爲單位的分封制，以單于、王、將爲代表的各級統治者皆有劃定的游牧地，以養其部屬。

[6]【顏注】師古曰：言其幼小則能射。

[7]【顏注】師古曰：少長言漸大。【今注】少：同“稍”。菟：同“兔”。

[8]【顏注】師古曰：言無米粟（粟，蔡琪本、大德本、殿本作“粟”），唯食肉（唯，蔡琪本、殿本作“惟”）。

[9]【顏注】師古曰：人人皆習之。

[10]【顏注】師古曰：鋋，鐵把小矛也，音蟬。【今注】鋋（chán）：一種短矛，適合投擲。

[11]【今注】㫋：同“氈”。蔡琪本、殿本作“旃”。

　　夏道衰，而公劉失其稷官，變于西戎，[1]邑于
豳。[2]其後三百有餘歲，戎狄攻大王亶父，[3]亶父亡走
于岐下，[4]豳人悉從亶父而邑焉，作周。[5]其後百有餘
歲，周西伯昌伐畎夷。[6]後十有餘年，武王伐紂而營雒
邑，[7]復居于酆、鎬，[8]放逐戎夷涇、洛之北，[9]以時
入貢，名曰荒服。[10]其後二百有餘年，周道衰，而周
穆王伐畎戎，[11]得四白狼四白鹿以歸。[12]自是之後，
荒服不至。[13]於是作《吕刑》之辟。[14]至穆王之孫懿
王時，[15]王室遂衰，戎狄交侵，[16]暴虐中國。中國被
其苦，詩人始作，疾而歌之，曰：“靡室靡家，玁狁之
故”；“豈不日戒，玁狁孔棘”。[17]至懿王曾孫宣王，[18]
興師命將以征伐之，詩人美大其功，曰：“薄伐玁狁，
至于太原”；[19]“出車彭彭”，“城彼朔方”。[20]是時四
夷賓服，稱爲中興。

　　[1]【顏注】師古曰：公劉，后稷之曾孫也。變，化也，謂
行化於其俗。【今注】公劉：上古周族領袖，爲后稷之曾孫，姬
姓。率周人遷居於豳，定居農耕，周族由此興盛。事迹見《史記》
卷四《周本紀》。　稷官：上古主管農田耕種的官員。　西戎：上
古對西北戎族的總稱。或以爲指夏商周三代以來生活於今中國西北
一帶的非周非秦人群。其起源應是本地自新石器時代晚期以來由於
氣候變化而逐漸畜牧化、武裝化，並具有移動習性的羌系人群，同
時也不排除更遥遠族群的滲入。原活動於今陝西、甘肅、寧夏、青
海東部一帶，逐漸東移，後爲秦人所破服。（參見史黨社《秦與北
方民族歷史文化論集》，科學出版社2018年版，第72頁）甘肅張

家川回族自治縣馬家塬墓地、清水縣劉坪墓地、秦安縣王窪墓地等
皆屬西戎文化。

[2]【顏注】師古曰：即今之豳州是其地也。【今注】豳：地
名。在今陝西旬邑縣西南。公劉率周人由邰（今陝西咸陽市楊陵
區）遷居於此。《詩·大雅·公劉》：“篤公劉，于豳斯館。”

[3]【顏注】師古曰：自公劉至亶父承九君也（承，蔡琪本、
大德本、殿本作“凡”）。父讀曰甫。【今注】大王亶父：即古公
亶父。公劉九世孫，文王姬昌祖父。武王時追尊爲大王（太王）。
事迹見《史記·周本紀》。

[4]【顏注】師古曰：岐山之下。【今注】岐：岐山。在今陝
西岐山縣北。

[5]【顏注】師古曰：始作周國也。

[6]【顏注】師古曰：西伯昌即文王也。畎音工犬反。畎夷
即畎戎也，又曰昆夷。昆字或作混，又作緄，二字並工本反（蔡
琪本、大德本、殿本“工”前有“音”字）。昆、緄、畎聲相近
耳。亦曰犬戎也。《山海經》云：“黄帝生苗龍，苗龍生融吾，融
吾生弄明，弄明生白犬。白犬有二，牝牡，是爲犬戎。”許氏《説
文解字》曰“赤狄本犬種也”，故字從犬。【今注】西伯昌：即周
文王姬昌。　畎（quǎn）夷：即犬戎，又作“犬夷”“昆夷”“混
夷”“昆戎”，古戎人的一支。公元前771年與申侯聯合攻殺周幽
王，迫使周室東遷，西周亡。文王姬昌征服犬戎，可能是將其遷往
隴山以西西漢水流域（參見史黨社《日出西山——秦人歷史新
探》，陝西人民出版社2013年版，第174—177頁）。

[7]【今注】雒邑：城名。在今河南洛陽市。周武王時初建，
成王時由周公旦加以營繕，作爲西周之東都，統控東方。周室東
遷，復爲東周都城。東周王城在今洛陽市王城公園一帶。

[8]【今注】酆鎬：西周二國都名。酆，在今陝西西安市鄠邑
區東。鎬，在今陝西西安市西南。西伯姬昌討伐崇侯虎，將國都自

岐遷酆。武王姬發遷都於鎬，酆仍爲西周都畿重地。

[9]【顏注】師古曰：此洛即漆沮水也，本出上郡雕陰泰冒山，而東南入于渭。【今注】涇：涇水，即今涇河，源出寧夏六盤山東麓，東南流經甘肅，在陝西西安市高陵區附近從北匯入渭河。

洛：洛水，即今陝西北部洛河。源出定邊縣南梁山，東南流經志丹、洛川、蒲城等縣，在大荔縣三河口附近匯入渭河。

[10]【今注】荒服：《禹貢》“五服”制度之第五服，在“要服”之外，四方各五百里，屬戎狄之地。荒，荒遠。

[11]【顏注】師古曰：穆王，成王孫，康王子也。【今注】周穆王：西周國君姬滿。周成王之孫，昭王之子。事迹詳見《史記·周本紀》。案，“其後二百有餘年”而周穆王伐畎戎，此説抄自《史記》卷一一〇《匈奴列傳》。梁玉繩《史記志疑》卷三三以爲，自武王伐紂至穆王末不足二百年，疑“二”字衍。沈欽韓《漢書疏證》據《竹書紀年》“穆王十二年伐犬戎”，以爲從成王至此年纔九十四年，亦疑“二”字衍。

[12]【今注】案，白狼、白鹿皆爲犬戎向周王朝貢獻的珍稀之物。《後漢書》卷八七《西羌傳》記作：“至穆王時，戎狄不貢，王乃西征犬戎，獲其五王，又得四白鹿，四白狼。”本傳及《史記·匈奴列傳》皆不載“獲其五王”之事。

[13]【今注】案，傳統以爲周穆王輕率征討犬戎導致戎狄不貢，“荒服不至”。有研究者認爲，周戎關係的惡化，或許是因爲長期以來的氣候變化，導致中原與邊緣族群間資源競争的結果（參見王明珂《華夏邊緣——歷史記憶與族群認同》，社會科學文獻出版社2006年版，第119—162頁）。

[14]【顏注】師古曰：即《尚書·呂刑篇》是也。辟，法也，音闢。【今注】呂刑：周穆王時頒行的法典名，因由呂侯（即甫侯）主持修訂，故稱《呂刑》，亦稱《甫刑》。詳細規定了墨、劓、剕、宮、大辟等五刑約三千條，部分内容記於《尚書·呂刑》

而得以留傳下來。　辟：法律。亦指刑罰。

［15］【今注】懿王：西周國君姬囏。在位期間爲戎狄逼侵，將國都自鎬徙於犬丘。事迹見《史記·周本紀》。

［16］【今注】案，戎狄交相入侵之事，又見《竹書紀年》："懿王十三年，翟人侵岐。二十一年，虢公帥師北伐犬戎，敗逋。"

［17］【顏注】師古曰：《小雅·采薇》之詩也。孔，甚也。棘，急也。言征役踰時，靡有室家夫婦之道者，以有獫允之難故也。豈不日日相警戒乎？獫允之難甚急。

［18］【今注】宣王：西周國君姬静（一作"姬靖"）。事迹見《史記·周本紀》。

［19］【顏注】師古曰：《小雅·六月》之詩也。薄伐，言逐出之。【今注】案，于，殿本作"於"。　太原：一作"大原"。古地區名。其具體地望説法不一。或以爲在今寧夏固原市、甘肅平涼市一帶。或以爲在今山西。或以爲在今内蒙古包頭市以東的河套地區。

［20］【顏注】師古曰：《小雅·出車》之詩也。彭彭，盛也。朔方，北方也。言獫允既去，北方安静，乃築城以守。

　　至于幽王，用寵姬褒姒之故，與申侯有隙。[1]申侯怒而與畎戎共攻殺幽王于麗山之下，[2]遂取周之地，鹵獲而居于涇渭之間，[3]侵暴中國。秦襄公救周，[4]於是周平王去酆鎬而東徙于雒邑。[5]當時秦襄公伐戎至岐，[6]始列爲諸侯。後六十有五年，而山戎越燕而伐齊，[7]齊釐公與戰于齊郊。[8]後四十四年，而山戎伐燕，燕告急齊，[9]齊桓公北伐山戎，[10]山戎走。後二十餘年，而戎翟至雒邑，[11]伐周襄王，[12]襄王出奔于鄭之氾邑。[13]

[1]【顏注】師古曰：幽王，宣王之子。【今注】幽王：西周末代君主姬湼（湼，又作"湦""涅"）。事迹詳見《史記》卷四《周本紀》。 用：因。 褒姒：初爲周幽王妃，甚得寵幸，生子名伯服。幽王爲博褒姒一笑，不惜舉烽燧而徵諸侯。後廢申后而以褒姒爲王后，廢太子宜臼而立伯服爲太子，申后之父申侯聯合犬戎攻周，殺幽王，擄褒姒，周室被迫東遷。

[2]【顏注】師古曰：麗讀曰驪。【今注】麗山：即驪山，又作"酈山"。在今陝西西安市臨潼區東南。居於此處的戎人部族號曰驪戎。

[3]【今注】鹵獲：擄掠所得的財物。案，《史記》卷一一〇《匈奴列傳》作"焦穫"。王先謙《漢書補注》以爲焦穫爲地名，在今陝西涇陽縣西北，此"鹵獲"乃誤文。

[4]【今注】秦襄公：春秋時期秦國國君。嬴姓，名字失傳。二周之際因護送周平王東遷有功而得封爲諸侯，故爲秦開國君主。公元前777年至前766年在位。事迹詳見《史記》卷五《秦本紀》。

[5]【顏注】師古曰：平王，幽王之子。

[6]【顏注】師古曰：邠，古"岐"字。【今注】案，當時，《史記·匈奴列傳》作"當是之時"。劉敞、王先謙皆以爲"當"字下脫"是"字（詳王先謙《漢書補注》）。

[7]【今注】案，山戎越過燕國侵擾齊國之事，時在周桓王十四年（前706）。

[8]【顏注】師古曰：釐讀曰僖。【今注】齊釐（xī）公：春秋時期齊國國君姜禄甫（甫，一作"父"），齊莊公之子。公元前730年至前698年在位。事迹詳見《史記》卷三二《齊太公世家》。

[9]【今注】案，"齊"上當脫"於"字。《史記·齊太公世家》《匈奴列傳》亦皆作"燕告急於齊"。

[10]【今注】齊桓公：春秋時期齊國國君姜小白。公元前685年至前643年在位。爲春秋"五霸"之首。事迹詳見《史記·齊太

公世家》。

[11]【今注】戎翟：即戎狄。戎狄伐周，時在周襄王十六年（前636）。

[12]【顏注】師古曰：襄王，惠王之子。【今注】周襄王：東周國君姬鄭。公元前651年至前619年在位。事迹詳見《史記·周本紀》。

[13]【顏注】蘇林曰：氾音凡，今潁川襄城是也。師古曰：以襄王嘗處之，因號襄城。【今注】氾（fán）邑：在今河南襄城縣南。

初，襄王欲伐鄭，故取翟女爲后，與翟共伐鄭。已而黜翟后，翟后怨，而襄王繼母曰惠后，有子帶，欲立之，於是惠后與翟后、子帶爲内應，開戎翟，[1]戎翟以故得入，破逐襄王，而立子帶爲王。於是戎翟或居於陸渾，[2]東至于衞，[3]侵盜尤甚。周襄王既居外四年，迺使使告急於晉。晉文公初立，[4]欲脩霸業，迺興師伐戎翟，誅子帶，迎内襄王于雒邑。[5]

[1]【今注】開戎翟：開門納入戎狄。

[2]【顏注】師古曰：今伊闕南陸渾山川是其地。【今注】陸渾：地名。在今河南嵩縣東北。春秋時爲戎狄入居於此，稱"陸渾戎"，後爲晉所滅。

[3]【今注】案，于，殿本作"於"。

[4]【今注】晉文公：春秋時期晉國國君，名重耳。公元前636年至前628年在位。在位期間，晉國日强，成爲諸侯霸主。事迹詳見《史記》卷三九《晉世家》。

[5]【今注】内：同"納"。

當是時，秦、晉爲强國。[1]晉文公攘戎翟，居于西河圜、洛之閒，[2]號曰赤翟、白翟。[3]而秦穆公得由余，[4]西戎八國服於秦。故隴以西有緜諸、緄戎、狄、獂之戎，[5]在岐、梁、涇、漆之北有義渠、大荔、烏氏、朐衍之戎，[6]而晉北有林胡、樓煩之戎，[7]燕北有東胡、山戎。[8]各分散谿谷，自有君長，往往而聚者百有餘戎，然莫能相壹。[9]

[1]【今注】案，强，殿本作“彊”。

[2]【顏注】晉灼曰：圜音罷。《三倉》作圁。《地理志》：“圁水出上郡白土縣西，東流入河。”師古曰：圁水即今銀州銀水是也。書本作圁，晉説是也。後轉寫者誤爲圜耳。洛水亦謂漆沮。【今注】案，西河，《史記》卷一一○《匈奴列傳》作“河西”。圜：圜水，即今陝西禿尾河。圜，本作“圁”，後轉寫爲“圜”。

[3]【顏注】師古曰：《春秋》所書“晉師滅赤狄潞氏”“郤缺獲白狄子”者。【今注】赤翟：即赤狄。狄人的一支，春秋時期主要居處於今山西南部。　白翟：即白狄。狄人的一支，春秋時期主要分布於今陝北、山西、内蒙古中南部及河北地區。

[4]【今注】秦穆公：春秋時期秦國國君。公元前659年至前621年在位。春秋“五霸”之一。事迹見《史記》卷五《秦本紀》。

由余：一作“繇余”。戎人中之賢者，諫戎王而不聽，遂投歸秦國，轉助秦收服戎人諸部。

[5]【顏注】師古曰：皆在天水界，即緜諸道及狟道是也。獂音桓。【今注】隴：山名。在今陝西隴縣西，屬六盤山山脈南延。

緜諸：即綿諸。本爲西戎部族名稱，後被秦國征服，於其地置綿諸道，治所在今甘肅天水市北。　狄：此指戎人的一支狄戎，主要居處於今甘肅臨洮縣。後被秦征服，於其地置狄道。案，“故隴以西有縣諸、畎戎、狄、獂之戎”，中華本作“故隴以西有縣諸、畎戎、狄獂之戎”，似以顏師古注爲據，將“狄”“獂”合而視爲西戎的一支。如此則上文所言“西戎八國”唯見其七（縣諸、畎戎、狄獂、義渠、大荔、烏氏、朐衍），於義未安。查《史記·匈奴列傳》記作“翟、獂之戎”，中華書局標點本斷以頓號，將“翟”與“獂”各作戎人之一支，正合“八國”之數。“翟”與“狄”通，故《漢書》本傳亦當斷爲“狄、獂之戎”。 獂（huán）：一作“豲”，又作“貆”。西戎部族名。獂戎主要活動於隴西一帶，後被秦國征服，於其地置獂道，治所在今甘肅隴西縣東南。甘肅漳縣三岔村墩坪墓地共有二百餘座古墓，時代在春秋晚期至戰國中期，具有西戎文化因素，發掘者推測墓主人可能屬獂戎。

[6]【顏注】師古曰：此漆水在新平。荔音隸。氏音支。朐音許于反。【今注】梁：山名。在今陝西乾縣西北，西南延入今扶風縣内。 漆：水名。即今陝西水簾河。發源於麟游縣七里村，東北流至彬縣水簾洞村匯入涇河。 義渠：西戎部族名。後被秦國征服，於其地置義渠道，治所在今甘肅慶陽市西峰區。 大荔：西戎部族名。後被秦國征服，於其地置臨晉縣，治所在今陝西大荔縣朝邑鎮。或以爲大荔戎本居北地，秦征服後將其内遷至臨晉縣，如全祖望即説：“大荔之戎，亦名芮戎，在北地；而芮伯之國在臨晉。其後，大荔滅于秦，種落蓋有居于臨晉者，漢人遂合芮戎、芮伯之國而一之，謂臨晉即故大荔，是大謬也。”（《全校〈水經注〉》，《四庫未收書輯刊》第2輯第24册，北京出版社2000年版，第78頁） 烏氏（zhī）：西戎部族名。後被秦國征服，於其地置烏氏縣，治所在今寧夏固原市東南。 朐（qú）衍：西戎部族名。後被秦國征服，於其地置朐衍道，治所在今寧夏鹽池縣北柳楊堡鄉張家場古城（魯人勇、吳忠禮、徐莊：《寧夏歷史地理考》，寧夏人民出版社1993年版，第6—7頁）。

[7]【今注】林胡：又作“澹林”“襜襤”“儋林”“澹臨”。

北方古族名。居處於今山西與内蒙古交界處西段。　樓煩：北方古族名。居處於今山西與内蒙古交界處東段。

[8]【顏注】服虔曰：烏桓之先也，後爲鮮卑。【今注】東胡：古族名。因居匈奴之東，故名。從事畜牧狩獵。漢初被匈奴冒頓單于擊敗，退居烏桓山（後稱烏桓）和鮮卑山（後稱鮮卑），其故地歸屬匈奴左賢王。

[9]【今注】案，春秋戰國時期戎人組織體系情形，亦見《後漢書》卷八七《西羌傳》記載：“戎本無君長，夏后氏末及商、周之際，或從侯伯征伐有功，天子爵之，以爲藩服。春秋時，陸渾、蠻氏戎稱子，戰國世，大荔、義渠稱王，及其衰亡，餘種皆反舊爲酋豪云。”

　　自是之後百有餘年，晉悼公使魏絳和戎翟，[1]戎翟朝晉。後百有餘年，趙襄子踰句注而破之，[2]并代以臨胡貉。[3]後與韓、魏共滅知伯，[4]分晉地而有之，則趙有代、句注以北，而魏有西河、上郡，[5]以與戎界邊。

[1]【今注】晉悼公：春秋時期晉國國君姬周。公元前572年至前558年在位。事迹詳見《史記》卷三九《晉世家》。　魏絳：即魏昭子，或稱魏莊子。春秋時期晉國大夫，佐助晉悼公九合諸侯，和輯戎狄。事迹詳見《史記》卷四四《魏世家》。案，此處記載魏絳和戎事距秦穆公征服西戎八國“百有餘年”，似有誤。宋人王應麟《困學紀聞》即曰：“魯文公三年，秦始霸西戎；襄公四年，晉魏絳和戎，裁五十餘歲。”

[2]【今注】趙襄子：即趙毋卹（毋卹，一作“無恤”），春秋末晉國六卿之一。聯合韓、魏二卿攻滅智氏，爲後來“三家分晉”奠定了基礎。事迹詳見《史記》卷四三《趙世家》。　句注：山名。又名陘嶺、西陘山，在今山西代縣西北。屬恒山山脈。

代：小國名。都城在今河北蔚縣代王城鎮，統治區域大致在今山西大同市至河北蔚縣一帶。公元前475年，趙襄子設計誘殺代王，征服代地。

　　[3]【顏注】師古曰：貉音莫伯反。【今注】胡：此指戎狄以外的北方少數民族，主要爲匈奴。在公元前271年秦滅義渠之前，從黃河上游的洮河流域，即今甘肅中部，經過甘肅東部、寧夏、内蒙古中南部、山西和河北北部、内蒙古東南部，直到遼河流域，皆爲包括匈奴在内的胡人分布區域（參見史黨社《秦與北方民族歷史文化論集》，科學出版社2018年版，第47頁）。　貉（mò）：同"貊"。泛指東北少數民族。《史記索隱》："貉即濊也。"

　　[4]【今注】知（zhì）伯：即智伯荀瑤，春秋末期晉國大夫。先聯合趙氏消滅范氏、中行氏二家而瓜分其地，復聯合韓、魏二家共同攻趙氏，反被攻滅。

　　[5]【今注】西河：戰國時期魏國郡名，或稱河西郡。魏文侯時始置，大致在今陝西華陰市以東，黃龍縣以南，洛河以東，黃河以西。因地在黃河以西，故名。　上郡：戰國時期魏國郡名。又稱上地郡。魏文侯時始置，大致在今陝西洛河以東、黃梁河以北，東北到陝北子長縣、延安市一帶（參見后曉榮《戰國政區地理》，文物出版社2013年版，第67—68頁）。

　　其後，義渠之戎築城郭以自守，而秦稍蠶食之，至於惠王，[1]遂拔義渠二十五城。惠王伐魏，魏盡入西河及上郡于秦。秦昭王時，[2]義渠戎王與宣太后亂，有二子。[3]宣太后詐而殺義渠戎王於甘泉，[4]遂起兵伐滅義渠。[5]於是秦有隴西、北地、上郡，[6]築長城以距胡。[7]而趙武靈王亦變俗胡服，[8]習騎射，北破林胡、樓煩，自代並陰山下至高闕爲塞，[9]而置雲中、雁門、代郡。[10]其後燕有賢將秦開，爲質於胡，胡甚信之。

歸而襲破東胡，東胡卻千餘里。[11]與荊軻刺秦王秦舞陽者，開之孫也。燕亦築長城，自造陽至襄平，[12]置上谷、漁陽、右北平、遼西、遼東郡以距胡。[13]當是時，冠帶戰國七，[14]而三國邊於匈奴。[15]其後趙將李牧時，[16]匈奴不敢入趙邊。

[1]【今注】惠王：即秦惠文王嬴駟。戰國時期秦國國君。公元前 338 年至前 311 年在位。事迹詳見《史記》卷五《秦本紀》。

[2]【今注】秦昭王：即秦昭襄王嬴稷。戰國時期秦國國君。公元前 306 年至前 251 年在位。事迹詳見《史記·秦本紀》。

[3]【顏注】師古曰：即昭王母也。【今注】宣太后：秦惠文王之妃，昭襄王之母。詳見《史記》卷七二《穰侯列傳》。

[4]【今注】甘泉：山名。在今陝西淳化縣西北。秦建林光宮於山上。

[5]【今注】案，此言秦昭襄王伐滅義渠，然賈誼《新書·匈奴》言"義渠、東胡諸國又頗來降"，本書卷四九《鼂錯傳》有"今降胡義渠蠻夷之屬來歸誼者"，本傳後文記漢昭帝時"屬國千長義渠王騎士射殺犁汗王"，可知義渠殘部至西漢中期仍時或出現在歷史舞台上（參見余太山《古族新考》，中華書局 2000 年版，第 126—127 頁）。

[6]【今注】隴西：秦郡名。本爲義渠戎之地，秦昭襄王時攻取其地而置郡，治狄道（今甘肅臨洮縣南）。 北地：秦郡名。亦爲義渠戎之地，秦昭襄王時攻取其地而置郡，治義渠縣（今甘肅寧縣西北）。

[7]【今注】長城：此指秦滅義渠戎後修築的長城，西起甘肅臨洮縣，東北經甘肅定西市、寧夏固原市、甘肅慶陽市、陝西延安市，東至内蒙古准格爾旗黄河岸邊的十二連城附近，或稱秦昭王長城。

[8]【今注】趙武靈王：戰國時期趙國國君趙雍。公元前 326 年至前 299 年在位。事迹詳見《史記》卷四三《趙世家》。

[9]【顏注】師古曰：並音步浪反。高闕，解在《衛青霍去病傳》（殿本無"霍去病"三字）。【今注】並（bàng）：同"傍"。

高闕：地名。戰國秦漢時期爲北邊要塞。陰山山脈至此斷爲一缺口，如同門闕，故名。或以爲在今内蒙古烏拉特中旗狼山山脈石蘭計山口（參見唐曉峰《内蒙古西北部秦漢長城調查記》，《文物》1977 年第 5 期）。或以爲在今内蒙古烏拉特前旗宿荄鄉張連喜店村附近烏拉前山大溝口一帶（參見何清谷《高闕地望考》，《陝西師大學報》1986 年第 3 期）。今内蒙古大青山山麓所見由夯土壘築的古長城，皆爲趙長城遺迹（參見李逸友《中國北方長城考述》，《内蒙古文物考古》2001 年第 1 期）。

[10]【今注】雲中：戰國時期趙國郡名。本爲林胡之地，趙武靈王擊破林胡而置郡，因築有雲中城，故名。秦及西漢郡治雲中縣（今内蒙古托克托縣古城村）。　雁門：戰國時期趙國郡名。本爲樓煩之地，趙武靈王破之而置郡，因轄境内有雁門山，故名。秦及西漢郡治善無縣（今山西右玉縣南）。　代郡：戰國時期趙國郡名，轄三十六縣。秦及西漢郡治代縣（今河北蔚縣西南）。案，《史記·趙世家》記趙武靈王二十六年"攘地北至燕、代，西至雲中、九原"。《竹書紀年》記魏襄王十七年（趙武靈王二十四年）"邯鄲命吏大夫奴遷于九原"。可知九原郡亦爲武靈王時期所拓西北邊郡之一。

[11]【顏注】師古曰：卻（卻，蔡琪本、殿本作"郤"），退也，音丘略反。【今注】卻：同"却"，擊退。案，燕國敗胡拓境，時間或在燕昭王（前 312—前 279 年在位）時。如吕祖謙《大事記解題》卷四："秦開不知當燕何君之世，然秦武陽乃開之孫，計其年，或在昭王時。"

[12]【顏注】師古曰：造陽，地名，在上谷界。襄平即遼東

所治也。【今注】造陽：戰國時期燕國邊邑，在今河北赤城縣北獨石口一帶。　襄平：戰國時期燕國縣名。在今遼寧遼陽市。秦及西漢爲遼東郡治所。燕北邊長城從今河北張家口市向東延伸，經河北、北京、内蒙古、遼寧蜿蜒進入今朝鮮境内。

[13]【今注】上谷：戰國時期燕國郡名。本爲東胡之地，燕擊退東胡而置郡。《水經注・聖水》引王隱《晉書・地道志》曰："郡在谷之頭，故因以上谷名焉。"秦及西漢郡治沮陽縣（今河北懷來縣大古城村）。　漁陽：戰國時期燕國郡名。本爲東胡之地，燕擊退東胡而置郡，因在漁水之陽而得名。秦及西漢郡治漁陽縣（今北京市懷柔區北房鎮梨園莊東）。　右北平：戰國時期燕國郡名。本爲東胡之地，燕擊退東胡而置郡。或因在北平縣（今河北保定市滿城區東）之右而得名。秦及西漢郡治平剛縣（今内蒙古寧城縣西南）。　遼西：戰國時期燕國郡名。本爲東胡之地，燕擊退東胡而置郡。因在遼水之西而得名。秦及西漢郡治且慮縣（今遼寧義縣北）。　遼東郡：戰國時期燕國郡名。本爲東胡之地，燕擊退東胡而置郡。因在遼水之東而得名。秦及西漢郡治襄平縣（今遼寧遼陽市）。

[14]【今注】冠帶：本指成年男子著冠束髮、以帶束腰的服制，引申爲禮儀文明，甚至代指華夏，以區別於文化相對落後、風俗異於華夏的緣邊少數民族。如《史記》卷一一〇《匈奴列傳》記漢文帝致匈奴單于書信曰："長城以北，引弓之國，受命單于；長城以内，冠帶之室，朕亦制之。"

[15]【顏注】如淳曰：燕、趙、秦。

[16]【今注】李牧：戰國末期趙國將領。長期爲趙國防守北部邊疆，打敗東胡、林胡、匈奴。又曾打敗秦軍，因功封武安君。事迹詳見《史記》卷八一《廉頗藺相如列傳》。

後秦滅六國，而始皇帝使蒙恬將數十萬之衆北擊胡，[1] 悉收河南地，[2] 因河爲塞，[3] 築四十四縣城臨河，[4] 徙適戍以充之。[5] 而通直道，[6] 自九原至雲陽。[7] 因邊山險，塹谿谷，可繕者繕之，[8] 起臨洮至遼東萬餘里。[9] 又度河據陽山北假中。[10]

[1]【今注】蒙恬：秦國將領。祖先世爲武將。戰國末曾參與伐楚、滅齊之役。秦統一後，率軍北擊匈奴，收復河南地（今内蒙古河套一帶），並修直道，築長城，駐守北邊。後遭趙高、李斯等陷害而自殺。事迹詳見《史記》卷八八《蒙恬列傳》。　案，數十萬，《史記》卷六《秦始皇本紀》作“三十萬”；卷一一〇《匈奴列傳》作“十萬”。據梁玉繩《史記志疑》卷三三，當以“三十萬”爲是。

[2]【今注】河南地：今内蒙古河套地區。因在内蒙古境内黄河東流段以南，故名。

[3]【今注】塞：邊防設施的總稱。本書卷九四下《匈奴傳下》：“起塞以來，百有餘年，非皆以土垣也，或因山巖石，木柴僵落，谿谷水門，稍稍平之，卒徒築治，功費久遠，不可勝計。”可知秦漢時期的邊防設施，皆因地制宜，或倚高山峽谷，稍作整治；或臨河流，興築木柵、水門；或就地取材，壘砌墻垣，構築籬笆，設置“强落”，這些設施總稱爲“塞”（詳見吳礽驤《河西漢塞調查與研究》，文物出版社2005年版，第182—183頁）。

[4]【今注】案，四十四，《史記·秦始皇本紀》作“三十四”，或誤。

[5]【顏注】師古曰：適讀曰讁。有罪讁合徙戍者，令徙居之。

[6]【今注】直道：秦代修築的一條高等級交通運輸道路。秦統一全國後，爲了抵禦來自匈奴的侵擾，派遣蒙恬率三十萬大軍守衛北疆，並開通了一條北起九原、南至雲陽的道路。《史記·秦始

皇本紀》記載，"道九原抵雲陽，塹山堙谷，直通之"，故稱之爲"直道"。秦直道的設計者巧妙地利用了陝、甘交界處的子午嶺，以及陝北及內蒙古南部黃土高原特有的地形地貌，建成了中國古代唯一沿山脊和高地選綫的國家級交通大道。修成的直道綫形順直，彎道很大，道路標準很高，被譽爲中國高速公路之祖。直道是秦王朝支援北方長城沿綫地帶軍事防務的運輸綫，爲秦軍守邊拓境提供了保障，也爲後來中原與北方草原地區的經濟、文化交流提供了交通便利。

[7]【今注】九原：縣名。治所在今內蒙古包頭市九原區。雲陽：縣名。治所在今陝西淳化縣西北。

[8]【顏注】師古曰：繕，補也。

[9]【今注】臨洮：縣名。治所在今甘肅岷縣。案，"因邊山險，塹谿谷，可繕者繕之，起臨洮至遼東萬餘里"一句所言當指長城而非直道，其前當有脫文。

[10]【顏注】師古曰：北假，地名。【今注】陽山：即今內蒙古河套平原西北之狼山，屬陰山山脈。　北假：地名。大致爲今內蒙古包頭市狼山口以東、狼山以西、烏加河兩岸之地。《水經注·河水》："自高闕以東，夾山帶河，陽山以往，皆北假也。"

　　當是時，東胡强而月氏盛。[1]匈奴單于曰頭曼，[2]頭曼不勝秦，北徙。十有餘年而蒙恬死，諸侯畔秦，中擾亂，[3]諸秦所徙適邊者皆復去，[4]於是匈奴得寬，復稍度河南與中國界於故塞。

[1]【顏注】師古曰：氏音支。【今注】月氏：古族名。秦漢之際，游牧於敦煌、祁連間（今甘肅蘭州市以西直至敦煌市的河西走廊一帶）。漢文帝時，因避匈奴，西遷至今新疆西部伊犁河流域及其以西，稱大月氏。

　　[2]【顏注】師古曰：曼音莫安反。【今注】單于：匈奴政權最高統治者的職位名稱（官稱），意即“廣大”，略同於中原皇帝之“皇”。　頭曼：匈奴首領。統治時間大約是公元前247年至前209年（參見陳序經《匈奴史稿》，中國人民大學出版社2007年版，第174頁）。《史記》《漢書》作者視其爲單于名字，後世治史者亦因循其説。最新研究認爲，秦漢時期匈奴首領完整的政治名號由官號和官稱兩部分構成，官稱是制度化的政治職務，官號（亦即“單于號”）則是附加在官稱之前的裝飾性榮銜。單于號不是單于本人擔任單于之前的名字，而是登上單于位獲得的專有名號。司馬遷時代的漢人對匈奴單于號制度缺乏瞭解，《史記》記録的歷任單于名單如頭曼、冒頓等衹有其單于號而無其人名，致使後人視這些單于號爲人名。至漢宣帝時代，漢朝對於匈奴社會與政治的認識已經相當深入了，故《漢書》在記録西漢後期匈奴單于世次、單于登位前後的名字與單于號時，就比較準確，没有發生《史記》那種含混與誤會。就“頭曼單于”而言，“單于”是官稱，“頭曼”則是官號。頭曼爲突厥語tumen的音譯，意即萬人、萬户。（詳見羅新《匈奴單于號研究》，《中國史研究》2006年第2期）

　　[3]【今注】案，蔡琪本、大德本、殿本“中”後有“國”字，當據補。

　　[4]【顏注】師古曰：適音讁。

　　單于有太子，名曰冒頓。[1]後有愛閼氏，生少子，[2]頭曼欲廢冒頓而立少子，迺使冒頓質於月氏。冒頓既質，而頭曼急擊月氏。月氏欲殺冒頓，冒頓盜其善馬，騎亡歸。頭曼以爲壯，令將萬騎。冒頓迺作鳴鏑，[3]習勒其騎射，[4]令曰：“鳴鏑所射而不悉射者斬。”行獵獸，有不射鳴鏑所射輒斬之。已而，冒頓以鳴鏑自射善馬，左右或莫敢射，冒頓立斬之。居頃之，復以鳴鏑自射其愛妻，左右或頗恐，不敢射，復斬之。頃之，冒頓出獵，以鳴鏑射單于善馬，左右皆射之。於是冒頓知其左右可用，從其父單于頭曼獵，以鳴鏑射頭曼，其左右皆隨鳴鏑而射殺頭曼，盡誅其後母與弟及大臣不聽從者。於是冒頓自立爲單于。

[1]【今注】冒頓：匈奴首領，公元前209年至前174年在位。姓攣鞮氏，其名不詳。"冒頓"爲登上單于位之後所獲官號，有"神聖""英雄勇士"之意。

[2]【顏注】師古曰：閼氏，匈奴皇后號也。閼音於連反。氏音支。【今注】閼（yān）氏（zhī）：匈奴首領妻妾名號。

[3]【顏注】應劭曰：髐箭也。師古曰：鏑音嫡。髐音呼交反。【今注】鳴鏑（dí）：帶響的令箭。箭鏃上有孔，發射飛行時可發出聲音，用來傳遞軍事號令。内蒙古西溝畔、俄羅斯切列姆霍夫、伊利莫瓦、伊沃爾加等匈奴遺址均有出土，或爲骨製，或爲銅製，或爲鐵製（參見馬利清《原匈奴、匈奴——歷史與文化的考古學探索》，内蒙古大學出版社2005年版，第74—85頁）。

[4]【顏注】師古曰：勒其所部騎，皆習射也。

冒頓既立，時東胡强，聞冒頓殺父自立，迺使使謂冒頓曰："欲得頭曼時號千里馬。"冒頓問群臣，皆曰：[1]"此匈奴寶馬也，勿予。"冒頓曰："奈何與人鄰國愛一馬乎？"遂與之。頃之，東胡以爲冒頓畏之，使使謂冒頓曰："欲得單于一閼氏。"冒頓復問左右，左右皆怒曰："東胡無道，迺求閼氏！請擊之。"冒頓曰："奈何與人鄰國愛一女子乎？"遂取所愛閼氏予東胡。東胡王愈驕，西侵。與匈奴中閒棄地莫居千餘里，[2]各居其邊爲甌脱。^[3]東胡使使謂冒頓曰："匈奴所與我界甌脱外棄地，匈奴不能至也，吾欲有之。"冒頓問群臣，或曰："此棄地，予之。"於是冒頓大怒，曰："地者，國之本也，奈何予人！"諸言與者，皆斬之。冒頓上馬，令國中有後者斬，遂東襲擊東胡。東胡初輕冒頓，不爲備。及冒頓以兵至，大破滅東胡王，虜其民衆畜産。既歸，西擊走月氏，南并樓煩、白羊河南王，^[4]悉復收秦所使蒙恬所奪匈奴地者，與漢關故河南塞，至朝那、膚施，^[5]遂侵燕、代。是時漢方與項羽相距，中國罷於兵革，^[6]以故冒頓得自強，控弦之士三十餘萬。^[7]

[1]【今注】案，蔡琪本、大德本、殿本"皆曰"前有"群臣"二字。

[2]【今注】間（jiàn）：同"間"。隔開，不連接。案，蔡琪本、大德本、殿本"間"後有"有"字。

[3]【顏注】服虔曰：甌脱，作土室以伺也。師古曰：境上候望之處（上，殿本作"土"），若今之伏宿舍也。甌音一侯反。脱音土活反。【今注】甌脱：匈奴語，意指相鄰部族之間的中立地帶，兩側各設邊防衛所，屯軍駐守，偵探瞭望。領軍者稱甌脱王。

[4]【顏注】師古曰：二王之居在河南。【今注】白羊河南王：白羊當爲北方部族名，居處於河南地，故稱其首領爲白羊河南王。秦漢之際被匈奴降服，成爲匈奴部族之一。武帝元朔二年（前127）被漢軍擊破逐亡，其地歸漢。

[5]【顏注】師古曰：朝那屬安定。膚施屬上郡。【今注】朝那：縣名。治所在今寧夏彭陽縣東。　膚施：縣名。治所在今陝西榆林市東南。

[6]【顏注】師古曰：罷讀曰疲。

[7]【顏注】師古曰：控，引也。控弦，言能引弓者。

自淳維以至頭曼千有餘歲，時大時小，別散分離，尚矣，[1]其世傳不可得而次。[2]然至冒頓而匈奴最強大，盡服從北夷，而南與諸夏爲敵國，其世姓官號可得而記云。

[1]【顏注】師古曰：尚，久遠。

[2]【今注】次：序次編置。

單于姓攣鞮氏，[1]其國稱之曰"撐犁孤塗單于"。[2]匈奴謂天爲"撐犁"，謂子爲"孤塗"，"單于"者，廣大之貌也，言其象天單于然也。置左、右賢王，左、右谷蠡，[3]左、右大將，左、右大都尉，左、右大當户，左、右骨都侯。[4]匈奴謂賢曰"屠耆"，故常以太子爲左屠耆王。自左、右賢王以下至當户，大者萬餘騎，小者數千，凡二十四長，[5]立號曰"萬騎"。其大臣皆世官。呼衍氏，蘭氏，[6]其後有須卜氏，[7]此三姓，其貴種也。[8]諸左王將居東方，直上谷以東，[9]接穢貉、朝鮮；[10]右王將居西方，直上郡以西，接氐、羌；[11]而單于庭直代、雲中。[12]各有分地，逐水草移徙。而左右賢王、左右谷蠡最大國，[13]左右骨都侯輔政。諸二十四長亦各自置千長、百長、什長、裨小王，[14]相、都尉、當户、且渠之屬。[15]

[1]【顏注】師古曰：攣音力全反。鞮音丁奚反。【今注】攣（luán）鞮（dī）氏：匈奴最爲顯貴的部族。自頭曼之後，匈奴單于往往出自攣鞮氏。案，攣鞮氏，《後漢書》卷八九《南匈奴傳》作“虛連題氏”。

[2]【顏注】蘇林曰：撐音掌距之掌。師古曰：音丈庚反。【今注】撐犁孤塗：當爲漢朝“天子”一詞的匈奴語直譯，是爲了使單于獲得對應於漢朝皇帝的禮儀和地位，而向漢人作出的生硬解釋，並不是穩定的、正式的、在匈奴政治生活中被實際使用的單于號（詳見羅新《匈奴單于號研究》，《中國史研究》2006 年第 2 期）。或以爲“撐犁孤塗”爲匈奴語，參照同屬阿勒泰語系的古代蒙古語言與風俗，“撐犁”義同“騰格里”，“孤塗”相當於“古純突兒”，“撐犁孤塗”與“騰格里因古純突兒”兩詞在語音上有些許差異，仍可視爲同義詞，意即“天的氣力裏”，“撐犁孤塗單于”應釋爲“天的氣力裏單于”，雅譯即“天所立單于”“天命單于”或“天降（賜）單于”。“謂子爲孤塗”乃是《漢書》著者的誤譯。（詳見蔡美彪《成吉思及撐黎孤塗釋義》，《中國史研究》2007 年第 2 期）

[3]【顏注】師古曰：谷音鹿。蠡音盧奚反。【今注】谷（lù）蠡（lí）：《史記》卷一一〇《匈奴列傳》後有“王”字。《後漢書·南匈奴傳》作“鹿蠡王”。

[4]【今注】骨都侯：匈奴單于的輔政大臣，分爲左、右二職，通常由呼衍氏、蘭氏、須卜氏、丘林氏等異姓貴族成員世襲擔任。

[5]【今注】二十四長：匈奴政權軍事建制單位或高級軍事首長，各統數千騎至一萬餘騎。“二十四”具體何指，説法不一。或以爲指包括左右賢王、左右谷蠡王、左右大將、左右大都尉、左右大當户等在内共二十四個萬騎長（詳林幹《匈奴通史》，人民出版社 1986 年版，第 27 頁）。或以爲四大王（左右賢王與左右谷蠡王）

屬下各設左右大將、左右大都尉、左右大當户，合爲二十四長（詳李春梅《匈奴政權中"二十四長"和"四角""六角"探析》，《内蒙古社會科學》2006 年第 2 期）。

［6］【顔注】師古曰：呼衍，即今鮮卑姓呼延者是也。蘭姓今亦有之。【今注】呼衍氏：匈奴部族名。牧地在今新疆吐魯番市及巴里湖一帶。世與單于所出之攣鞮氏通婚而爲匈奴貴種，在四大異姓貴族中地位最高。　蘭氏：匈奴部族名。牧地在今内蒙古呼倫貝爾市西境、蒙古國東方省一帶，後徙至今蒙古國後杭愛省一帶。常與攣鞮氏通婚，爲匈奴貴種。

［7］【今注】須卜氏：匈奴部族名。牧地在匈奴西方。常與攣鞮氏通婚，爲匈奴貴種。《史記》卷一一一《衛將軍驃騎列傳》載鷹擊司馬趙破奴從驃騎將軍霍去病"斬遬濮王"，《正義》曰："速卜二音。""遬濮""速卜"音近"須卜"，故遬濮王或即須卜部族首領。

［8］【今注】案，《後漢書·南匈奴傳》記載："異姓有呼衍氏、須卜氏、丘林氏、蘭氏四姓，爲國中名族，常與單于婚姻。呼衍氏爲左，蘭氏、須卜氏爲右，主斷獄聽訟，當決輕重，口白單于，無文書簿領焉。"知丘林氏亦爲與攣鞮氏通婚的顯貴之族，其地位當低於呼衍氏、須卜氏、蘭氏三家。

［9］【顔注】師古曰：直，當也。其下亦同也。

［10］【今注】穢貉：又作"濊貊"，東北古族名。分布於今吉林、遼寧及朝鮮。　朝鮮：古國名。在今朝鮮半島北部及遼寧東部一帶。史載商周之際箕子率領殷商遺民東遷至朝鮮半島大同江流域，與土著東夷諸部落結合，形成類似於部落聯盟的政權組織形式，習慣上稱爲箕氏朝鮮，存續時間大約自公元前 1045 年至前 195年。其後燕人衛滿取代朝鮮王準而建立衛氏朝鮮，存續時間大約在公元前 195 年至前 108 年。

［11］【今注】氐：古族名。秦漢時期活動在今陝西西南、四

川北部、甘肅南部一帶，以畜牧及農耕爲業。　羌：古族名。秦漢時期主要分布在今甘肅南部、青海東部、四川北部一帶。

[12]【今注】單于庭：匈奴單于行政機構所在地。匈奴語謂集聚之地爲庭。漠南單于庭當在今内蒙古呼和浩特市以北大青山附近的某處。漠北單于庭一説在今蒙古國烏蘭巴托附近，一説在今蒙古國鄂爾渾河流域哈拉和林附近。

[13]【今注】案，最大國，王先謙《漢書補注》引劉攽以爲“國”字衍。又，《史記·匈奴列傳》作“最爲大國”。

[14]【顏注】師古曰：裨音頻移反。【今注】裨小王：匈奴各部中小部落首領，又稱諸小王，以區別於匈奴貴族或大部落首領的泛稱——名王。

[15]【顏注】師古曰：且音子餘反。今之沮渠姓，蓋本因此官。

歲正月，諸長小會單于庭，祠。五月，大會龍城，[1]祭其先、天地、鬼神。秋，馬肥，大會蹛林，課校人畜計。[2]其法，拔刃尺者死，[3]坐盗者没入其家；有罪，小者軋，[4]大者死。獄久者不滿十日，一國之囚不過數人。而單于朝出營，拜日之始生，夕拜月。其坐，長左而北向。[5]日上戊己。[6]其送死，有棺椁金銀衣裳，而無封樹喪服；[7]近幸臣妾從死者，多至數十百人。[8]舉事常隨月，盛壯以攻戰，[9]月虧則退兵。其攻戰，斬首虜賜一卮酒，[10]而所得鹵獲因以予之，[11]得人以爲奴婢。故其戰，人人自爲趨利，[12]善爲誘兵以包敵。[13]故其逐利，如鳥之集；其困敗，瓦解雲散矣。戰而扶輿死者，[14]盡得死者家財。

[1]【今注】龍城：即"蘢城"，亦稱"龍庭"。匈奴單于祭天、大會諸部的地方，也是匈奴王庭所在地。原在今内蒙古烏蘭察布市陰山一帶。漢武帝元狩四年（前119），匈奴被衞青、霍去病挫敗，龍庭北遷至今蒙古國鄂爾渾河西側和碩柴達木湖附近。具體位置有多説。或説是現今内蒙古赤峰市附近；或説是蒙古國鄂爾渾河西側的和碩柴達木湖附近等（參見邱樹森《兩漢匈奴單于庭、龍城今地考》，《社會科學戰綫》1984年第2期）。

[2]【顏注】服虔曰：蹛音帶，匈奴秋社八月中皆會祭處也。師古曰：蹛者，繞林木而祭也。鮮卑之俗，自古相傳，秋天之祭，無林木者尚豎柳枝，衆騎馳遶三周廼止。此其遺法。計者，人畜之數。【今注】蹛（dài）林：匈奴等北方民族普遍流行的一種宗教祭祀活動。通常選擇一處樹林作爲聚會場所，無樹林時豎樹枝或積木爲祭壇，衆人繞之行進，祭祀天地諸神，統計各部人口畜産數量，並行宴樂。或以爲蹛林爲地名，在今蒙古國前杭愛省哈拉和林縣一帶。

[3]【今注】拔刃尺者死：以武器傷人，致傷口長達一尺者則處死。或謂以長度過尺的刀劍鬬毆則處死，意在禁止以對外作戰用的長兵器械鬬。

[4]【顏注】服虔曰：刃刻其面也。如淳曰：軋，摑杖也。師古曰：二説皆非也。軋謂輾轢其骨節，若今之厭踝者也。軋音於點反。輾音女展反。

[5]【顏注】師古曰：左者，以左爲尊。

[6]【今注】日上戊己：擇日時以戊、己日爲吉日。天干計日，戊、己爲第五、六日。上，同"尚"。《後漢書》卷八九《南匈奴傳》記"匈奴俗，歲有三龍祠，常以正月、五月、九月戊日祭天神"，可證其"尚戊"之俗。

[7]【今注】封樹：墳丘及墳前栽種的樹木。案，漢代史家對匈奴喪葬習俗的記錄多有不確。據考古發現，匈奴墓葬流行地面建

築土石封丘，大型墓多爲方形封丘，普通墓多爲圓形，早期比較低矮，晚期相對高大，並非如本書及《史記》所言無封丘（參見馬利清《原匈奴、匈奴——歷史與文化的考古學探索》，内蒙古大學出版社 2005 年版，第 102 頁）。

[8]【顏注】師古曰：或數十人，或百人。【今注】案，匈奴墓葬中多有髮辮、髮束而罕見殉人，大墓周圍往往有從葬性質的小型墓，可見"近幸臣妾從死者多至數十百人"，屬從葬而非殉葬（參見馬利清《原匈奴、匈奴——歷史與文化的考古學探索》，第102 頁）。

[9]【今注】盛壯：此指月亮既圓且亮之時。

[10]【今注】斬首虜：殺敵或俘獲。　巵：盛酒器。

[11]【今注】鹵獲：擄掠所得。

[12]【顏注】師古曰：趨讀曰趣。趣，向也。

[13]【顏注】師古曰：包裹取之。

[14]【今注】扶轝（yú）死者：將陣亡者載運回來。轝，同"輿"。《史記》卷一一〇《匈奴列傳》"轝"作"輿"。扶侍其傷，而輿歸其尸也。

　　後北服渾窳、屈射、丁零、隔昆、龍新犂之國。[1]於是匈奴貴人大臣皆服，以冒頓爲賢。

[1]【顏注】師古曰：五小國也。渾音胡昆反。窳音弋主反。犂音犁。【今注】渾窳（yǔ）：北方古族名。居處於匈奴之西北，秦漢之際被冒頓單于征服，成爲匈奴部族之一。案，《史記》卷一一〇《匈奴列傳》作"渾庾"。或以爲渾窳又作"昆邪""渾邪"，即西漢初居於匈奴西境之渾邪部（參見武沐《匈奴史研究》，民族出版社 2009 年版，第 33—35 頁）。　屈射（yì）：亦爲北方古族。居處於今俄羅斯貝加爾湖以東一帶，秦漢之際被冒頓單于征服而成

爲匈奴部族之一。　　丁零：北方古族。亦作"丁令"，或作"丁靈"。主要活動在今俄羅斯貝加爾湖以西。秦漢之際被匈奴征服。

　隔昆：北方古族。又作"鬲昆""堅昆"。主要活動在今俄羅斯葉尼塞河上游一帶，秦漢之際被匈奴征服。　　龍新犁：當爲"新犁"，"龍"字衍（詳參王念孫《讀書雜志·漢書第十四》、沈欽韓《漢書疏證》）。北方古族。又作"薪犁"。活動在今俄羅斯鄂畢河上游一帶。

　　是時，漢初定，徙韓王信於代，[1]都馬邑。[2]匈奴大攻圍馬邑，韓信降匈奴。匈奴得信，因引兵南踰句注，攻太原，[3]至晉陽下。高帝自將兵往擊之，會冬大寒雨雪，[4]卒之墮指者十二三。於是冒頓陽敗走，誘漢兵。漢兵逐擊冒頓，冒頓匿其精兵，見其羸弱，於是漢悉兵，多步兵，三十二萬，北逐之。高帝先至平城，[5]步兵未盡到，冒頓縱精兵三十餘萬騎圍高帝於白登七日，[6]漢兵中外不得相救餉。匈奴騎，其西方盡白，東方盡駹，北方盡驪，南方盡騂馬。[7]高帝迺使使間厚遺閼氏，[8]閼氏迺謂冒頓曰："兩主不相困。今得漢地，單于終非能居之。且漢主有神，單于察之。"冒頓與韓信將王黃、趙利期，[9]而兵久不來，疑其與漢有謀，亦取閼氏之言，迺開圍一角。於是高皇帝令士皆持滿傅矢外鄉，從解角直出，[10]得與大軍合，而冒頓遂引兵去。漢亦引兵罷，使劉敬結和親之約。[11]

[1]【今注】韓王信：漢初異姓諸侯王。傳見本書卷三三。

[2]【今注】馬邑：縣名。治所在今山西朔州市。

[3]【今注】太原：郡名。治晉陽（今山西太原市西南）。

［4］【顏注】師古曰：雨音于具反。

［5］【今注】平城：縣名。治所在今山西大同市東北。

［6］【顏注】師古曰：白登在平城東南，去平城十餘里。【今注】案，三十餘萬騎，《史記》卷一一〇《匈奴列傳》作“四十萬騎”。 白登：山名。即今山西大同市東北馬鋪山。

［7］【顏注】師古曰：駹，青馬（蔡琪本、大德本、殿本句末有“也”字）。驪，深黑。騂，赤馬也。駹音尨（尨，殿本作“龍”）。騂音先營反。

［8］【顏注】師古曰：求間隙而私遺之。

［9］【今注】王黃：上郡白土縣（今陝西神木縣西北）人。初爲韓王信部將，韓王信降匈奴後，與曼丘臣等共立趙國王室後裔趙利爲王，與漢朝對抗；又與叛將陳豨連兵擾動北邊。高祖十一年（前 196）被漢軍俘獲。

［10］【顏注】師古曰：傅讀曰附。鄉讀曰嚮。言滿引弓弩注矢外捍，從解圍之隅直角以出去（直角，殿本作“角直”）。

［11］【今注】劉敬：即婁敬。傳見本書卷四三。

　　是後韓信爲匈奴將，及趙利、王黃等數背約，侵盜代、鴈門、雲中。居無幾何，陳豨反，[1]與韓信合謀擊代。漢使樊噲往擊之，[2]復收代、鴈門、雲中郡縣，不出塞。是時匈奴以漢將數率衆往降，[3]故冒頓常往來侵盜代地。於是高祖患之，迺使劉敬奉宗室女翁主爲單于閼氏，[4]歲奉匈奴絮繒酒食物各有數，[5]約爲兄弟以和親，冒頓迺少止。後燕王盧綰復反，[6]率其黨且萬人降匈奴，[7]往來苦上谷以東，終高祖世。

［1］【顏注】師古曰：無幾何，言無多時也。幾音居豈反。

【今注】陳豨：即陳狶，宛朐（今山東菏澤市西南）人。秦末隨劉邦起兵，至灞上，因功封侯。漢初以游擊將軍參與平定代地，甚得信任，封陽夏侯，拜趙相國，統領趙、代二國邊兵。高祖十年（前197）叛漢，自立爲代王。高祖十二年兵敗被殺。案，狶，蔡琪本、殿本作"豨"。後同，不另出注。

　　[2]【今注】樊噲：傳見本書卷四一。

　　[3]【顏注】師古曰：即謂韓信、陳狶之屬耳（狶，蔡琪本、大德本、殿本作"豨"）。

　　[4]【顏注】師古曰：諸王女曰翁主者，言其父自主婚。【今注】翁主：漢代諸侯王之女的稱號。又稱"王主"。

　　[5]【今注】案，《史記》卷一一〇《匈奴列傳》"酒"後有"米"字。

　　[6]【今注】燕王盧綰：傳見本書卷三四。

　　[7]【今注】案，且萬人，《史記·匈奴列傳》作"數千人"。

　　孝惠、高后時，冒頓寖驕，[1]迺爲書，使使遺高后曰："孤僨之君，[2]生於沮澤之中，[3]長於平野牛馬之域，數至邊境，願遊中國。陛下獨立，孤僨獨居，兩主不樂，無以自虞，[4]願以所有，易其所無。"高后大怒，召丞相及樊噲、季布等，[5]議斬其使者，發兵而擊之。樊噲曰："臣願得十萬衆，橫行匈奴中。"問季布，布曰："噲可斬也！前陳狶反於代，[6]漢兵三十二萬，噲爲上將軍，時匈奴圍高帝於平城，噲不能解圍。天下歌之曰：'平城之下亦誠苦，七日不食，不能彀弩，'[7]今歌唫之聲未絶，傷痍者甫起，[8]而噲欲搖動天下，妄言以十萬衆橫行，是面謾也。[9]且夷狄譬如禽獸，得其善言不足喜，惡言不足怒也。"高后曰：

“善。”令大謁者張澤報書曰：[10]“單于不忘弊邑，賜之以書，弊邑恐懼。退日自圖，[11]年老氣衰，髮齒墮落，行步失度。單于過聽，不足以自汙。[12]弊邑無罪，宜在見赦。竊有御車二乘，馬二駟，以奉常駕。”冒頓得書，復使使來謝曰：“未嘗聞中國禮義，陛下幸而赦之。”因獻馬，遂和親。

[1]【顏注】師古曰：寖，漸也。

[2]【顏注】如淳曰：僨，仆也。猶言不能自立也。師古曰：僨音方問反。【今注】僨（fèn）：仆倒，僵死。顧炎武《日知錄》卷二七以爲“僨”當解作“亢奮”，如《左傳》襄公十五年“張脈僨興”之“僨”。

[3]【顏注】師古曰：沮，浸淫之地，音子豫反。

[4]【顏注】師古曰：虞與娛同。

[5]【今注】丞相：即陳平。蔡琪本、大德本、殿本“丞相”後有“平”字。　季布：傳見本書卷三七。

[6]【今注】案，“陳狶”或當爲“韓信”之誤。《漢書考證》齊召南以爲，韓王信反，誘匈奴攻漢而圍高帝於平城，爲高祖七年之事。陳狶之反於代，乃高祖十年之事，與平城之圍了不相涉，季布面折樊噲，不應誤記後事爲前事，故疑“陳狶”二字爲傳寫之訛。

[7]【顏注】師古曰：彀，張也，音工豆反。　【今注】彀（gòu）：發力拉弓。案，荀悅《漢紀·高祖皇帝紀三》記歌謠爲：“平城之下禍甚苦，七日不食，不能彎弓弩。”

[8]【顏注】師古曰：唫，古“吟”字。痍，創也。甫，始也。痍音夷。

[9]【顏注】師古曰：謾，欺誑也，音慢，又音莫連反。

[10]【今注】大謁者：官名。秦置漢因。謁者掌賓贊受事，其長名謁者僕射，亦稱大謁者，比千石。

[11]【顏注】師古曰：圖，謀也。

[12]【顏注】師古曰：過，誤也。

　　至孝文即位，復脩和親。其三年夏，匈奴右賢王入居河南地爲寇，於是文帝下詔曰："漢與匈奴約爲昆弟，無侵害邊境，所以輸遺匈奴甚厚。今右賢王離其國，將衆居河南地，非常故。[1]往來入塞，捕殺吏卒，敺侵上郡保塞蠻夷，令不得居其故。[2]陵轢邊吏，入盜，甚驁無道，[3]非約也。其發邊吏車騎八萬詣高奴，[4]遣丞相灌嬰將擊右賢王。"[5]右賢王走出塞，文帝幸太原。是時，濟北王反，[6]文帝歸，罷丞相擊胡之兵。

[1]【顏注】師古曰：言異於常，非舊事。

[2]【顏注】師古曰：敺與驅同。保塞蠻夷，謂本來屬漢而居邊塞自保守。

[3]【顏注】師古曰：轢音來各反。驁與傲同。【今注】陵轢(lì)：欺凌，壓迫。

[4]【顏注】師古曰：上郡之縣也。【今注】高奴：縣名。治所在今陝西延安市北。

[5]【今注】灌嬰：傳見本書卷四一。

[6]【今注】濟北王：此指劉興居，齊悼惠王劉肥之子，哀王劉襄之弟。呂太后執政時宿衞漢宮，封東牟侯。後在誅滅諸呂的政變中立功，文帝二年（前178）封爲濟北王，次年起兵反叛，兵敗自殺。事迹詳見本書卷三八《高五王傳》。

其明年，單于遺漢書曰："天所立匈奴大單于敬問皇帝無恙。[1]前時皇帝言和親事，稱書意合驩。[2]漢邊吏侵侮右賢王，右賢王不請，[3]聽後義盧侯難支等計，[4]與漢吏相恨，絕二主之約，離昆弟之親。皇帝讓書再至，發使以書報，不來，漢使不至。[5]漢以其故不和，鄰國不附。今以少吏之敗約，[6]故罰右賢王，使至西方求月氏擊之。以天之福，吏卒良，馬力強，以滅夷月氏，[7]盡斬殺降下定之。樓蘭、烏孫、呼揭及其旁二十六國皆已爲匈奴。[8]諸引弓之民并爲一家，北州以定。願寢兵休士養馬，除前事，復故約，[9]以安邊民，以應古始，使少者得成其長，老者得安其處，世世平樂。未得皇帝之志，故使郎中係虖淺奉書請，[10]獻橐佗一，騎馬二，駕二駟。[11]皇帝即不欲匈奴近塞，則且詔吏民遠舍。[12]使者至，即遣之。"六月中，來至新望之地。[13]書至，漢議擊與和親孰便，公卿皆曰："單于新破月氏，乘勝，不可擊也。且得匈奴地，澤鹵非可居也，[14]和親甚便。"漢許之。

[1]【今注】敬問：外交文書中啓辭敬語，表明雙方地位平等。

[2]【顏注】師古曰：稱，副也。言與所遺書意相副，而共結驩親。

[3]【顏注】師古曰：不告單于也。

[4]【今注】案，難支，《史記》卷一一〇《匈奴列傳》作"難氏"。《索隱》曰："匈奴將名也。"

[5]【顏注】師古曰：讓書，有責讓之言也。謂匈奴再得漢

書，而發使將書以報漢。漢留其使不得來還，而漢又更不發使至匈奴也。

[6]【顏注】師古曰：少吏猶言小吏。

[7]【顏注】師古曰：夷，平也。

[8]【顏注】師古曰：皆入匈奴國也。揭音丘列反。【今注】樓蘭：西域國名。王治扜泥城（今新疆若羌縣東北羅布泊西岸樓蘭古城）。漢昭帝元鳳四年（前77）改稱鄯善。　烏孫：西域國名。王治赤谷城（今吉爾吉斯斯坦伊塞克湖州東南伊什提克）。　呼揭：又作“烏揭”。西域古國名。在今新疆北部、哈薩克斯坦東部一帶，漢初被匈奴征服，成爲匈奴部族之一。

[9]【顏注】師古曰：復音扶目反。

[10]【顏注】師古曰：虖音火姑反。【今注】郎中係虖淺：係虖淺，匈奴人名，《史記·匈奴列傳》作“係雩淺”。當爲單于近侍信臣，地位約當於漢之郎中，故以漢朝官名命之。

[11]【顏注】師古曰：騎馬，堪爲騎也。駕，可駕車也。二駒，八匹。

[12]【顏注】師古曰：舍，居止也。

[13]【顏注】服虔曰：漢界上塞下之地。

[14]【今注】澤鹵：鹽碱之地。

孝文前六年，遺匈奴書曰：“皇帝敬問匈奴大單于無恙。使係虖淺遺朕書，云‘願寢兵休士，除前事，復故約，以安邊民，世世平樂’，朕甚嘉之。此古聖王之志也。漢與匈奴約爲兄弟，所以遺單于甚厚。背約離兄弟之親者，常在匈奴。然右賢王事已在赦前，勿深誅。單于若稱書意，明告諸吏，使無負約，有信，敬如單于書。使者言單于自將并國有功，甚苦兵事。

服繡袷綺衣、長襦、錦袍各一，[1]比疎一，[2]黄金飭具帶一，黄金犀毗一，[3]繡十匹，錦二十匹，赤綈、綠繒各四十匹，[4]使中大夫意、謁者令肩遺單于。"[5]

[1]【顏注】師古曰：服者，言天子自所服也。袷者，衣無絮也。繡袷綺衣，以繡爲表，綺爲裏也。袷音工洽反。【今注】繡袷綺衣：衣表繡飾、衣裏爲紋綺的夾衣。　長襦：襦爲短上衣，長度及膝者爲長襦，及腰者爲短襦。　錦袍：以彩紋絲織品製成的長袍。《史記》卷一一〇《匈奴列傳》記作"服繡袷綺衣、繡袷長襦、錦袷袍各一"。楊樹達《漢書窺管》以爲"服"意謂衣服，是對下文三類衣物的總稱概括之語，並非漢天子御用衣服。

[2]【顏注】師古曰：辮髮之飭也，以金爲之。比音頻寐反。疎字或作余。【今注】比疎：兩種頭髮梳理工具。疎即"疏"，又作"梳"；比即"枇"，又作"篦"。齒疏者爲梳，齒密者爲篦。陳直《漢書新證》以爲此處之"比疎一"，實僅爲梳一枚，否則必曰"比、疏各一"。然從考古出土情形來看，漢人妝具中往往梳、篦合爲一套，或稱爲"一具"。如長沙馬王堆一號漢墓記錄隨葬物品的《遣册》記有"疏比一具"，出土實物中有梳有篦，與《遣册》正相對應。由此可知本傳"比疎一"實含梳、篦各一件。比疎，《史記·匈奴列傳》作"比余"。

[3]【顏注】孟康曰：要中大帶也。張晏曰：鮮卑郭洛帶，瑞獸名也，東胡好服之。師古曰：犀毗，胡帶之鉤也（鉤，殿本作"鈎"）。亦曰鮮卑，亦謂師比，總一物也，語有輕重耳。【今注】具帶："具"爲"貝"之訛。貝帶，飾以海貝的腰帶。係戰國秦漢之際中原地區以貝飾物風俗與北方游牧民族胡式腰帶相結合的產物。江蘇徐州獅子山西漢楚王墓、徐州西漢宛朐侯墓均出土以自然貝裝飾的腰帶（詳見左駿《淺談"貝帶"》，《中國歷史文物》2006年第6期）。　犀毗：又作"鮮卑""師比""犀比""胥紕"

"私鈚""斯比"等，爲腰間帶頭或帶鈎。案，《史記·匈奴列傳》作"胥紕"。

[4]【顏注】師古曰：繒者，帛之總稱。綈，厚繒也，音徒奚反。【今注】綈（tì）：絲織物名稱。粗厚結實，多爲黑色，即史書所謂"弋綈"。

[5]【今注】中大夫意：中大夫，官名。掌論議，侍從皇帝左右，無定員，多至數十人。屬郎中令，秩比二千石。漢武帝太初元年（前104）更名光禄大夫。意，人名，姓氏不詳。 謁者令肩：謁者令，或即中謁者令，少府屬官，職在關通内外。據張家山漢簡《二年律令·秩律》，秩六百石。肩，人名，姓氏不詳。

後頃之，冒頓死，子稽粥立，[1]號曰老上單于。[2]老上稽粥單于初立，文帝復遣宗人女翁主爲單于閼氏，[3]使宦者燕人中行説傅翁主。[4]説不欲行，漢強使之。説曰："必我也，爲漢患者。"[5]中行説既至，因降單于，單于愛幸之。

[1]【顏注】師古曰：稽音雞。粥音育。【今注】稽粥（yù）：單于之名。

[2]【今注】老上：單于之號。公元前174年至前160年在位。

[3]【顏注】師古曰：宗人女，亦諸侯王之女。【今注】案，宗人女翁主，《史記》卷一一〇《匈奴列傳》作"宗室女公主"。

[4]【顏注】師古曰：姓中行，名説也。行音胡郎反。説讀曰悦。

[5]【顏注】師古曰：言我必於漢生患。【今注】案，《史記·匈奴列傳》"我"後有"行"字。王先謙《漢書補注》以爲《漢書》删《史記》"行"字，語意正同，顏注則不合文意。

初，單于好漢繒絮食物，中行説曰："匈奴人眾不能當漢之一郡，[1]然所以强之者，以衣食異，無卬於漢。[2]今單于變俗好漢物，漢物不過什二，則匈奴盡歸於漢矣。[3]其得漢絮繒，以馳草棘中，衣袴皆裂弊，以視不如旃裘堅善也;[4]得漢食物，皆去之，[5]以視不如重酪之便美也。"[6]於是説教單于左右疏記，以計識其人眾畜牧。[7]

[1]【今注】案，關於西漢前期匈奴人口數量，史書未載，研究者估測不一。吕思勉推斷約 300 萬口，林幹推斷約 200 萬口，馬長壽推斷約 150 萬口，袁祖亮認爲應 130 萬至 140 萬，歐陽熙認爲應 150 萬至 300 萬（以上俱參孫危、李丹《匈奴族人口研究的再思考》，《北方文物》2010 年第 2 期）；陶然以爲應 146 萬至 177 萬（《南北匈奴分裂前匈奴人口數量研究》，《赤峰學院學報》2019 年第 9 期）。西漢成帝時期口數最多的汝南郡約 260 萬，確與匈奴總人口相匹。《鹽鐵論·論功》載大夫之語："今匈奴不當漢家之巨郡。"本書卷四八《賈誼傳》載其《陳政事疏》則云："臣竊料匈奴之眾，不過漢一大縣。"

[2]【顏注】師古曰：中音牛向反（中，蔡琪本、大德本、殿本作"卬"，是）。【今注】卬（yǎng）：同"仰"。仰仗，依賴。

[3]【顏注】師古曰：言漢費物十分之二，則盡得匈奴之眾也。

[4]【顏注】師古曰：視讀曰示。下皆類此。

[5]【顏注】師古曰：去，棄也，音丘吕反。

[6]【顏注】師古曰：重，乳汁也。重音竹用反，字本作湩，其音則同。【今注】重酪：奶酪。《史記》卷一一〇《匈奴列傳》作"湩酪"。

[7]【顏注】師古曰：説者，舉中行説之名也。疏，分條之也。識亦記，音式志反。

　　漢遺單于書以尺一牘，[1]辭曰"皇帝敬問匈奴大單于無恙"，所以遺物及言語云云。中行説令單于以尺二寸牘，[2]及印封皆令廣長大，倨驁其辭，[3]曰"天地所生日月所置匈奴大單于敬問漢皇帝無恙"，所以遺物言語亦云云。

　　[1]【今注】尺一牘：漢代公文簡牘標準長度爲一尺（約合今23.1釐米），詔書用簡長一尺一寸，多出的一寸書寫皇帝批復用語"制曰可"或起首語"制詔"中的"制"字，使"制"字頂格高出，以凸顯皇帝權威。詔書用簡一尺一寸之制，大約形成於文帝時期。後世亦用"尺一"來代指皇帝詔書（參見［日］富谷至著，劉恒武、孔李波譯《文書行政的漢帝國》，江蘇人民出版社2013年版，第28—32頁）。
　　[2]【今注】尺二寸牘：書信簡牘長一尺二寸，以示尊大。
　　[3]【顏注】師古曰：倨，慢也。驁與傲同。

　　漢使或言匈奴俗賤老，中行説窮漢使曰："而漢俗屯戍從軍當發者，其親豈不自奪温厚肥美齎送飲食行者乎？"[1]漢使曰："然。"説曰："匈奴明以攻戰爲事，老弱不能鬭，故以其肥美飲食壯健以自衛，如此父子各得相保，何以言匈奴輕老也？"漢使曰："匈奴父子同穹廬卧。[2]父死，妻其後母；兄弟死，盡妻其妻。無冠帶之節，闕庭之禮。"中行説曰："匈奴之俗，食畜肉，飲其汁，衣其皮。畜食草飲水，隨時轉移。故其急則人習騎射，寬則人樂無事。約束徑，易行；君臣簡，可久。[3]一國之政猶一體也。父兄死，則妻其妻，惡種姓之失也。故匈奴雖亂，必立宗種。今中國雖陽不取其父兄之妻，親屬益疏則相殺，至到易姓，[4]皆從此類也。且禮義之敝，上下交怨，而室屋之極，生力屈焉。[5]夫力耕桑以求衣食，[6]築城郭以自備，故其民急則不習戰攻，緩則罷於作業。[7]嗟土室之人，顧無喋喋佔佔，冠固何當！"[8]自是之後，漢使欲辯論者，中行說輒曰："漢使毋多言，顧漢所輸匈奴繒絮米糵，令其量中，必善美而已，[9]何以言爲乎？且所給備善則已，不備善而苦惡，則候秋孰，以騎馳蹂迺稼穡也。"[10]日夜教單于候利害處。

[1]【顏注】師古曰：而，汝也。飲音於禁反。食音似。其下亦同。

[2]【顏注】師古曰：穹廬，旃帳也。其形穹隆，故曰穹廬。

[3]【顏注】師古曰：徑，直也。簡，率也。

[4]【今注】案，到，《史記》卷一一〇《匈奴列傳》作"乃"。

[5]【顏注】師古曰：言忠信衰薄，强爲禮義，故其末流，怨恨彌起。棟宇之作，土木兢勝（兢，蔡琪本、殿本作"競"），勞役既重，所以力屈。屈，盡也，音其勿反（蔡琪本、殿本"音"前有"屈"字）。

[6]【顏注】師古曰：力謂竭力也。

[7]【顏注】師古曰：罷讀曰疲。

[8]【顏注】師古曰：嗟者，歎愍之言也。喋喋，利口也。佔佔，衣裳貌也。言漢人且當思念，無爲喋喋佔佔耳。雖自謂著

冠，何所當益也。喋音牒。佔音昌占反。【今注】土室之人：漢人居土木之室，漢使以爲優越於匈奴之氈廬，故中行說以"土室之人"喻指漢朝使者。　喋喋佔佔：喋喋，說話不停。佔佔，或即"沾沾"，輕薄。喋喋佔佔，意謂廢話連篇，還自以爲是。楊樹達《漢書窺管》以爲顔注"佔佔，衣裳貌也"，與"喋喋"不相承貫。故"佔"當讀爲"詹"，詹有"多言"之意。無喋喋佔佔，意即不必多言。　冠固何當：意謂著冠亦無益處。漢人常以冠帶之邦自矜，故中行說以此反諷漢使。

[9]【顔注】師古曰：顧，念也。中猶滿也。量中者，滿其數也。中音竹仲反。　【今注】蘗：發芽的穀物，用作釀酒的發酵劑。

[10]【顔注】師古曰：苦猶麤也。蹂，踐也。迺，汝也。蹂音人九反。

　　孝文十四年，匈奴單于十四萬騎入朝那蕭關，[1]殺北地都尉卬，[2]虜人民畜產甚多，遂至彭陽。[3]使騎兵入燒回中宮，[4]候騎至雍、甘泉。[5]於是文帝以中尉周舍、郎中令張武爲將軍，[6]發車千乘，十萬騎，軍長安旁以備胡寇。而拜昌侯盧卿爲上郡將軍，[7]甯侯魏遬爲北地將軍，[8]隆慮侯周竈爲隴西將軍，[9]東陽侯張相如爲大將軍，[10]成侯董赤爲將軍，[11]大發車騎往擊胡。單于留塞內月餘，漢逐出塞即還，不能有所殺。匈奴日以驕，歲入邊，殺略人民甚衆，雲中、遼東最甚，郡萬餘人。漢甚患之，迺使使遺匈奴書，單于亦使當戶報謝，復言和親事。

　　[1]【今注】蕭關：在今寧夏固原市東南，爲屏衛關中的北境

要塞。

[2]【今注】北地：郡名。治義渠（今甘肅寧縣西北）。　都尉：此指郡都尉，佐助太守典掌一郡軍事，秩比二千石。秦及漢初但稱“尉”，至景帝時改稱“都尉”。　卬：孫卬。文帝時任北地都尉，抵抗匈奴入侵而戰死，朝廷封其子孫單爲瓶侯。

[3]【顏注】服虔曰：安定縣也。師古曰：即今彭原縣是。【今注】彭陽：縣名。治所在今甘肅鎮原縣東。

[4]【顏注】師古曰：回中，地在安定，其中有宮也。【今注】回中宮：秦離宮名。在今陝西隴縣西北。一説在今甘肅華亭縣駐地東華鎮附近。秦始皇二十七年（前220）出巡隴西、北地，途經回中。漢文帝十四年（前166）被匈奴燒毁。

[5]【今注】雍：縣名。治所在今陝西鳳翔縣南。　甘泉：山名。在雲陽縣（今陝西淳化縣西北）。秦建林光宮於此，漢武帝時擴建，改名甘泉宮。

[6]【今注】中尉：官名。職掌宮殿之外、京城之内的警備事務，天子出行時充任儀衛導引。漢武帝太初元年（前104）更名爲“執金吾”。位列諸卿，秩中二千石。　郎中令：官名。掌宮殿掖門户。漢武帝太初元年更名爲“光禄勳”。位列諸卿，秩中二千石。

張武：漢文帝信臣。初爲代國郎中令，後隨代王劉恒入長安即天子位，因功拜郎中令。文帝十四年駐軍渭北以備匈奴。文帝後元六年（前158）冬匈奴侵擾，復以將軍身份駐防北地郡。後受遺詔爲復土將軍，安葬文帝。　將軍：據本書卷四《文紀》，文帝十四年拜郎中令張武爲車騎將軍，屯軍渭北。

[7]【今注】昌侯盧卿：盧卿，一作“旅卿”，西漢開國功臣。楚漢之際爲齊國將軍，漢王四年（前203）轉投漢將韓信，平定齊國，逐滅項羽，入漢之後參與入代地討伐韓王信之役，高祖八年（前199）封爲昌侯，食邑一千户。文帝十四年拜爲上郡將軍，與諸將軍合力將匈奴逐出塞外。次年卒，謚爲圉侯。昌，縣名，治所

在今山東諸城市東南。

[8]【顏注】師古曰：邀，古"速"字。【今注】甯侯魏邀：魏邀，西漢開國功臣。早年以舍人追隨劉邦從碭（今河南永城市北）起兵，入漢以都尉參與討伐燕王臧荼之役，高祖八年封甯侯，食邑一千户。文帝十四年拜爲北地將軍，與諸將軍合力將匈奴逐出塞外。文帝十六年卒，諡爲嚴侯。甯，縣名，治所在今山東寧陽縣泗店鎮古城村南。

[9]【顏注】師古曰：慮音盧。【今注】隆慮侯周竈：周竈，西漢開國功臣。初以兵卒追隨劉邦從碭起兵反秦。秦亡，在漢王劉邦屬下擔任連敖，在楚漢戰爭中任長鈹都尉。高祖六年封爲隆慮侯，食邑。吕太后七年（前181）率軍協助長沙國抗擊南越國入侵。文帝十四年拜爲隴西將軍，與諸將軍合力將匈奴逐出塞外。文帝後元二年（前162）卒，諡爲克侯。隆慮，縣名。治所在今河南林州市。

[10]【今注】東陽侯張相如：張相如，初爲中大夫，高祖十一年以河間守擊陳豨，因功封東陽侯，食邑一千三百户。文帝十四年拜爲大將軍，與諸將軍合力將匈奴逐出塞外。爲太子太傅，質樸少言，時人稱爲長者。文帝十五年卒，諡爲武侯。東陽，縣名。治所在今山東武城縣東北。

[11]【顏注】師古曰：《文紀》言建成侯，此言成侯，紀傳不同，當有誤。【今注】成侯董赤：董赤，一作"董赫"。西漢開國功臣成敬侯董渫之子，惠帝元年（前194）嗣父爵。文帝十四年拜爲將軍（《史記》卷一一〇《匈奴列傳》作"前將軍"），與諸將軍合力將匈奴逐出塞外。武帝建元三年（前138）卒，諡爲康侯。成，縣名。屬涿郡，治所今地無考。案，本書《文紀》記"於是以東陽侯張相如爲大將軍，建成侯董赫、内史欒布皆爲將軍，擊匈奴。匈奴走"。"建成"之"建"爲衍字。内史欒布亦以將軍身份參與斥逐匈奴，《漢書》删而不載。

孝文後二年，使使遺匈奴書曰："皇帝敬問匈奴大單于無恙。使當戶且渠彫渠難、郎中韓遼遺朕馬二匹，已至，敬受。[1]先帝制，長城以北，引弓之國，受令單于；長城以内，冠帶之室，朕亦制之。使萬民耕織，射獵衣食，父子毋離，臣主相安，俱無暴虐。今聞渫惡民貪降其趨，[2]背義絶約，忘萬民之命，離兩主之驩，然其事已在前矣。書云'二國已和親，兩主驩說，[3]寢兵休卒養馬，[4]世世昌樂，翕然更始'，朕甚嘉之。聖者日新，[5]改作更始，使老者得息，幼者得長，各保其首領，[6]而終其天年。朕與單于俱由此道，[7]順天恤民，世世相傳，施之無窮，天下莫不咸嘉。使漢與匈奴鄰敵之國，[8]匈奴處北地寒，殺氣早降，[9]故詔吏遺單于秫糵金帛綿絮它物歲有數。[10]今天下大安，萬民熙熙，[11]獨朕與單于爲之父母。朕追念前事，薄物細故，謀臣計失，皆不足以離昆弟之驩。[12]朕聞天不頗覆，地不偏載。[13]朕與單于皆捐細故，俱蹈大道也，[14]墮壞前惡，以圖長久，[15]使兩國之民若一家子。元元萬民，下及魚鱉，上及飛鳥，跂行喙息蠕動之類，[16]莫不就安利，避危殆。故來者不止，天之道也。[17]俱去前事，[18]朕釋逃虜民，[19]單于毋言章尼等。[20]朕聞古之帝王，約分明而不食言。[21]單于留志，天下大安，[22]和親之後，漢過不先。[23]單于其察之。"

[1]【顏注】師古曰：當戶且渠者，一人爲二官。彫渠難者

（彫，蔡琪本、大德本、殿本作"雕"），其姓名。【今注】當户且渠：皆爲匈奴官職名稱，單于及諸王將皆置。且渠，《史記》卷一一〇《匈奴列傳》作"且居"。 彫渠難：匈奴人姓名。 韓遼：或爲投歸匈奴的中原人。

[2]【顔注】晋灼曰：渫音渫水之渫。邪惡不正之民。師古曰：渫音先列反。降，下也，謂下意於利也。趨讀曰趣。【今注】渫（xiè）惡：行爲邪僻，心術不正。

[3]【顔注】師古曰：説讀曰悦。

[4]【顔注】師古曰：寢，息也。

[5]【今注】聖者日新：意謂聖明之人天天更新，故能不斷進步。《禮記·大學》："湯之盤銘曰：苟日新，日日新，又日新。"

[6]【今注】首領：頭頸。代指性命。

[7]【顔注】師古曰：由，從也，用也。

[8]【今注】案，天下莫不咸嘉使漢與匈奴鄰敵之國，《史記·匈奴列傳》作"天下莫不咸便漢與匈奴鄰國之敵"。王念孫《讀書雜志·漢書第十四》據《史記》以爲，"天下莫不咸嘉使"本作"天下莫不咸便"。便，安也。言順天恤民，天下咸安之也。"漢與匈奴鄰敵之國"乃起下之詞，非承上之詞。"便"與"使"形相近，因誤爲"使"。後人不得其解，遂於"咸"下增"嘉"字，讀"天下莫不咸嘉"爲句，而以"使"字下屬爲句，義不可通。

[9]【今注】殺氣：陰氣，寒氣。《禮記·月令》："殺氣浸盛，陽氣日衰。"

[10]【今注】秫糵：以黏性黍發芽製成的糵，用以釀酒。

[11]【顔注】師古曰：和樂貌。

[12]【顔注】師古曰：細故，小事也。

[13]【顔注】師古曰：頗亦偏也，音普何反（殿本無"音"字）。

［14］【顏注】師古曰：捐，棄也。

［15］【顏注】師古曰：墮，毀也。圖，謀也。墮音火規反。

［16］【顏注】師古曰：跂行，凡有足而行者也。喙息，凡以口出氣者也（殿本無"也"字）。蝡，蝡動貌。跂音岐（岐，蔡琪本、殿本作"啓"）。喙音許穢反。蝡音人充反（充，殿本作"充"）。【今注】蝡：同"蠕"。王念孫《讀書雜志·漢書第十四》以爲顏師古注不確，云："跂者，行貌也。喙者，息貌也。謂跂跂而行，喙喙而息，蝡蝡而動也。《禮樂志》郊祀歌：'跂行畢逮。'《公孫弘傳》：'跂行喙息，咸得其宜。'義並與此同。《說文》曰：'蝡，動也。跂，行也。'《東方朔傳》云：'跂跂脈脈善緣壁。''跂'與'蚑'通，《方言》曰：'喙，息也。自關而西秦、晉之間，或曰喙。'《廣雅》曰：'喘、喙，息也。'喙息猶言喘息。《新語·道基篇》曰：'跂行喘息，蜎飛蝡動之類。'王褒《洞簫賦》：'蟋蟀蚸蠖，跂行喘息。'是其證也。《逸周書·周祝篇》曰：'跂動噦息'。《淮南·俶真篇》曰：'蠉飛蝡動，跂行噲息'。'噦''噲'並與'喙'通，師古以跂爲足，喙爲口，則與'蝡動'之文不類矣。"其説甚是，可從。

［17］【今注】案，語出《荀子·法行》："君子正身以俟，欲來者不距，欲去者不止。"

［18］【顏注】師古曰：去，除也，音丘呂反。

［19］【顏注】師古曰：謂漢人逃入匈奴者，令不追。

［20］【顏注】師古曰：背單于降漢者（背，蔡琪本、殿本作"皆"）。

［21］【顏注】師古曰：凡云食言者（殿本無"凡云"二字），終爲不信，棄其前言，如食而盡。

［22］【顏注】師古曰：留志謂計念和親。

［23］【顏注】師古曰：言更不負約。【今注】漢過不先：意謂漢朝不會首先違背和親盟約。

單于既約和親，於是制詔御史：“匈奴大單于遺朕書，和親已定，亡人不足以益衆廣地，匈奴無入塞，漢無出塞，犯今約者殺之，[1]可以久親，後無咎，俱便。朕已許。其布告天下，使明知之。”[2]

[1]【今注】案，今，蔡琪本、殿本作“令”。《史記》卷一一〇《匈奴列傳》亦作“令”。

[2]【今注】案，據本書卷四《文紀》，此詔制於文帝後元元年（前163）六月。詔書内容如下：“朕既不明，不能遠德，使方外之國或不寧息。夫四荒之外不安其生，封圻之内勤勞不處，二者之咎，皆自於朕之德薄而不能達遠也。間者累年，匈奴並暴邊境，多殺吏民，邊臣兵吏又不能諭其内志，以重吾不德。夫久結難連兵，中外之國將何以自寧？今朕夙興夜寐，勤勞天下，憂苦萬民，爲之惻怛不安，未嘗一日忘於心，故遣使者冠蓋相望，結徹於道，以諭朕志於單于。今單于反古之道，計社稷之安，便萬民之利，新與朕俱棄細過，偕之大道，結兄弟之義，以全天下元元之民。和親以定，始于今年。”

後四年，[1]老上單于死，子軍臣單于立，[2]而中行説復事之。漢復與匈奴和親。

[1]【今注】後四年：此指漢文帝後元四年（前160）（參見劉振剛《〈史記·匈奴列傳〉“後四歲”軍臣立爲單于辨》，《烟臺大學學報》2015年第6期）。

[2]【今注】軍臣：單于之號。其名不詳。公元前160年至前126年在位。

軍臣單于立歲餘，匈奴復絕和親，大入上郡、雲中各三萬騎，所殺略甚衆。於是漢使三將軍軍屯北地，代屯句注，趙屯飛狐口，[1]緣邊亦各堅守，以備胡寇。又置三將軍，軍長安西細柳、渭北棘門、霸上以備胡。[2]胡騎入代句注邊，熢火通於甘泉、長安。[3]數月，漢兵至邊，匈奴亦遠塞，[4]漢兵亦罷。

[1]【顏注】師古曰：險阨之處，在代郡之南，南衝燕趙之中。【今注】飛狐口：關隘名。在今河北蔚縣東南。據本書卷四《文紀》，屯北地者爲將軍張武，屯句注者爲故楚相蘇意，屯飛狐者爲中大夫令免。

[2]【今注】細柳：地名。位於西漢長安城西，在今陝西咸陽市秦都區兩寺渡村一帶渭河北岸。　棘門：地名。在西漢長安城西北。本爲秦咸陽宮北門之冀闕，秦末咸陽付之一炬，"冀""棘"同音，冀闕遂訛爲棘門。其地在今陝西咸陽市渭城區紀家道一帶（參見辛德勇《西漢至北周時期長安附近的陸路交通——漢唐長安交通地理研究之一》，載《中國歷史地理論叢》1988 年第 3 輯）。

霸上：地名。在今陝西西安市東。因地處霸水西高原上，故名。又作"灞上""霸頭"。據本書《文紀》，河內太守周亞夫爲將軍駐守細柳，宗正劉禮爲將軍駐守霸上，祝茲侯徐厲爲將軍駐守棘門。

[3]【今注】案，"熢"，殿本作"烽"。烽火，指邊防報警的烟火信號。《後漢書》卷一下《光武帝紀下》李賢注引《前書音義》曰："邊方備警急，作高土臺，臺上作桔皋，桔皋頭有兜零，以薪草置其中，常低之，有寇即燃火舉之，以相告，曰烽。又多積薪，寇至即燔之，望其烟，曰燧。晝則燔燧，夜乃舉烽。"據西北漢代邊塞遺址出土《烽火品約》簡牘，匈奴侵邊，邊塞吏卒必須以火光、烟、旗、籠狀標幟物（烽、表）的不同數量與不同組合，層層傳遞，及時、準確地通報敵情。

[4]【顏注】師古曰：遠，離也，音于萬反。

後歲餘，文帝崩，景帝立，而趙王遂迺陰使於匈奴。[1]吳楚反，[2]欲與趙合謀入邊。漢圍破趙，匈奴亦止。自是後，景帝復與匈奴和親，通關市，給遺單于，遣翁主如故約。終景帝世，時時小入盜邊，無大寇。

[1]【今注】趙王遂：即劉遂。其父趙幽王劉友爲高祖庶子，被呂后幽閉而死。文帝即位，立爲趙王。景帝時，不滿朝廷削藩，參與吳楚七國叛亂，兵敗自殺。

[2]【今注】吳楚反：史稱“七國之亂”，或稱“吳楚之亂”。景帝三年（前154），吳王劉濞、楚王劉戊等因不滿漢廷“削藩”，聯合趙、膠東、膠西、濟南、淄川等諸侯國發動叛亂，聯軍西進。景帝派太尉周亞夫、大將軍竇嬰等率軍平定叛亂，諸侯王或被殺，或自殺。漢廷乘勢推動削藩進程，將王國行政權、官吏任免權收歸中央，解除了王國對中央的威脅。

武帝即位，明和親約束，厚遇關市，饒給之。匈奴自單于以下皆親漢，往來長城下。

漢使馬邑人聶翁壹[1]間闌出物與匈奴交易，[2]陽爲賣馬邑城以誘單于。單于信之，而貪馬邑財物，迺以十萬騎入武州塞。[3]漢伏兵三十餘萬馬邑旁，御史大夫韓安國爲護軍將軍，[4]護四將軍以伏單于。[5]單于既入漢塞，未至馬邑百餘里，見畜布野而無人牧者，怪之，乃攻亭。[6]時雁門尉史行徼，見寇，保此亭，[7]單于得，欲刺之。尉史知漢謀，迺下，[8]具告單于。單于大驚，曰：“吾固疑之。”乃引兵還。出曰：“吾得尉史，天也。”以尉史爲天王。[9]漢兵約單于入馬邑而縱兵，[10]單于不至，以故無所得。將軍王恢部出代擊胡輜重，[11]聞單于還，兵多，不敢出。漢以恢本建造兵謀而不進，誅恢。自是後，匈奴絕和親，攻當路塞，[12]往往入盜於邊，不可勝數。然匈奴貪，尚樂關市，嗜漢財物，[13]漢亦通關市不絕以中之。[14]

[1]【顏注】師古曰：姓聶名壹。翁者，老人之稱也。【今注】聶翁壹：雁門郡馬邑縣豪強，姓聶，名翁壹。顏師古注值得商榷。本書卷一〇〇《敘傳》載班固祖先班壹於秦末遷居樓煩，“當孝惠、高后時，以財雄邊，出入弋獵，旌旗鼓吹，年百餘歲，以壽終，故北方多以壹爲字者”。師古注以爲其人姓聶名壹，翁爲老人稱謂，與《敘傳》所言似相符。然漢人名字中多見翁字，如丞相韋玄成字少翁，“翁”字殊無老意。逕以“翁壹”爲名字者亦不少見，如本書《百官公卿表》中有詹事宋畸字翁壹；漢印中有“潘翁壹”“王翁壹”“龔翁壹”“戴翁壹”“吳翁壹”“蔡翁壹”等。顏注翁爲老人之稱，與壹分爲二義，於義未安。（參見陳直《漢書新證·匈奴傳》及《韓安國傳》）

[2]【顏注】孟康曰：私出塞交易。【今注】闌出：沒有通行憑據而擅自出塞。漢律規定，無符傳而闌出入關塞者，一律重處。

[3]【今注】武州塞：又名武周塞。在今山西大同市西，漢代爲北邊要塞。

[4]【今注】御史大夫：官名。丞相副貳，秩中二千石，協調處理天下政務，而以監察、執法爲主要職掌，爲全國最高監察、執法長官。主管圖籍秘書檔案、四方文書，百官奏議經其上呈，皇帝詔命由其承轉丞相下達執行，負責考課、監察、彈劾官吏，典掌刑獄，收捕、審訊有罪官吏等，或派員巡察地方，鎮壓事變，有時亦督兵出征。丞相缺位，常由其遞補。詳見本書《百官公卿表上》。

韓安國：傳見本書卷五二。　護軍將軍：武官名。由朝廷派遣率軍征戰，監督協調諸將，並領兵指揮作戰。

[5]【顏注】師古曰：伏兵而待單于也。【今注】四將軍：據本書卷六《武紀》，衞尉李廣爲驍騎將軍，太僕公孫賀爲輕車將軍，大行王恢爲將屯將軍，太中大夫李息爲材官將軍；均在護軍將軍韓安國節度下伏擊匈奴。

[6]【今注】亭：亭隧。漢代邊郡之亭具有候望守備職能。

[7]【顏注】師古曰：漢律，近塞郡皆置尉，百里一人，士史、尉史各二人巡行徼塞也。行音下孟反。【今注】尉史：官名。據居延漢簡，西漢邊郡内設置若干部都尉，負責本轄區内的軍事守備事務，長官稱都尉，秩比二千石。都尉下轄若干部（或稱候官），長官稱候或鄣候，秩六百石。鄣候之佐官除丞、尉（塞尉）之外，還有作爲武吏的士吏和作爲文吏的令史、尉史、掾等各若干名。尉史多主持司法、治安之事，月奉六百錢。

[8]【顏注】師古曰：尉史在亭樓上，虜欲以矛戟刺之，懼，迺自下以謀告。

[9]【今注】天王：周壽昌《漢書注校補》曰：“匈奴以天爲重，猶云天所封之王也。”

[10]【顏注】師古曰：放兵以擊單于。【今注】案，王念孫《讀書雜志·漢書第十四》以爲“縱”即有“縱兵出擊”之意，“兵”字爲後人以意妄加。

[11]【顏注】師古曰：重音直用反。【今注】王恢：西漢燕國人。少爲邊吏，曉習邊事。武帝建元四年（前137）任大行令，建元六年率軍平復閩越、東越之爭。武帝時議匈奴事，爲主戰派代表人物，元光二年（前133）以將屯將軍率軍參與在馬邑伏擊匈奴，功敗垂成，被迫自殺謝罪。

[12]【顏注】師古曰：塞之當行道處者。

[13]【顏注】師古曰：耆讀曰嗜。

[14]【顏注】師古曰：以市中其意。中音竹仲反。

　　自馬邑軍後五歲之秋，[1]漢使四將各萬騎擊胡關市下。將軍衞青出上谷，[2]至龍城，[3]得胡首虜七百人。公孫賀出雲中，[4]無所得。公孫敖出代郡，[5]爲胡所敗七千。李廣出雁門，[6]爲胡所敗，匈奴生得廣，廣道亡歸。[7]漢囚敖、廣，敖、廣贖爲庶人。其冬，匈奴數千人盜邊，漁陽尤甚。[8]漢使將軍韓安國屯漁陽備胡。其明年秋，匈奴二萬騎入漢，殺遼西太守，略二千餘人。又敗漁陽太守軍千餘人，圍將軍安國。[9]安國時千餘騎亦且盡，會燕救之，至，匈奴廼去，又入雁門殺略千餘人。於是漢使將軍衞青將三萬騎出雁門，李息出代郡，[10]擊胡，得首虜數千。其明年，衞青復出雲中以西至隴西，擊胡之樓煩、白羊王於河南，得胡首虜數千，羊百餘萬。於是漢遂取河南地，築朔方，[11]復繕故秦時蒙恬所爲塞，因河而爲固。漢亦棄上谷之斗辟縣造陽地以予胡。[12]是歲，元朔二年也。[13]

　　[1]【今注】案，本書卷六《武紀》繫此事於元光六年（前129）春。王先謙《漢書補注》據此以爲“秋”字誤，當作“春”。

　　[2]【今注】衞青：傳見本書卷五五。

　　[3]【今注】龍城：此指漠南單于庭附近的龍城，在今内蒙古錫林郭勒盟東、西烏珠穆沁旗附近（林幹：《匈奴通史》，第34頁）。

　　[4]【今注】公孫賀：傳見本書卷六六。

　　[5]【今注】公孫敖：西漢名將。北地郡義渠道（今甘肅慶陽

市西峰區）人。少爲騎士，以六郡良家子從軍擊匈奴，因精於騎射、武勇過人而擢爲騎郎，與衛青相善，官至太中大夫。漢武帝元光六年以騎將軍身份與衛青等分道出擊匈奴，因所部傷亡太半被貶爲庶人。元朔五年（前124）復以校尉身份隨大將軍衛青北伐匈奴，以功封合騎侯。其後在元朔六年、元狩二年（前121）參與出擊匈奴之役，均未建功。太初元年（前104）拜爲因杅將軍，在陰山北修築受降城。天漢四年（前97）與李廣利等分道遠征匈奴，兵敗當斬，佯死而匿於民間五六年，後被發覺處死。事迹見本書卷五五《衛青霍去病傳》。

[6]【今注】李廣：傳見本書卷五四。

[7]【顏注】師古曰：於道上亡還。

[8]【今注】案，本書《武紀》繫此事於漢武帝元光六年秋。

[9]【顏注】師古曰：即韓安國也。

[10]【今注】李息：西漢將領。北地郡郁郅縣（今甘肅慶陽市）人。漢武帝元光二年以太中大夫拜爲材官將軍，參與馬邑伏擊匈奴之事。元朔二年與大將軍衛青等出擊匈奴，次年拜爲中尉。元朔五年復爲將軍出擊匈奴，無功。元狩元年任大行令。元鼎二年（前115）因罪免官。事迹詳見本書《衛青霍去病傳》。

[11]【今注】朔方：地名。漢武帝元朔二年，漢軍擊敗匈奴，收復河南地（今內蒙古河套地區），新置朔方郡，治朔方縣。次年復遣校尉蘇建築朔方城。此城當即朔方郡、朔方縣所在城邑（今內蒙古杭錦旗東北）。

[12]【顏注】孟康曰：縣斗辟曲近胡。師古曰：斗，絕也。縣之斗曲入匈奴界者，其中造陽地也。辟讀曰僻。【今注】造陽：地名。在上谷郡最北部。其地孤懸塞外、易擾難守，棄予匈奴，意在暫時減輕來自匈奴的侵擾壓力。

[13]【今注】元朔三年：公元前127年。元朔，漢武帝年號（前128—前123）。

　　其後冬，軍臣單于死，其弟左谷蠡王伊稚斜自立爲單于，[1]攻敗軍臣單于太子於單。於單亡降漢，漢封於單爲陟安侯，[2]數月死。伊稚斜單于既立，其夏，匈奴數萬騎入代郡，殺太守共友，[3]略千餘人。秋，又入雁門，殺略千餘人。其明年，又入代郡、定襄、上郡，各三萬騎，[4]殺略數千人。匈奴右賢王怨漢奪之河南地而築朔方，數寇盜邊，及入河南，侵擾朔方，殺略吏民甚衆。

　　[1]【今注】伊稚斜：單于之號。公元前 126 年至前 114 年在位。稚，蔡琪本、殿本作「稺」。

　　[2]【今注】陟安侯：《史記》卷一一〇《匈奴列傳》作「涉安侯」。漢武帝元狩三年（前 120）四月丙子封來降的匈奴太子於單爲涉安侯，五月卒，無後嗣，國除。涉安當即涉都，屬同一地名的不同書寫，武帝曾於元封元年（前 110）封南粵國降將嘉於涉都，地在南陽郡（參見馬孟龍《西漢侯國地理》，上海古籍出版社 2013 年版，第 286 頁）。

　　[3]【顏注】師古曰：共友，太守姓名也。共讀曰龔。【今注】案，共友，《史記·匈奴列傳》作「恭友」。

　　[4]【今注】定襄：郡名。治成樂縣（今内蒙古和林格爾縣盛樂鎮土城子村古城）。

　　其明年春，漢遣衛青將六將軍十餘萬人出朔方高闕。[1]右賢王以爲漢兵不能至，飲酒醉。漢兵出塞六七百里，夜圍右賢王。右賢王大驚，脱身逃走，精騎往往隨後去。[2]漢將軍得右賢王人衆男女萬五千人，禆小王十餘人。其秋，匈奴萬騎入代郡，殺都尉朱央，[3]略千餘人。

[1]【今注】六將軍：據本書卷五五《衛青霍去病傳》，時以衛尉蘇建爲游擊將軍，左內史李沮爲彊弩將軍，太僕公孫賀爲騎將軍，代相李蔡爲輕車將軍，俱隨車騎將軍衛青從朔方出擊；大行李息、岸頭侯張次公爲將軍，俱從右北平出塞。

[2]【今注】往往：紛紛。

[3]【今注】案，朱央，《史記》卷一一〇《匈奴列傳》作“朱英”。

其明年春，漢復遣大將軍衛青將六將軍，[1]十餘萬騎，仍再出定襄數百里，[2]擊匈奴，得首虜前後萬九千餘級，而漢亦亡兩將軍，三千餘騎。右將軍建得以身脱，[3]而前將軍翕侯趙信兵不利，[4]降匈奴。趙信者，故胡小王，降漢，漢封爲翕侯，以前將軍與右將軍并軍，介獨遇單于兵，故盡没。[5]單于既得翕侯，以爲自次王，[6]用其姊妻之，與謀漢。信教單于益北絶幕，[7]以誘罷漢兵，徼極而取之，[8]毋近塞。[9]單于從之。其明年，胡數萬騎入上谷，殺數百人。

[1]【今注】大將軍：戰國秦至西漢前期本爲將軍的最高稱號，非常設，遇有戰事時負責統兵作戰，事畢即罷。武帝之後漸成常設性高級軍政官職，其前多冠以大司馬，領尚書事，秩萬石，位高權重，事實上成爲最高行政長官。多由貴戚擔任。 六將軍：合騎侯公孫敖爲中將軍，太僕公孫賀爲左將軍，翕侯趙信爲前將軍，衛尉蘇建爲右將軍，郎中令李廣爲後將軍，左內史李沮爲彊弩將軍，皆屬大將軍衛青。

[2]【顏注】師古曰：仍，頻也。【今注】仍再：接連二次。據本書卷六《武紀》，漢軍於元朔六年（前123）二月、四月連續從定襄郡出塞攻擊匈奴。

[3]【今注】建：蘇建。傳見本書卷五四。

[4]【今注】翕（xī）侯趙信：趙信，本爲匈奴人，以匈奴相國降漢，漢武帝元光四年（前131）封爲翕侯（侯國治所在今河南內黃縣）。元朔二年以擊匈奴有功而得益封。元朔六年以前將軍（本書《景武昭宣元成功臣表》作“右將軍”）出征匈奴，兵敗降敵，甚得單于器重，封爲次王，爲單于籌畫與漢周旋。事迹詳見本書卷五五《衛青霍去病傳》。

[5]【顏注】晉灼曰：介音夏。師古曰：介，特也。本雖并軍，至遇單于時特也。介讀如本字。【今注】案，《史記》卷一一〇《匈奴列傳》記作：“趙信者，故胡小王，降漢，漢封爲翕侯，以前將軍與右將軍并軍分行，獨遇單于兵，故盡没。”王念孫《讀書雜志·漢書第十四》據此以爲，介即獨，既言獨，不必又言介。“分行”之“分”與“介”形近而訛，又脱去“行”字，致師古以“介獨”二字連讀，誤。其説甚是。

[6]【顏注】師古曰：自次者，尊重次於單于。

[7]【顏注】師古曰：直度曰絕。【今注】幕：同“漠”。沙漠。

[8]【顏注】師古曰：罷讀曰疲。徼，要也。誘令疲，要其困極，然後取之。徼音工堯反。

[9]【顏注】師古曰：不近塞居，所以疲勞漢兵也。

明年春，漢使票騎將軍去病將萬騎出隴西，[1]過焉耆山千餘里，[2]得胡首虜八千餘級，得休屠王祭天金人。[3]其夏，票騎將軍復與合騎侯數萬騎出隴西、北地二千里，[4]過居延，[5]攻祁連山，[6]得胡首虜三萬餘級，裨小王以下十餘人。是時，匈奴亦來入代郡、鴈門，殺略數百人。漢使博望侯及李將軍廣出右北平，[7]擊匈奴左賢王。左賢王圍李廣，廣軍四千人死者過半，殺虜亦過當。[8]會博望侯軍救至，李將軍得脫，盡亡其軍。[9]合騎侯後票騎將軍期，及博望侯皆當死，贖爲庶人。

[1]【今注】票騎將軍：西漢高級武官，始於武帝封霍去病爲票騎將軍，取騎兵勁疾之意。武帝之後時置時罷，領京師衛戍屯兵，備皇帝顧問應對，參與中朝謀議決策。加大司馬號、録尚書事則爲中朝官首領，預政定策，進而成爲最有權勢的軍政大臣。金印紫綬。位在大將軍之下，車騎將軍、衛將軍及前、後、左、右將軍之上。票騎，又作"驃騎"或"驃騎"。　去病：霍去病。傳見本書卷五五。

[2]【今注】焉耆山：或稱胭脂山、燕支山、删丹山，即今甘肅山丹縣、永昌縣交界處的大黄山，屬祁連山支脈。本書卷五五《霍去病傳》作"焉支山"。荀悦《漢紀·孝武皇帝紀四》作"鄢耆山"。

[3]【顏注】孟康曰：匈奴祭天處本在雲陽甘泉山下，秦奪其地，後徙之休屠王右地，故休屠有祭天金人象也。師古曰：作金人以爲天神之主而祭之，即今佛像是其遺法。【今注】休屠王：匈奴休屠部首領，領地在今甘肅民勤縣北。　祭天金人：匈奴祭天之中心偶像。漢武帝元狩二年（前121），霍去病破匈奴休屠王城，得"祭天金人"，後置於甘泉宮內。關於祭天金人，今有四説：其一佛像説，或以此爲佛像傳入中國之始；其二秦國金人説，或認爲秦始皇統一六國之後，收繳天下兵器，鑄造了"金人十二"，匈奴掠取用來祭天；其三薩滿教説，或以古代北方游牧民族的信仰以及鑄金人習俗爲據；其四希臘戰神説，或以新疆出土希臘戰神阿

瑞斯爲圖證史。

〔4〕【今注】合騎侯：此指公孫敖。

〔5〕【今注】居延：地名。在今內蒙古額濟納旗北境。其地有湖澤名居延澤，又名居延海，即今之進素圖海子。漢朝攻取其地，置居延縣，屬張掖郡。亦爲居延都尉府駐地。

〔6〕【今注】祁連山：山分南北，北即今新疆境內的天山，南指今甘肅、青海之間的祁連山。

〔7〕【今注】博望侯：張騫。因出使西域有功，漢武帝元朔六年（前123）封爲博望侯（侯國治所在今河南方城縣西南）。傳見本書卷六一。

〔8〕【今注】過當：數量超過對等。意即消滅敵方人數超過本方損失人數。

〔9〕【今注】盡亡其軍：《漢書考正》劉奉世以爲，此處既云“死者過半”，又云“盡亡其軍”，前後矛盾，且與《武紀》《李廣傳》所記不同，二説必有一誤。王先謙《漢書補注》曰：“《史記》作‘漢亡失數千人’，《李廣傳》云‘廣軍幾没，以自當，無賞’，《武紀》云‘廣殺匈奴三千餘人，盡亡其軍四千人，獨身脱還’。合證之，廣軍四千，死者二千餘人，故云‘過半’；殺匈奴三千餘，故云‘過當’；及獨身脱還，其軍盡亡失，蓋或降或逃故耳，故傳云‘廣軍幾没，以自當，無賞’也。情事固無不合。”

其秋，單于怒昆邪王、休屠王居西方爲漢所殺虜數萬人，[1]欲召誅之。昆邪、休屠王恐，謀降漢，漢使票騎將軍迎之。昆邪王殺休屠王，并將其眾降漢，凡四萬餘人，號十萬。於是漢已得昆邪，則隴西、北地、河西益少胡寇，[2]徙關東貧民處所奪匈奴河南地新秦中以實之，[3]西減北地以西戍卒半。[4]明年春，匈奴入右北平、定襄各數萬騎，殺略千餘人。

　　[1]【今注】昆邪（yé）王：匈奴昆邪部首領。與休屠王共同駐牧於河西走廊一帶，漢武帝元狩二年（前121）被霍去病漢軍襲破，殺休屠王而率四萬餘衆降漢，被封爲漯陰侯（侯國治所在今山東齊河縣）。昆邪，又作"渾邪""混邪"。

　　[2]【今注】河西：古地區名。漢代以今甘肅、青海兩省黃河以西，即今河西走廊與湟水流域爲河西之地。因在黃河之西而得名。

　　[3]【顏注】師古曰：新秦，解在《食貨志》。【今注】新秦中：地名。大體包括今内蒙古河套以西、寧夏清水河流域、甘肅環縣、陝西吳起縣等地。本爲匈奴所居，秦統一後逐走匈奴而據其地，因地與秦故地相接而新得，故稱新秦中，或稱秦中。秦漢之際，匈奴乘中原紛擾復居其地，武帝時漢軍再度擊敗匈奴，徙民屯戍。

　　[4]【今注】案，前一個"西"字，中華本據《史記》及劉敞説改爲"而"，可從。

　　其年春，[1]漢謀以爲翕侯信爲單于計，居幕北，[2]以爲漢兵不能至，乃粟馬，[3]發十萬騎，私負從馬凡十四萬匹，[4]糧重不與焉。[5]令大將軍青、票騎將軍去病中分軍，大將軍出定襄，票騎將軍出代，咸約絶幕擊匈奴。[6]單于聞之，遠甚輜重，[7]以精兵待於幕北。與漢大將軍接戰一日，會暮，大風起，漢兵縱左右翼圍單于。單于自度戰不能與漢兵，[8]遂獨與壯騎數百潰漢圍西北遁走。漢兵夜追之不得，行捕斬首虜凡萬九千級，[9]北至寘顔山趙信城而還。[10]

　　[1]【今注】其年春：此指漢武帝元狩四年（前119）。本書卷

五五《霍去病傳》作"其明年"，《史記》卷一一〇《匈奴列傳》亦作"其明年春"，則此處"其""年"間脱一"明"字（並見朱一新《漢書管見》、王先謙《漢書補注》）。

　　[2]【今注】幕北：漠北。

　　[3]【顏注】師古曰：以粟秣馬也。

　　[4]【顏注】師古曰：私負衣裝者及私將馬從者，皆非公家發與之限。

　　[5]【顏注】師古曰：負戴糧食者（糧，殿本作"粮"）。重音直用反。與讀曰豫。

　　[6]【顏注】師古曰：約謂爲其要（其，殿本作"期"）。

　　[7]【顏注】師古曰：徙其輜重令遠去。

　　[8]【顏注】師古曰：與猶如也。度音徒各反。

　　[9]【顏注】師古曰：且行且捕斬之。

　　[10]【顏注】孟康曰：趙信所作，因以名城。師古曰：寘音徒千反。【今注】寘（tián）顏山：當即今蒙古巴彥魯集克山，爲杭愛山支脈。　趙信城：匈奴爲尊寵趙信而修築，故名。爲匈奴後方儲備輜重、糧草的基地，大致在今蒙古國境内色楞格河以南至杭愛山一帶。

　　單于之走，其兵往往與漢軍相亂而隨單于。單于久不與其大衆相得，右谷蠡王以爲單于死，乃自立爲單于。真單于復得其衆，右谷蠡乃去號，復其故位。

　　票騎之出代二千餘里，與左王接戰，[1]漢兵得胡首虜凡七萬餘人，左王將皆遁走。票騎封於狼居胥山，[2]禪姑衍，[3]臨翰海而還。[4]

　　[1]【今注】左王：左賢王、左谷蠡王等匈奴左邊諸王。

［2］【今注】封於狼居胥山：在狼居胥山舉行祭天之禮。古代帝王祭天，築土爲壇，報天之功，稱封。狼居胥山，即今蒙古國烏蘭巴托市東之肯特山。一説在今内蒙古克什克騰旗西北至阿巴嘎旗一帶。

［3］【今注】禪姑衍：在姑衍山上舉行祭地之禮。古代地方辟場祭地，報地之德，稱禪。姑衍，山名。在狼居胥山附近，在今蒙古國中央省東。

［4］【今注】翰海：又作“瀚海”。或以爲即沙漠。或以爲指湖澤（今内蒙古呼倫湖或俄羅斯貝加爾湖）。或以爲同“杭愛”，指阿爾泰山的支脈杭愛山。

是後匈奴遠遁，而幕南無王庭。[1]漢度河自朔方以西至令居，[2]往往通渠置田官，[3]吏卒五六萬人，稍蠶食，地接匈奴以北。[4]

［1］【今注】幕南：漠南。即今内蒙古陰山以北至蒙古戈壁沙漠以南地區。

［2］【顏注】師古曰：令音零。下亦類此。【今注】令（lián）居：縣名。治所在今甘肅永登縣。

［3］【今注】田官：管理屯田事務的機構及官員。

［4］【顏注】師古曰：其地相接不絕。【今注】匈奴以北：匈奴故地以北。

初，漢兩將大出圍單于，所殺虜八九萬，而漢士物故者亦萬數，[1]漢馬死者十餘萬匹。匈奴雖病，[2]遠去，而漢馬亦少，無以復往。單于用趙信計，遣使好辭請和親。天子下其議，或言和親，或言遂臣之。丞相長史任敞曰：[3]“匈奴新困，宜使爲外臣，[4]朝請於邊。”[5]漢使敞使於單于。單于聞敞計，大怒，留之不遣。先是漢亦有所降匈奴使者，單于亦輒留漢使相當。漢方復收士馬，會票騎將軍去病死，[6]於是漢久不北擊胡。

[1]【顏注】師古曰：物故謂死也。【今注】物故：死去。《釋名·釋喪制》：“漢以來謂死爲物故，言其諸物皆就朽故也。”案，萬數，本書卷六《武紀》及《史記》卷一一〇《匈奴列傳》皆作“數萬”。

[2]【今注】病：困乏，疲弊。

[3]【今注】丞相長史：漢文帝時始置，二人，掌領丞相府事，署理諸曹，並可參與朝議。秩千石。西漢三公及將軍府幕府皆置長史，爲諸掾之長。其時丞相當爲樂安侯李蔡或武强莊青翟。

[4]【今注】外臣：春秋戰國時期稱他國之臣爲外臣，秦漢時期則指臣服於中央政權的周邊少數民族政權。中央政權賜予藩國首領封號，經常以財物賞賜。藩國則要定期遣使納貢甚至親自朝請，維護邊境安全，不得擅自興兵滋事。外臣名義上爲漢王朝之臣，實際上在自己的統治區域內擁有完全的自主權。當初衛氏朝鮮、趙氏南越等皆曾爲外臣藩國。（參見劉瑞《秦、西漢的“内臣”與“外臣”》，《民族研究》2003 年第 3 期）

[5]【顏注】師古曰：請音材性反（殿本無“音”字）。【今注】朝請：春季朝會稱“朝”，秋季朝見稱“請”。

[6]【今注】案，大司馬票騎將軍霍去病卒於元狩六年（前 117）秋九月。

數歲，伊穉斜單于立十三年死，子烏維立爲單于。[1]是歲，元鼎三年也。[2]烏維單于立，而漢武帝始出巡狩郡縣。其後漢方南誅兩越，[3]不擊匈奴，匈奴亦不入邊。[4]

[1]【今注】烏維：單于之號。公元前114年至前105年在位。

[2]【今注】元鼎三年：公元前114年。元鼎，漢武帝年號（前116—前111）。

[3]【今注】兩越：指南越與東越。元鼎五年，南越相呂嘉反。次年冬，漢軍平定南越，於其地置南海等九郡。元鼎六年，東越王餘善反，次年事敗身死，漢朝徙其民於江、淮間。

[4]【今注】案，本書卷六《武紀》記元鼎五年"匈奴入五原，殺太守"，與傳文所記稍有不合。

烏維立三年，漢已滅兩越，[1]遣故太僕公孫賀將萬五千騎出九原二千餘里，[2]至浮苴井，[3]從票侯趙破奴萬餘騎出令居數千里，[4]至匈奴河水，[5]皆不見匈奴一人而還。

[1]【今注】兩越：據本書卷六《武紀》，漢軍滅南越在元鼎六年（前111）春，平東越在次年元封元年（前110）春，公孫賀率軍出九原在元鼎六年秋，當時尚未平定東越，故王先謙《漢書補注》以爲此"兩"爲"南"之誤，《史記》卷一一〇《匈奴列傳》亦誤。

[2]【今注】太僕：周置，秦、漢沿置。掌皇帝專用車馬，兼管官府畜牧業。列位九卿，秩中二千石。

[3]【顏注】師古曰：苴音子餘反。《武紀》苴字作沮，其音同。【今注】浮苴井：匈奴地名。因有井泉可飲人畜，故名。其地在單于庭西南，當在今蒙古國中央省西南。苴，本書《武紀》作

"沮"。

[4]【今注】從票侯趙破奴：趙破奴，西漢將領。太原（今山西太原市西南）人。早年曾流亡入匈奴中，後歸漢，任驃騎將軍霍去病司馬，北擊匈奴有功，封從票侯。元鼎六年拜爲匈河將軍，從令居出塞，無功而返。後率輕騎襲破樓蘭，擒獲樓蘭王，封爲浞野侯。武帝太初二年（前103），以浚稽將軍率軍二萬遠征匈奴，兵敗被虜，居匈奴十歲，逃歸漢朝，後以巫蠱事被族誅。事迹詳見本書卷五五《衞青霍去病傳》。

[5]【顏注】臣瓚曰：水名也。去令居千里。【今注】匈奴河水：《史記·匈奴列傳》、卷一二三《大宛列傳》及本書《衞青霍去病傳》皆作"匈河水"。《漢書考正》劉敞、劉攽皆以爲"匈奴河水"衍"奴"字，可從。匈河水，當在今蒙古杭愛山南麓。

是時，天子巡邊，親至朔方，勒兵十八萬騎以見武節，[1]而使郭吉風告單于。[2]既至匈奴，匈奴主客問所使，[3]郭吉卑體好言曰："吾見單于而口言。"單于見吉，吉曰："南越王頭已縣於漢北闕下。[4]今單于即能前與漢戰，[5]天子自將兵待邊；即不能，亟南面而臣於漢。[6]何但遠走，亡匿於幕北寒苦無水草之地爲？"[7]語卒，單于大怒，立斬主客見者，而留郭吉不歸，遷辱之北海上。[8]而單于終不肯爲於漢邊，休養士馬，習射獵，數使使好辭甘言求和親。

[1]【顏注】師古曰：見，示也。【今注】武節：軍威。

[2]【顏注】師古曰：風讀曰諷。【今注】風告：以委婉之語使人喻意。

[3]【顏注】師古曰：主客，主接諸客者也。問以何事而來。

【今注】主客：負責接待外賓的官員。周壽昌《漢書注校補》以爲主客應是匈奴官名，猶漢之典客。《漢舊儀》云"主客尚書，主外國事"，匈奴亦設此官。

[4]【今注】南越王：此指南越國末代君主趙建德。南越武王趙佗之玄孫，南越王嬰齊庶之長子，母爲土著越人。初爲南越國高昌侯。父嬰齊死，弟趙興繼位爲王，南越國内屬，武帝元鼎四年（前113）以歸義有功被漢廷封爲術陽侯，食邑三千户。次年，被起兵反漢的南越國相吕嘉扶立爲南越王，國破被誅。　北闕：此指未央宫北闕，又名玄武闕，在未央宫北面司馬門外，故名。臣民謁見或上書，均需候於北闕之下。

[5]【今注】案，殿本無"前"字。

[6]【顔注】師古曰：亟，急也，音居力反。

[7]【顔注】師古曰：但，空也。

[8]【今注】北海：今俄羅斯貝加爾湖。

漢使王烏等闚匈奴。[1]匈奴法，漢使不去節，不以墨黥其面，不得入穹廬。[2]王烏，北地人，習胡俗，去其節，黥面入廬。單于愛之，陽許曰："吾爲遣其太子入質於漢，以求和親。"[3]

[1]【今注】闚（kuī）：同"窺"。

[2]【顔注】師古曰：以墨黥面也。

[3]【顔注】師古曰：言爲王烏故，遣太子入質。【今注】案，王念孫《讀書雜志·漢書第十四》以爲顔師古注誤，"爲"當解作"將"爲宜。

漢使楊信使於匈奴。是時漢東拔濊貉、朝鮮以爲郡，[1]而西置酒泉郡以隔絶胡與羌通之路。[2]又西通月

氐、大夏，[3]以翁主妻烏孫王，[4]以分匈奴西方之援
國。又北益廣田至眩雷爲塞，[5]而匈奴終不敢以爲言。
是歲，翕侯信死，漢用事者以匈奴已弱，可臣從也。
楊信爲人剛直屈强，素非貴臣也，[6]單于不親。欲召
入，不肯去節，迺坐穹廬外見楊信。楊信說單于曰：
"即欲和親，以單于太子爲質於漢。"單于曰："非故
約。故約，漢常遣翁主，給繒絮食物有品，以和親，[7]
而匈奴亦不復擾邊。今乃欲反古，[8]令吾太子爲質，無
幾矣。"[9]匈奴俗，見漢使非中貴人，其儒生，以爲欲
說，折其辭辯；少年，以爲欲刺，折其氣。每漢兵入
匈奴，匈奴輒報償。漢留匈奴使，匈奴亦留漢使，必
得當迺止。

[1]【顏注】師古曰：濊與穢同，亦或作薉。　【今注】濊
（wèi）貉（mò）：又作"濊貊"。古族名。爲北貉的一支，主要居
處於今朝鮮半島中北部。薉，亦即"濊"，又作"穢"。1958 年，
朝鮮平壤貞柏洞土壤墓出土"夫租薉君"銀印，是西漢王朝授予樂
浪郡夫租縣濊族首領的官印。"薉君"即濊族的君長。"夫租薉君"
即夫租縣境内的濊人首領。（詳參林澐《"夫租丞印"封泥與"夫
租薉君"銀印考》，載《揖芬集：張政烺先生九十華誕紀念文集》，
社會科學文獻出版社 2002 年版。收入《林澐學術文集（二）》，科
學出版社 2008 年版）　朝鮮：古國名。在今朝鮮半島北部及遼寧
東部一帶。漢武帝元封三年（前 108）擊破朝鮮，於其地置樂浪、
臨屯、玄菟、真番四郡。

[2]【今注】酒泉郡：治祿福縣（今甘肅酒泉市）。

[3]【今注】大夏：中亞古國名。音譯巴克特里亞，在今阿富
汗北部，國都藍氏城（今阿富汗瓦齊拉巴德）。

[4]【今注】案，漢武帝元封年間，漢以江都王劉建之女劉細君爲公主，嫁於烏孫昆莫，爲右夫人。事詳見本書卷九六《西域傳》。

[5]【顏注】服虔曰：眩雷，地在烏孫北也。眩音州縣之縣。【今注】眩雷：地名。漢武帝元封四年（前107）置眩雷塞。一說在今内蒙古杭錦旗東南扎爾廟古城北。一說即今内蒙古阿拉善左旗敖倫布拉格鎮鎮政府所在地西北約十一公里處的烏蘭布拉格障城。上海博物館藏漢印有“西眩都丞”印，“西”爲西河郡的省文，“眩”指其屬下的眩雷塞（詳見趙平安《秦西漢印章研究》，上海古籍出版社2013年版，第60頁）。

[6]【顏注】師古曰：屈音其勿反。强音其兩反。【今注】屈强：倔强。

[7]【顏注】師古曰：品謂等差也。

[8]【顏注】師古曰：反，違也。

[9]【顏注】師古曰：言遣太子爲質，則匈奴國中所餘者無幾，皆當盡也。幾音居豈反。【今注】無幾：意謂沒有和好的希望。

楊信既歸，漢使王烏等如匈奴。匈奴復讇以甘言，[1]欲多得漢財物，紿王烏曰：“吾欲入漢，[2]見天子，面相結爲兄弟。”王烏歸報，[3]漢爲單于築邸于長安。匈奴曰：“非得漢貴人使，吾不與誠語。”[4]匈奴使其貴人至漢，病，服藥欲愈之，不幸而死。漢使路充國佩二千石印綬，使送其喪，厚幣直數千金。單于以爲漢殺吾貴使者，迺留路充國不歸。諸所言者，單于特空紿王烏，[5]殊無意入漢，遣太子來質。於是匈奴數使奇兵侵犯漢邊。漢迺拜郭昌爲拔胡將軍，[6]及浞野侯屯朔方以東，備胡。[7]

[1]【顏注】師古曰：調，古“詔”字。

[2]【顏注】師古曰：紿，詐也。

[3]【今注】案，蔡琪本、大德本、殿本“報”後有“漢”字。

[4]【顏注】師古曰：誠，實也。

[5]【顏注】師古曰：特，但也。

[6]【今注】郭昌：西漢雲中郡（治所在今内蒙古托克托縣古城村）人。武帝時爲校尉，隨大將軍衛青北擊匈奴。元鼎六年（前111）爲中郎將，率領準備遠征南越的巴蜀八校尉轉攻且蘭及南夷諸部，漢以其地置牂柯郡。元封二年（前109）率數萬士卒治理瓠子決口，使改道二十三年之久的黄河復歸故道。同年又率巴蜀兵平定西南夷中之不服者，漢以其地置益州郡。元封四年以太中大夫拜爲拔胡將軍，駐屯朔方郡，備禦匈奴侵擾。元封六年率軍征討益州昆明族叛亂，作戰不力而被免職。宣帝地節年間（前69—前66）以光禄大夫身份巡察黄河，修渠引水，百姓以安。事迹見本書卷五五《衛青霍去病傳》。

[7]【顏注】師古曰：浞野侯，趙破奴也。浞音仕角反。【今注】浞野侯：漢武帝元封三年封趙破奴爲浞野侯。封地所在不詳。

烏維單于立十歲死，子詹師廬立，[1]年少，號爲兒單于。[2]是歲，元封六年也。[3]自是後，單于益西北。左方兵直雲中，右方兵直酒泉、燉煌。[4]

[1]【今注】詹師廬：烏維單于之子。公元前105年至前102年在位。“詹師廬”非其名，而是登上單于位後所得名號。《史記》卷一一〇《匈奴列傳》作“烏師廬”。

[2]【今注】兒單于：由於年幼而得此俗稱，"兒"非單于名號。

[3]【今注】元封六年：公元前 105 年。元封，漢武帝年號（前 110—前 105）。

[4]【今注】燉煌：郡名。治敦煌縣（今甘肅敦煌市七里鎮白馬塔村）。案，蔡琪本、大德本、殿本作"敦煌"。

兒單于立，漢使兩使，一人弔單于，一人弔右賢王，欲以乖其國。使者入匈奴，匈奴悉將致單于。單于怒而悉留漢使。漢使留匈奴者前後十餘輩，而匈奴使來漢，亦輒留之相當。

是歲，漢使貳師將軍西伐大宛，[1]而令因杅將軍築受降城。[2]其冬，匈奴大雨雪，[3]畜多飢寒死，而單于年少，[4]好殺伐，國中多不安。左大都尉欲殺單于，使人間告漢[5]曰："我欲殺單于降漢，漢遠，漢即來兵近我，我即發。"[6]初漢聞此言，故築受降城。猶以爲遠。

[1]【今注】貳師將軍：指李廣利。傳見本書卷六一。貳師，地名。在今吉爾吉斯斯坦奧什城，盛產良馬。漢武帝太初元年（前 104），漢遣李廣利率軍出征大宛，志在奪取貳師良馬，因而取爲將軍名號。　大宛：西域古國名。都貴山城（今烏茲別克斯坦塔什干市東南卡散賽）。

[2]【顏注】師古曰：杅音于。【今注】因杅將軍：指公孫敖。因杅，匈奴地名。漢朝用作將軍名號。　受降城：在今内蒙古烏拉特中後聯合旗東陰山北。一說在今蒙古國南戈壁省瑙木岡蘇木巴彦布拉格西漢要塞遺址（參見［俄］A. A. 科瓦列夫著，權乾坤

譯《蒙古國南戈壁省巴彥布拉格要塞遺址（漢受降城）的考古發掘及西漢時期外部防禦相關問題研究》，《草原文物》2015 年第 2 期）。漢武帝元封六年（前 105），匈奴左大都尉欲降，漢因築此城。

[3]【顏注】師古曰：雨音于具反。【今注】雨雪：下雪。

[4]【今注】案，而，《史記》卷一一〇《匈奴列傳》作"兒"，是。

[5]【顏注】師古曰：私來報。

[6]【顏注】師古曰：來兵，言以兵來也。

其明年春，漢使浞野侯破奴將二萬騎出朔方北二千餘里，[1]期至浚稽山而還。[2]浞野侯既至期，左大都尉欲發而覺，單于誅之，發兵擊浞野侯。浞野侯行捕首虜數千人。還，未至受降城四百里，匈奴八萬騎圍之。浞野侯夜出自求水，匈奴生得浞野侯，因急擊其軍。軍吏畏亡將而誅，[3]莫相勸而歸，軍遂沒於匈奴。單于大喜，遂遣兵攻受降城，不能下，乃侵入邊而去。明年，單于欲自攻受降城，未到，病死。

[1]【顏注】師古曰：以迎左大都尉。

[2]【顏注】師古曰：浚音俊。稽音雞。在武威北。【今注】浚稽山：即今古爾班博格多山脈，在蒙古國杭愛、南戈壁、巴彥洪戈爾三省交界處。

[3]【今注】軍吏畏亡將而誅：軍官們害怕因主將亡失而被治罪殺頭。秦漢軍法有"亡將亡卒"罪，即在戰爭中士卒丟失將領或將領丟失士卒，皆要處以死刑。《尉繚子·兵令下》："諸戰而亡其將吏者，及將吏棄卒獨北者，盡斬之。"

兒單于立三歲而死。子少，匈奴迺立其季父烏維單于弟右賢王句黎湖爲單于。[1]是歲，大初三年也。[2]

[1]【顏注】師古曰：句音鈎。【今注】句黎湖：單于之號。公元前 102 年至前 101 年在位。《史記》卷一一〇《匈奴列傳》作"响犁湖"。

[2]【今注】大初三年：公元前 102 年。大初，即太初，漢武帝年號（前 104—前 101）。

句黎湖單于立，漢使光禄徐自爲出五原塞數百里，[1]遠者千里，築城障列亭至盧朐，[2]而使游擊將軍韓説、長平侯衛伉屯其旁，[3]使强弩都尉路博德築居延澤上。[4]

[1]【今注】光禄：當爲"光禄勳"，"勳"字脱（參楊樹達《漢書窺管》）。漢武帝時改郎中令置。掌宫殿掖門户。位列九卿，秩中二千石。　五原塞：五原郡内邊防要塞名，當在今内蒙古包頭市西。

[2]【顏注】師古曰：盧朐，山名也。朐音劬。【今注】障：邊塞防禦工事名稱。塞上險要之處修築的小城，有吏士鎮守。都尉府及候官治所亦稱障。　列亭：此指亭燧，又稱亭障，是漢代邊防基層組織的駐所，主要功能是軍事候望。根據對河西漢塞的考察，亭燧之間相隔一至三公里。亭燧下部爲土築高臺，上部爲望樓，漢簡中稱爲"堠""候樓"。望樓四周有女墻。遇有緊要軍情，即在望樓上舉烽或燃火以示警（參見吳礽襄《河西漢塞調查與研究》，文物出版社 2005 年版，第 186—190 頁）。徐自爲所築城障列亭，時人稱爲"光禄塞"。　盧朐：山名。在今内蒙古狼山北面，屬陰

山山脈。一説爲水名，今克魯倫河上游。

[3]【顔注】師古曰：説讀曰悦。伉音抗，即衛青子。【今注】游擊將軍：武官名。漢代雜號將軍之一。　韓説：字少卿。漢初異姓諸侯王韓王信後裔，弓高侯韓頹當之孫，武帝寵臣韓嫣之弟。初以校尉（一説爲都尉）隨大將軍衛青北擊匈奴，因功於元朔五年（前124）封龍額侯。元鼎五年（前112）因酎金獲罪，免去爵位。元封元年（前110）以横海將軍征討東越，因功封案道侯。太初三年（前102）以游擊將軍率軍駐屯五原郡邊塞城障，後入爲光禄勳。征和二年（前91）奉詔調查“巫蠱”之事，被戾太子殺死。事迹詳見本書卷三三《韓王信傳》。　長平侯衛伉：衛伉，大將軍衛青長子，初以父功封宜春侯（侯國治所在今河南汝南縣），陪侍武帝左右，甚爲貴幸。漢武帝太初元年襲父長平侯爵，後因闌入宫禁而被治罪奪爵。長平侯國治所在今河南西華縣東北。

[4]【今注】强弩都尉：武官名。所部長於弓弩勁射，以軍種爲都尉名號。都尉，位在將軍下，秩比二千石。　路博德：西漢將領。西河郡平州縣（今内蒙古鄂爾多斯市）人。武帝時任右北平太守，元狩四年（前119）從驃騎將軍霍去病屢次出擊匈奴，因功封邳離侯（一作“符離侯”）。後任衛尉，元鼎六年以伏波將軍身份與樓船將軍楊僕等率軍平定南越。因其子犯法而被奪爵。後徙强弩都尉，屯駐居延（今内蒙古額濟納旗北境）。事迹見本書卷五五《衛青霍去病傳》。

　　其秋，匈奴大入雲中、定襄、五原、朔方，殺略數千人，敗數二千石而去，行壞光禄所築亭障。又使右賢王入酒泉、張掖，[1]略數千人。會任文擊救，[2]盡復失其所得而去。聞貳師將軍破大宛，斬其王還，單于欲遮之，不敢，其冬病死。

[1]【今注】張掖：郡名。治所初在張掖縣，後移至觻得縣（今甘肅張掖市甘州區西北）。

[2]【顏注】服虔曰：任文，漢將也。師古曰：擊救者，擊匈奴而自救漢人。【今注】任文：西漢官員。曾任軍正，配合貳師將軍李廣利遠征大宛而駐軍敦煌玉門關，故得就近解酒泉、張掖之困。

句黎湖單于立一歲死，其弟左大都尉且鞮侯立爲單于。[1]

[1]【顏注】師古曰：且，子余反（蔡琪本、大德本、殿本“子”前有“音”字）。鞮音丁奚反。【今注】且鞮侯：單于之號。公元前101年至前96年在位。

漢既誅大宛，威震外國，天子意欲遂困胡，迺下詔曰：“高皇帝遺朕平城之憂，[1]高后時單于書絕悖逆。昔齊襄公復九世之讎，《春秋》大之。”[2]是歲，大初四年也。

[1]【顏注】師古曰：遺，留也。

[2]【顏注】師古曰：《公羊傳》莊四年春，齊襄公滅紀，復讎也。襄公之九世祖昔爲紀侯所譖，而亨殺于周，故襄公滅紀也。九世猶可以復讎乎？曰：雖百世可也。【今注】齊襄公：春秋時期齊國國君，名諸兒。公元前698年至前686年在位。襄公滅紀國，時在公元前690年。案，齊襄公復仇之事，《春秋》莊公四年僅記“紀侯大去其國”。《春秋公羊傳》詳解其事爲：“大去者何？滅也。孰滅之？齊滅之。曷爲不言齊滅之？爲襄公諱也。《春秋》爲賢者

諱。何賢乎襄公？復讎也。何讎爾？遠祖也。哀公亨乎周，紀侯譖之。以襄公之爲於此焉者，事祖禰之心盡矣。"

且鞮侯單于初立，恐漢襲之，盡歸漢使之不降者路充國等於漢。單于迺自謂："我兒子，安敢望漢天子！"[1]漢天子，我丈人行。"[2]漢遣中郎將蘇武厚幣賂遺單于，[3]單于益驕，禮甚倨，非漢所望也。明年，浞野侯破奴得亡歸漢。

[1]【今注】望：怨望，責備。

[2]【顏注】師古曰：丈人，尊老之稱也。行音胡浪反。【今注】丈人行（háng）：猶言長輩。漢與匈奴和親，漢皇帝嫁女於匈奴單于，單于輩分低於皇帝，故有此言。

[3]【今注】中郎將：郎中令（光禄勳）屬官，有五官中郎將、左中郎將、右中郎將三種，分管侍衛皇帝的諸郎。秩比二千石。　蘇武：傳見本書卷五四。

其明年，漢使貳師將軍將三萬騎出酒泉，擊右賢王於天山，[1]得首虜萬餘級而還。匈奴大圍貳師，幾不脫。[2]漢兵物故什六七。[3]漢又使因杅將軍出西河，[4]與強弩都尉會涿邪山，[5]亡所得。使騎都尉李陵將步兵五千人出居延北千餘里，[6]與單于會，合戰，陵所殺傷萬餘人，兵食盡，欲歸，單于圍陵，陵降匈奴，其兵得脫歸漢者四百人。單于迺貴陵，以其女妻之。[7]

[1]【今注】天山：此指今新疆哈密市境内天山山脈東段，時屬匈奴右賢王駐牧地。

　　[2]【顏注】師古曰：幾音鉅依反。【今注】案，殿本"不"後有"得"字。

　　[3]【顏注】師古曰：物故謂死也。

　　[4]【今注】西河：郡名。治平定縣（今内蒙古准格爾旗西南）。

　　[5]【今注】涿邪（yé）山：又作"涿涂山"。在今蒙古滿達勒戈壁附近，阿爾泰山東南。

　　[6]【今注】騎都尉：官名。監羽林騎。因親近皇帝，多加官侍中。秩比二千石。　李陵：李廣之孫。傳見本書卷五四。

　　[7]【今注】案，20 世紀 40 年代發現於蘇聯哈卡斯自治共和國的阿巴坎漢式宮殿遺址，規模宏大，出土了包括"天子千秋萬歲常樂未央"漢字瓦當在内的大量建築材料，可證其主人當是在匈奴地區具有特殊地位的漢人。或以爲是王昭君長女須卜居次雲，或以爲是投降匈奴的丁零王衛律，或以爲是雲之丈夫須卜當，蘇聯學者則認爲是武帝時降將李陵（參見馬利清《關於匈奴城址功能的探索》，《中州學刊》2013 年第 1 期）。

　　後二歲，漢使貳師將軍六萬騎，步兵七萬，[1]出朔方；强弩都尉路博德將萬餘人，與貳師會；游擊將軍説步兵三萬人，出五原；[2]因杅將軍敖將騎萬，步兵三萬人，出雁門。匈奴聞，悉遠其累重於余吾水北，[3]而單于以十萬待水南，與貳師接戰。貳師解而引歸，[4]與單于連鬭十餘日。游擊亡所得。因杅與左賢王戰，不利，引歸。

　　[1]【今注】案，七萬，《史記》卷一一〇《匈奴列傳》作"十萬"。

［2］【顏注】師古曰：即上韓説也。

［3］【顏注】師古曰：累重謂妻子資産也。累音力瑞反。重音直用反。【今注】余吾水：今蒙古國境内土拉河。源出肯特山脈，西南流復折西北，匯入鄂爾渾河。

［4］【今注】解：同"懈"。松弛，懈怠。

明年，且鞮侯單于死，立五年。長子左賢王立爲狐鹿姑單于。[1]是歲，太始元年也。[2]

［1］【今注】狐鹿姑單于：公元前95年至前85年在位。狐鹿姑爲單于之號，非人名。

［2］【今注】太始元年：公元前96年。太始，漢武帝年號（前96—前93）。

初，且鞮侯兩子，長爲左賢王，次爲左大將，病且死，言立左賢王。左賢王未至，貴人以爲有病，更立左大將爲單于。左賢王聞之，不敢進。左大將使人召左賢王而讓位焉。左賢王辭以病，左大將不聽，謂曰："即不幸死，傳之於我。"左賢王許之，遂立爲狐鹿姑單于。

狐鹿姑單于立，以左大將爲左賢王，數年病死，其子先賢撣不得代，[1]更以爲日逐王。[2]日逐王者，賤於左賢王。單于自以其子爲左賢王。

［1］【顏注】師古曰：撣音纏。【今注】撣：音chán。
［2］【今注】日逐王：本書卷九六上《西域傳上》記載，匈奴西邊日逐王設置僮僕都尉，使之管領西域，常居焉耆、危須、尉黎

之間，向當地人民徵收賦稅。據此推斷日逐王駐牧地在匈奴西邊，與今新疆連界（參見林幹《匈奴通史》，第38頁）。

　　單于既立六年，而匈奴入上谷、五原，殺略吏民。其年，[1]匈奴復入五原、酒泉，殺兩部都尉。[2]於是漢遣貳師將軍七萬人出五原，御史大夫商丘成將三萬餘人出西河，[3]重合侯莽通將四萬騎出酒泉千餘里。[4]單于聞漢兵大出，悉遣其輜重，徙趙信城北邸郅居水。[5]左賢王驅其人民度余吾水六七百里，居兜銜山。[6]單于自將精兵左安侯度姑且水。[7]

　　[1]【今注】案，據本書卷六《武紀》，匈奴入侵上谷、五原事在征和二年（前91）秋，復入五原、酒泉事在征和三年春，王先謙《漢書補注》據此以爲“其年”當爲“其明年”。

　　[2]【今注】案，本書《武紀》記爲“殺兩都尉”。王先謙《漢書補注》以爲“部”字衍。

　　[3]【今注】商丘成：漢武帝時大臣。太初二年（前103）爲大鴻臚。征和二年在“巫蠱之禍”中領兵平亂，俘獲戾太子部將張光，因功封秅侯（侯國治所在今山東成武縣西北），並升爲御史大夫。次年，與李廣利、莽通等分道遠征匈奴，無功而返。後元二年（前87）侍祠文帝廟，醉歌亂語，以大不敬罪下獄，自殺。商丘，複姓。據應劭《風俗通義》，衛國大夫食邑於商丘，因以爲氏，稱商丘氏。《列仙傳》有商丘子胥，高邑人。漢印有“商丘禁”，亦以商丘爲姓。　案，三萬餘人，本書《武紀》《五行志》顏師古注皆作“二萬人”。

　　[4]【今注】重合侯莽通：莽通，即馬通。漢武帝時爲侍郎，征和二年在“巫蠱之禍”中平亂有功，封重合侯（侯國治所在今山東樂陵市西北）。次年率軍遠征匈奴，至天山而返。後元元年朝

廷追究"巫蠱之禍"加害於戾太子者，遂與其兄侍中僕射馬何羅等合謀入室刺殺武帝，謀泄事敗，以謀反之罪被腰斬處死。馬通是東漢開國名臣馬援曾祖父，後馬援之女爲明帝皇后，忌諱馬氏先人在史書中有謀反記録，遂令改馬通爲"莽通"。

[5]【顔注】師古曰：邸，至也，音丁禮反。郅音之日反。【今注】邸：同"抵"。　郅居水：今蒙古色楞格河。

[6]【今注】兜銜山：或即後世文獻中頻繁出現的"于都斤山"或"都斤山"，在今蒙古國境内，屬杭愛山脈支脈（參見岑仲勉《外蒙于都斤山考》，《"中央研究院"歷史語言研究所集刊》第8本）。

[7]【顔注】師古曰：且音子余反。【今注】左安侯：匈奴貴人，姓名不詳。一説安侯爲水名，安侯水即今蒙古國境内鄂爾渾河。　姑且（jū）水：即今蒙古國巴彦洪戈爾省圖音河。

御史大夫軍至追邪徑，無所見，還。[1]匈奴使大將與李陵將三萬餘騎追漢軍，至浚稽山合，轉戰九日，漢兵陷陳卻敵，[2]殺傷虜甚衆。至蒲奴水，[3]虜不利，還去。

[1]【顔注】師古曰：從疾道而追之，不見虜而還也。邪音似嗟反。【今注】追邪徑：地名。或作"逐邪逕"，爲逐邪山東南麓的一處山口，是由漠南通往漠北單于庭的交通要道。顔師古注有誤，王念孫《讀書雜志·漢書第十四》即指出："下文有速邪烏，是地名；則此追邪徑，亦是地名。言御史大夫軍至此地，不見虜而還也。師古以邪徑爲疾道，追邪徑爲從疾道追之，皆是臆説。且'御史大夫軍至追邪徑'作一句讀，與下'重合侯軍至天山'文同一例。若如師古所云，則'御史大夫軍至'當別爲一句矣。但言至，而不言所至之地，恐無是理也。"

[2]【今注】案，卻，蔡琪本、大德本、殿本作“郤”。

[3]【今注】蒲奴水：或即今蒙古國境內翁金河。

重合侯軍至天山，匈奴使大將偃渠與左右呼知王將二萬餘騎要漢兵，[1]見漢兵强，[2]引去。重合侯無所得失。是時，漢恐車師兵遮重合侯，[3]迺遣闓陵侯將兵別圍車師，[4]盡得其王民衆而還。

[1]【今注】偃渠：匈奴人名。　呼知王：匈奴諸王名。當爲攣鞮氏以外部族首領。　要：同“邀”。截擊。

[2]【今注】案，强，蔡琪本、殿本作“彊”。

[3]【今注】車師：西域國名。王治交河（今新疆吐魯番市西北）。東南通敦煌，南通樓蘭（鄯善），西通焉耆，西北通烏孫，東北通匈奴，居絲路要地。原名姑師。

[4]【顔注】師古曰：闓讀與開同。【今注】闓陵侯：成娩，本爲匈奴部族首領，後降歸漢朝，武帝天漢二年（前99）封爲闓陵侯（治所今地無考），征和三年（前90）國除。闓陵，一作“開陵”。

貳師將軍將出塞，匈奴使右大都尉與衛律將五千騎要擊漢軍於夫羊句山狹。[1]貳師遣屬國胡騎二千與戰，[2]虜兵壞散，死傷者數百人。漢軍乘勝追北，至范夫人城，[3]匈奴奔走，莫敢距敵。會貳師妻子坐巫蠱收，[4]聞之憂懼。其掾胡亞夫亦避罪從軍，説貳師曰：“夫人室家皆在吏，若還不稱意，適與獄會，郅居以北可復得見乎？”[5]貳師由是狐疑，欲深入要功，遂北至郅居水上，虜已去。貳師遣護軍將二萬騎度郅居之水。[6]一日，逢左賢王左大將，將二萬騎與漢軍合戰一日，漢軍殺左大將，虜死傷甚衆。軍長史與決眭都尉煇渠侯謀[7]曰：“將軍懷異心，欲危衆求功，恐必敗。”謀共執貳師。貳師聞之，斬長史，引兵還至速邪烏燕然山。[8]單于知漢軍勞倦，自將五萬騎遮擊貳師，相殺傷甚衆。夜塹漢軍前，深數尺，從後急擊之，軍大亂敗，貳師降。單于素知其漢大將貴臣，以女妻之，尊寵在衛律上。

[1]【顏注】服虔曰：夫羊，地名也。師古曰：句山，西山也。句音鉤。【今注】衛律：匈奴大臣。本爲胡人之後，長於漢地，得李廣利之兄協律都尉李延年舉薦而得出使匈奴。李延年被誅，懼受牽連而逃亡投降匈奴，甚得單于信任，常爲謀劃計策，封爲丁靈王。　夫羊句山狹：在今蒙古國南戈壁省達蘭紮德嘎德市西北，當爲山間峽谷。

[2]【今注】屬國胡騎：來自屬國的騎兵部隊。屬國是漢代在邊境地區設置的行政機構，專門安置、管理附漢的少數民族。長官爲屬國都尉，秩二千石。屬國之民各依舊俗，但行政方面須服從漢官，遇有戰事則奉調出兵從征。

[3]【顏注】應劭曰：本漢將築此城。將亡，其妻率餘衆完保之，因以爲名也。張晏曰：范氏，能胡詛者。【今注】范夫人城：匈奴所築城。在今蒙古國南戈壁省達蘭紮德嘎德市西北。

[4]【今注】巫蠱：指漢武帝征和元年（前92）至二年之“巫蠱之禍”。巫蠱，古代迷信活動，用巫術詛咒木偶人並埋入地下，用以害人。

[5]【顏注】如淳曰：以就誅後，雖復欲降匈奴，不可得。【今注】案，如淳解讀有誤。胡亞夫所言，意在鼓動李廣利孤注一

擲，險中求功，爭取使朝廷"稱意"，以解救戴罪在身的將校和家人。下文李廣利冒險率軍進擊至郅居水，顯然是受到胡掾之言的影響。故胡掾所言可釋作：現在家屬都被收繫，如果我們没有令人滿意的戰功，回去之後就祇能在監獄裏和家人團聚了。到那時，即便再想深入到郅居以北將功贖罪，恐怕也没有機會了。

[6]【今注】護軍：武官名。職在參謀軍務，監管諸軍。

[7]【顔注】晉灼曰：本匈奴官也。《功臣表》歸義侯僕多子雷（殿本"雷"後有"電"字），後以屬國都尉擊匈奴（殿本無"後"字），封煇渠。煇渠，魯陽縣也。師古曰：眭音息隨反。煇音輝。僕多者（殿本無"僕""者"二字），字當爲朋。【今注】軍長史：此指將軍長史。爲將軍幕府諸吏之長，秩千石。　決眭都尉：漢軍中設都尉，秩比二千石。　煇渠侯：即雷電，一名電。其父僕朋（一作"僕多"）本爲匈奴人，降漢而得封煇渠侯（侯國治所在今河南魯山縣）。雷電嗣父爵，征和三年以五原屬國都尉隨貳師將軍李廣利遠征匈奴。

[8]【顔注】師古曰：速邪烏，地名也，燕然山在其中。燕音一千反。【今注】速邪烏：匈奴地名。在今蒙古國境内，確指不詳。　燕然山：今蒙古杭愛山。

　　其明年，單于遣使遺漢書云："南有大漢，北有强胡。胡者，天之驕子也，不爲小禮以自煩。今欲與漢闓大，關取漢女爲妻，[1]歲給遺我蘗酒萬石，稷米五千斛，[2]雜繒萬匹，它如故約，則邊不相盜矣。"漢遣使者報送其使，單于使左右難漢使者曰："漢，禮義國也。貳師道前太子發兵反，[3]何也?"使者曰："然。迺丞相私與太子爭鬭，[4]太子發兵欲誅丞相，丞相誣之，故誅丞相。此子弄父兵，罪當笞，小過耳。孰與冒頓

單于身殺其父代立，常妻後母，禽獸行也！”單于留使
者，三歲迺得還。

[1]【顏注】師古曰：闟讀與開同。

[2]【顏注】師古曰：以蘗爲酒，味尤甜。稷米，稷粟米也。
【今注】蘗酒：一種甜酒。稷米，本書卷七一《平當傳》顏師古注
引如淳曰：“律，稻米一斗得酒一斗爲上尊，稷米一斗得酒一斗爲
中尊，粟米一斗得酒一斗爲下尊。”稷米當指黍米。

[3]【今注】太子：此指戾太子劉據。

[4]【今注】丞相：其時丞相爲劉屈氂。

貳師在匈奴歲餘，衛律害其寵，會母閼氏病，[1]律
飭胡巫，[2]言先單于怒曰：“胡故時祠兵，常言得貳師
以社，[3]何故不用？”[4]於是收貳師，貳師罵曰：“我死
必滅匈奴！”遂屠貳師以祠。會連雨雪數月，畜産死，
人民疫病，穀稼不孰，[5]單于恐，爲貳師立祠室。

[1]【顏注】師古曰：單于之母也。

[2]【顏注】師古曰：飭與敕同。【今注】飭：同“敕”。告
誡。　胡巫：泛指出身北方少數民族的巫者。胡巫常以巫術參與政
治與社會活動，亦掌握一定的醫藥知識。

[3]【顏注】師古曰：以祠社。

[4]【今注】案，蔡琪本、大德本、殿本“何”前有
“今”字。

[5]【顏注】師古曰：北方早寒，雖不宜禾稷，匈奴中亦種
黍穄。【今注】案，中國北方、蒙古、俄羅斯的匈奴遺址和墓葬曾
發現大量鐮刀、鏟、鋤、犁鏵等農具，糧食作物遺存及陶甕之類盛

放糧食的器皿，可證西漢中期之後匈奴本土確有農耕之業（詳參馬利清《關於匈奴城址功能的探索》，《中州學刊》2013 年第 1 期）。

　　自貳師没後，漢新失大將軍士卒數萬人，不復出兵。

　　三歲，武帝崩。前此者，漢兵深入窮追二十餘年，匈奴孕重墮殰，罷極苦之。[1]自單于以下常有欲和親計。後三年，單于欲求和親，會病死。

　　[1]【顔注】師古曰：孕重，懷任者也。墮，落也。殰，敗也，音讀。罷讀曰疲。極，困也。苦之，心厭苦也。【今注】殰（dú）：胎兒死在腹中。

　　初，單于有異母弟爲左大都尉，賢，國人鄉之，[1]母閼氏恐單于不立子而立左大都尉也，迺私使殺之。左大都尉同母兄怨，遂不肯復會單于庭。又單于病且死，謂諸貴人："我子少，不能治國，立弟右谷蠡王。"及單于死，衛律等與顓渠閼氏謀，[2]匿單于死，詐撟單于令，[3]與貴人飲盟，更立子左谷蠡王爲壺衍鞮單于。[4]是歲，始元二年也。[5]

　　[1]【顔注】師古曰：鄉讀曰嚮。謂悉皆附之。
　　[2]【今注】顓渠閼氏：狐鹿姑單于正妻稱號。
　　[3]【顔注】師古曰：撟與矯同，其字從手。矯，託也。
　　[4]【今注】壺衍鞮單于：公元前 85 年至前 68 年在位。壺衍鞮爲單于之號。
　　[5]【今注】始元二年：公元前 85 年。始元，漢昭帝年號

（前 86—前 80）。

壺衍鞮單于既立，風謂漢使者，言欲和親。[1]左賢王、右谷蠡王以不得立怨望，率其衆欲南歸漢。恐不能自致，即脅盧屠王，[2]欲與西降烏孫，謀擊匈奴。盧屠王告之，單于使人驗問，右谷蠡王不服，反以其罪罪盧屠王，國人皆冤之。於是二王去居其所，未嘗肯會龍城。[3]

[1]【顏注】師古曰：風讀曰諷，謂不正言也。

[2]【今注】盧屠王：地近西域，當屬匈奴右部王將屬下之裨小王。

[3]【顏注】師古曰：各自居其本處，不復會龍城祭。

後二年秋，[1]匈奴入代，殺都尉。單于年少初立，母閼氏不正，國內乖離，常恐漢兵襲之。於是衛律爲單于謀："穿井築城，治樓以藏穀，與秦人守之。[2]漢兵至，無奈我何。"即穿井數百，伐材數千。或曰胡人不能守城，是遺漢糧也，[3]衛律於是止，迺更謀歸漢使不降者蘇武、馬宏等。[4]馬宏者，前副光禄大夫王忠使西國，[5]爲匈奴所遮，忠戰死，馬宏生得，亦不肯降。故匈奴歸此二人，欲以通善意。是時，單于立三歲矣。

[1]【今注】案，此指漢昭帝始元四年（前 83）。

[2]【顏注】師古曰：秦時有人亡入匈奴者，今其子孫尚號秦人。【今注】秦人：此指降歸匈奴的中原人。顧炎武《日知録》

卷二七云："彼時匈奴謂中國人爲秦人，猶今言漢人耳。……其言
'與秦人守'者，匈奴以轉徙爲業，不習守禦，凡穿井築城之事，
非秦人不能爲也。"

　　[3]【顏注】師古曰：遺音弋季反。

　　[4]【今注】馬宏：西漢中期官員，曾隨光禄大夫王忠出使西
域，爲匈奴所俘，持節不降，後得遣歸漢朝。周壽昌《漢書注校
補》曰："宏副王忠使西域，當在元鳳四年前。宏爲匈奴所得，不
肯降，持節之苦不減蘇武。乃武歸尚有屬國之賞，而宏並不得與常
惠等同受爵賞，不可解。"

　　[5]【今注】光禄大夫：官名。漢武帝時改中大夫置，掌論
議。屬光禄勳，秩比二千石。　　西國：西域諸國。

　　明年，匈奴發左右部二萬騎，爲四隊，[1]並入邊爲
寇。漢兵追之，斬首獲虜九千人，生得甌脱王，[2]漢無
所失亡。匈奴見甌脱王在漢，恐以爲道擊之，[3]即西北
遠去，不敢南逐水草，發人民屯甌脱。明年，復遣九
千騎屯受降城以備漢，北橋余吾，令可度，[4]以備奔
走。[5]是時，衛律已死。衛律在時，常言和親之利，匈
奴不信，及死後，兵數困，國益貧。單于弟左谷蠡王
思衛律言，欲和親而恐漢不聽，故不肯先言，常使左
右風漢使者。[6]然其侵盜益希，遇漢使愈厚，欲以漸致
和親，漢亦羈縻之。其後，左谷蠡王死。明年，[7]單于
使犁汙王窺邊，[8]言酒泉、張掖兵益弱，出兵試擊，冀
可復得其地。時漢先得降者，聞其計，天子詔邊警備。
後無幾，右賢王、犁汙王四千騎，[9]分三隊，入日勒、
屋蘭、番和。[10]張掖太守、屬國都尉發兵擊，[11]大破
之，得脱者數百人。屬國千長義渠王騎士射殺犁汙

王，[12]賜黄金二百斤，馬二百匹，因封爲犁汙王。屬國都尉郭忠封成安侯。[13]自是後，匈奴不敢入張掖。

[1]【顏注】師古曰：隊，部也，音徒内反。

[2]【今注】甌脱王：甌脱指匈奴與漢朝交界處的中空地帶，駐守其地的匈奴部族首領即爲甌脱王。

[3]【顏注】師古曰：道讀曰導。【今注】道：向導。

[4]【顏注】師古曰：於余吾水上作橋。

[5]【顏注】師古曰：擬有迫急，北走避漢，從此橋度也。

[6]【顏注】師古曰：風讀曰諷。

[7]【今注】案，王先謙《漢書補注》據上下文推之，以爲此“明年”二字當衍。

[8]【今注】犁汙王：駐牧地當在河西走廊以北一帶。

[9]【顏注】師古曰：無幾謂不多時也。幾音居豈反。

[10]【顏注】師古曰：皆張掖縣也。番音盤。【今注】日勒：張掖郡屬縣。治所在今甘肅山丹縣東南。　屋蘭：張掖郡屬縣。治所在今甘肅張掖市甘州區礆灘鎮東古城村。　番（pán）和：張掖郡屬縣。治所在今甘肅永昌縣。

[11]【今注】屬國都尉：此指張掖屬國都尉。

[12]【顏注】師古曰：千長者，千人之長。【今注】屬國千長：屬國都尉部下官名。《續漢書·職官志》記張掖屬國有千人、千人官。　義渠王：義渠部族首領。

[13]【今注】郭忠：漢昭帝時爲張掖屬國都尉，元鳳三年（前78）因擊殺匈奴犁汙王封成安侯（侯國治所在今河南汝州市東南），宣帝本始二年（前72）卒。

其明年，匈奴三千餘騎入五原，略殺數千人。後數萬騎南旁塞獵，[1]行攻塞外亭障，略取吏民去。是時漢邊郡燧火候望精明，[2]匈奴爲邊寇者少利，希復犯塞。漢復得匈奴降者，言烏桓嘗發先單于冢，[3]匈奴怨之，方發二萬騎擊烏桓。大將軍霍光欲發兵邀擊之，[4]以問護軍都尉趙充國。[5]充國以爲，“烏桓閒數犯塞，[6]今匈奴擊之，於漢便。又匈奴希寇盜，北邊幸無事。蠻夷自相攻擊，而發兵要之，招寇生事，非計也”。光更問中郎將范明友，[7]明友言可擊。於是拜明友爲度遼將軍，[8]將二萬騎出遼東。匈奴聞漢兵至，引去。初，光誡明友：“兵不空出，即後匈奴，遂擊烏桓。”[9]烏桓時新中匈奴兵，[10]明友既後匈奴，因乘烏桓敝擊之，斬首六千餘級，獲三王首。還，封爲平陵侯。[11]

[1]【顏注】師古曰：旁音步浪反。【今注】旁：同“傍”。

[2]【今注】案，西漢自武帝以來，以城障亭燧等防禦工事爲基礎，建立起一套内容詳備、高效實用的邊境敵情警報系統。西北漢簡中的“烽火品約”類簡牘具體記録了當時的烽火制度。出土的《塞上烽火品約》簡册由17枚木簡組成，是居延都尉轄下甲渠候官、卅井候官、殄北候官三個要塞關於臨敵報警、燔舉烽火的具體規定。如編號EPF16：3簡：“匈奴人晝入甲渠河南道上塞，舉二烽、塢上大表一，燔一積薪；夜入，燔一積薪，舉塢上二苣火，毋絕至明。殄北、三十井塞上和如品。”編號EPF16：16簡：“匈奴人入塞，天大風、風及降雨不具烽火者，亟傳檄告，人走馬馳，以急疾爲故。”要求各塞防單位針對匈奴人的地點、人數、時間、意圖、動向及天氣變化等各種情況，以燔舉烽火的不同類別、數量、方式來應對，並且對如何傳遞應和、發生失誤時如何糾正補救等做出具體要求，體現出漢朝烽火系統的先進與完備。

[3]【今注】烏桓：亦作“烏丸”，北方古族名。本爲東胡的

一支，秦末爲匈奴所破，退保今大興安嶺南部。漢武帝時南遷至上谷、漁陽、右北平、遼西、遼東等近邊之地，幫助漢朝監視匈奴動向，護衛邊塞。

[4]【顏注】師古曰：邀迎而擊之。邀音古堯反（古，蔡琪本、大德本、殿本作"工"）。【今注】霍光：傳見本書卷六八。

[5]【今注】護軍都尉：武官名。漢武帝時始見職名，當是由漢初護軍中尉演化而來，職在參謀軍務、監管諸軍，可代表大將軍、大司馬等最高武官統軍作戰。秩比二千石。成帝綏和元年（前8）大司馬開府爲三公，護軍都尉始居大司馬府，比丞相司直，改稱大司馬護軍（參見張帆《漢代"護軍"設置探析》，《首都師範大學學報》2012年第6期）。 趙充國：傳見本書卷六九。

[6]【顏注】師古曰：閒即中閒也，猶言比日也。

[7]【今注】范明友：西漢將領。隴西郡人，生於"世習外國事"（《史記·建元以來侯者年表》）之家。爲霍光女婿，昭、宣時期備受重用。初以校尉平定氐人之亂，後爲中郎將，昭帝元鳳三年（前78）拜爲度遼將軍，擊烏桓有功，封爲平陵侯。宣帝本始二年（前72）參加五將軍遠征匈奴之役。霍光死後，轉爲光禄勳。宣帝地節四年（前66）以霍氏集團謀反被誅。

[8]【今注】度遼將軍：漢雜號將軍。昭帝元鳳三年遣中郎將范明友赴遼東征討烏桓，行軍需度遼水，故以"度遼"爲將軍名號。銀印青綬，秩二千石。後有增秩。屯扎在五原曼柏縣（五原曼口），與烏桓校尉合稱二營。一般流放的罪人都會發配到度遼將軍轄地（參見李炳泉《兩漢度遼將軍新考》，《中國邊疆史地研究》2018年第4期）。

[9]【顏注】師古曰：後匈奴者，言兵遲後，邀匈奴不及。

[10]【顏注】師古曰：爲匈奴所中傷。

[11]【今注】平陵侯：侯國治所在今湖北丹江口市西北。

匈奴縣是恐，[1]不能出兵。[2]即使使之烏孫，求欲得漢公主。[3]擊烏孫，取車延、惡師地。[4]烏孫公主上書，下公卿議救，未決。昭帝崩，宣帝即位，烏孫昆彌復上書，[5]言連爲匈奴所侵削，昆彌願發國半精兵人馬五萬匹，盡力擊匈奴，唯天子出兵，哀救公主。本始二年，[6]漢大發關東輕鋭士，[7]選郡國吏三百石伉健習騎射者，皆從軍。[8]遣御史大夫田廣明爲祁連將軍，[9]四萬餘騎，出西河；度遼將軍范明友三萬餘騎，出張掖；前將軍韓增三萬餘騎，[10]出雲中；後將軍趙充國爲蒲類將軍，[11]三萬餘騎，出酒泉；雲中太守田順爲虎牙將軍，[12]三萬餘騎，出五原。凡五將軍，兵十餘萬騎，出塞各二千餘里。及校尉常惠使護發兵烏孫西域，[13]昆彌自將翕侯以下五萬餘騎從西方入，[14]與五將軍兵凡二十餘萬衆。[15]匈奴聞漢兵大出，老弱犇走，敺畜産遠遁逃，[16]是以五將少所得。

[1]【顔注】師古曰：縣讀與由同。

[2]【今注】不能：不敢。

[3]【今注】漢公主：本名解憂，爲楚王劉戊之孫女，漢武帝元封、太初年間以公主身份嫁給烏孫昆彌軍須靡，漢稱烏孫公主。軍須靡死，復嫁昆彌翁歸靡，生三男二女。其後其子、孫、曾孫相繼爲烏孫大昆彌，長女爲龜茲王夫人。居處西域五十餘年，維護了漢朝與烏孫的友好關係，有利於漢朝在西域的統治。甘露三年（前51）回到中原，兩年後去世。事詳見本書卷九六下《西域傳下》。

[4]【今注】車延：烏孫國地名。在今新疆石河子市。　惡師：烏孫國地名。在今新疆烏蘇市。

［5］【今注】昆彌：一作“昆莫”，爲烏孫君主名號。其時烏孫昆彌爲翁歸靡。

［6］【今注】本始二年：公元前 72 年。本始，漢宣帝年號（前 73—前 70）。

［7］【今注】輕鋭士：輕裝精鋭的士卒。

［8］【顏注】師古曰：伉音古浪反。【今注】伉健：漢代人事術語，意謂具有勇武强健的特質，可擔任某項與武事有關的工作或職位（參見邢義田《從居延漢簡看漢代軍隊的若干人事制度——讀〈居延漢簡〉札記之一》，《治國安邦：法制、行政與軍事》，中華書局 2011 年版，第 537—541 頁）。

［9］【今注】田廣明：傳見本書卷九〇。　祁連將軍：漢代雜號將軍。

［10］【今注】前將軍：西漢重號將軍之一，與後將軍、左將軍、右將軍皆位上卿，金印紫綬。地位僅次於大將軍及驃騎將軍、車騎將軍、衛將軍。戰時典兵征伐，平時無具體職掌，往往兼任他官，或加諸吏、散騎、給事中等號，成爲中朝官，宿衛皇帝左右，參與朝議決策。　韓增：一作“韓曾”。漢初異姓諸侯王韓王信後裔。父韓説，武帝時因北擊匈奴立功而封龍頟侯，後在“巫蠱之禍”中爲戾太子所殺。武帝後元元年（前 88）以父爵紹封。昭帝元鳳元年（前 80）率軍平定武都氐人變亂，元平元年（前 74）以光禄大夫爲前將軍。與霍光等擁立宣帝，因功而得益封。本始二年（前 72）率三萬騎兵從雲中郡出塞，參與五將軍北伐匈奴之役。神爵元年（前 61）爲大司馬車騎將軍。爲人厚重謹信，爲退讓君子，又善舉賢才。五鳳二年（前 56）卒。事見本書卷三三《韓王信傳》。

［11］【今注】後將軍：高級武官名號。漢代有前、後、左、右將軍，爲大規模作戰時大將軍麾下裨將臨時名號，各統一軍，以方位命名，事訖即罷。武帝之後常置但不並置，或有前、後，或有左、右。職在典兵宿衛，亦任征伐之事。通過兼職或加官預聞政

事，參與中朝決策。四將軍並位上卿，金印紫綬。位次在大將軍、驃騎將軍、車騎將軍、衛將軍之後。　蒲類將軍：西漢雜號將軍。以征伐目的地命名。蒲類，古湖澤名。在今新疆巴里坤湖附近，漢初爲匈奴右部地。

［12］【今注】田順：漢武帝時丞相田千秋之子。元鳳四年嗣父爵爲富民侯。本始三年爲虎牙將軍，參加五將軍遠征匈奴之役，以虛報功績被究，自殺。　虎牙將軍：漢代雜號將軍。

［13］【今注】校尉常惠使護發兵烏孫西域：王念孫《讀書雜志·漢書第十四》曰：“此句顛倒，不成文理。當云‘使護烏孫兵發西域’。《宣紀》云‘校尉常惠持節護烏孫兵’，《常惠傳》云‘以惠爲校尉，持節護烏孫兵’，《西域傳》云‘遣校尉常惠使持節護烏孫兵’，皆其證。”校尉，武官名。職位次於將軍。因職務不同，加各種名號，如司隸校尉、輕騎校尉、戊己校尉等。常惠，傳見本書卷七〇。

［14］【今注】翕侯：烏孫官號。

［15］【今注】案，據上文，烏孫軍五萬餘騎，漢軍五路共十六萬騎，合二十一萬騎，是。然本書卷八《宣紀》、卷七〇《常惠傳》、卷九六《西域傳》皆記五路漢軍共十五萬騎，與此不合，故推斷上文所云范明友、韓增、趙充國、田順四處“三萬”中，當有一處爲“二萬”之誤（詳尉侯凱《〈漢書〉勘誤札記》，《唐都學刊》2017 年第 5 期）。

［16］【顏注】師古曰：犇，古“奔”字。毆與驅同。

度遼將軍出塞千二百餘里，至蒲離候水，[1]斬首捕虜七百餘級，鹵獲馬牛羊萬餘。前將軍出塞千二百餘里，至烏員，[2]斬首捕虜，至候山百餘級，[3]鹵馬牛羊二千餘。蒲類將軍兵當與烏孫合擊匈奴蒲類澤，[4]烏孫先期至而去，漢兵不與相及。蒲類將軍出塞千八百餘里，西去候山，斬首捕虜，得單于使者蒲陰王以下三百餘級，[5]鹵馬牛羊七千餘。聞虜已引去，皆不至期還。天子薄其過，寬而不罪。[6]祁連將軍出塞千六百里，至雞秩山，[7]斬首捕虜十九級，獲牛馬羊百餘。逢漢使匈奴還者冉弘等，言雞秩山西有虜衆，祁連即戒弘，使言無虜，欲還兵。御史屬公孫益壽諫，[8]以爲不可，祁連不聽，遂引兵還。虎牙將軍出塞八百餘里，至丹余吾水上，[9]即止兵不進，斬首捕虜千九百餘級，鹵馬牛羊七萬餘，引兵還。上以虎牙將軍不至期，詐增鹵獲，[10]而祁連知虜在前，逗遛不進，[11]皆下吏，自殺。擢公孫益壽爲侍御史。[12]校尉常惠與烏孫兵至右谷蠡庭，[13]獲單于父行[14]及嫂、居次、名王、犂汙都尉、千長、將以下三萬九千餘級，[15]虜馬牛羊驢贏橐駝七十餘萬。[16]漢封惠爲長羅侯。[17]然匈奴民衆死傷而去者，及畜産遠移死亡，不可數勝。於是匈奴遂衰耗，[18]怨烏孫。

[1]【今注】蒲離候水：水名。即今蒙古國境内拜特拉格河。

[2]【顏注】師古曰：烏員，地名也，音云。【今注】烏員：地名。在匈奴境内，具體位置不詳。

[3]【顏注】師古曰：候山，山名也。於此山斬捕得人。【今注】候山：山名。在匈奴境内，具體位置不詳。楊樹達《漢書窺管》以爲，“至烏員斬首捕虜，不詳其級數，故不言。至候山，斬首捕虜百餘級也。不言斬首捕虜者，承上文省”。今案，楊樹達所言或備一解。此句亦可理解爲，自烏員開始接敵捕斬，到候山時捕殺數量達到百餘級。

　　[4]【今注】蒲類澤：古湖澤名。詳見上文“蒲類將軍”條注釋。

　　[5]【今注】蒲陰王：匈奴諸王名。其牧地當在蒲類澤以北（參見王宗維《匈奴諸王考述》，《内蒙古大學學報》1985 年第 2 期）。

　　[6]【今注】案，漢軍數路出征，以某時會於某地爲期，失期，軍法當斬。

　　[7]【今注】雞秩山：當在今蒙古國西南境内。一説在今内蒙古磴口縣西北。

　　[8]【今注】御史屬：御史大夫府屬吏。位在御史掾之下，秩比二百石。《續漢書·百官志》劉昭注引《漢書音義》曰：“正曰掾，副曰屬。”御史屬隨軍征伐，或有監軍職能。

　　[9]【今注】丹余吾水：今蒙古國南戈壁省境内烏蘭湖。

　　[10]【今注】詐增鹵獲：鹵獲，擄掠所得的財物。案，秦漢軍法有增功冒賞罪，犯者當斬。

　　[11]【顔注】孟康曰：律語也，謂軍行頓止，稽留不進也。師古曰：逗讀與住同，又音豆。【今注】逗遛不進：畏懼軟弱，停留不前。漢代軍法規定，軍行而畏懦逗遛者斬。王念孫《讀書雜志·漢書第十四》曰：“‘遛’本作‘留’，此依俗改也。若正文作‘遛’，則師古當有音。今‘逗’字有音而‘遛’字無音，則本作‘留’明矣。《宣紀》云‘祁連將軍廣明有罪自殺’，晉灼曰：‘廣明坐逗留。’如淳注《韓長孺傳》云：‘軍法，行而逗留畏懦者，要斬。’其字並作‘留’。故知此‘遛’字爲後人所改也。《説文》有‘逗’字，無‘遛’字。《後漢書·光武紀》‘不拘以逗留法’，其字亦作‘留’。又《元后傳》‘吏畏懦逗遛當坐者’，‘遛’字師古無音，亦是後人所改。《文選》范彦龍《效古詩》注引《匈奴傳》、舊本《北堂書鈔·政術部十四》引《元后傳》並作‘逗留’。”

　　[12]【今注】侍御史：御史大夫屬官，由御史中丞統領，入

侍禁中蘭臺，給事殿中，故名。掌受公卿奏事，舉劾按章，監察文武官員，分令、印、供、尉馬、乘五曹，監領律令、刻印、齋祀、厩馬、護駕等事宜，或供臨時差遣，出監郡國，持節典護大臣喪事，收捕、審訊有罪官吏等。武帝時特置繡衣直指使者，亦稱繡衣御史，巡行郡國，逐捕盜賊，治理大獄，有權誅二千石以下官吏，不常置。其專掌皇帝璽印者，稱符璽御史。又有治書侍御史，選明習法律者充任，復核疑案，平決刑獄。員十五人，秩六百石。

[13]【今注】右谷蠡庭：右谷蠡王駐牧施政之處。《後漢書》卷八九《南匈奴傳》載，匈奴單于之下“大臣貴者左賢王，次左谷蠡王，次右賢王，次右谷蠡王，謂之四角。……皆單于子弟，次第當爲單于者也”。右谷蠡王爲匈奴四角之一，駐牧地大致在鹽澤以西至葱嶺的匈奴控制地區，王庭對應的今地無考。

[14]【顏注】師古曰：行音胡浪反。【今注】父行（háng）：父輩，包括伯父、叔父等。

[15]【今注】居次：匈奴單于、攣鞮氏諸王之女，地位相當於漢朝的公主。　名王：匈奴諸王中有名號以區別於諸小王者。將：本書卷七〇《常惠傳》、卷九六《西域傳》並作“騎將”，王先謙《漢書補注》引王先慎說以爲“將”字上脱“騎”字。

[16]【今注】案，駞，蔡琪本作“馳”。

[17]【今注】長羅侯：漢宣帝本始四年（前70）封常惠爲長羅侯，侯國治所在今河南長垣縣東北。

[18]【顏注】師古曰：秏（蔡琪本、殿本作“耗”），減也，音呼到反。【今注】秏：同“耗”。蔡琪本、殿本作“耗”。

其冬，單于自將數萬騎擊烏孫，[1]頗得老弱，欲還，會天大雨雪，[2]一日深丈餘，人民畜產凍死，還者不能什一。於是丁令乘弱攻其北，[3]烏桓入其東，烏孫擊其西，凡三國所殺數萬級，馬數萬匹，牛羊甚衆。

又重以餓死，[4]人民死者什三，畜産什五，匈奴大虛弱，諸國羈屬者皆瓦解，攻盜不能理。其後漢出三千餘騎，爲三道，並入匈奴，捕虜得數千人還。匈奴終不敢取當，[5]兹欲鄉和親，[6]而邊境少事矣。

[1]【今注】案，殿本無“數”字。

[2]【顏注】師古曰：雨音于具反。【今注】雨：音 yù。

[3]【顏注】師古曰：令音零。【今注】丁令：古族名。主要活動在今俄羅斯貝加爾湖以南。漢初爲匈奴冒頓單于所臣服。又稱“丁靈”“丁零”。

[4]【顏注】師古曰：重音直用反。

[5]【顏注】師古曰：當者，報其直。【今注】取當：意爲報復，得到同等補償。

[6]【顏注】師古曰：兹，益也。鄉讀曰嚮。

壺衍鞮單于立十七年死，弟左賢王立，爲虛閭權渠單于。[1]是歲，地節二年也。[2]

[1]【今注】虛閭權渠單于：公元前 68 年至前 60 年在位。虛閭權渠爲單于之號。

[2]【今注】地節二年：公元前 68 年。地節，漢宣帝年號（前 69—前 66）。

虛閭權渠單于立，以右大將女爲大閼氏，而黜前單于所幸顓渠閼氏。顓渠閼氏父左大且渠怨望。[1]是時匈奴不能爲邊，於是漢罷外城，以休百姓。[2]單于聞之喜，召貴人謀，欲與漢和親。左大且渠心害其事，曰：

"前漢使來，兵隨其後，今亦效漢發兵，先使使者入。"迺自請與呼盧訾王各將萬騎南旁塞獵，相逢俱入。[3]行未到，會三騎亡降漢，言匈奴欲爲寇。於是天子詔發邊騎屯要害處，使大將軍軍監治衆等四人[4]將五千騎，分三隊，[5]出塞各數百里，捕得虜各數十人而還。時匈奴亡其三騎，不敢入，即引去。是歲也，匈奴飢，人民畜産死十六七。又發兩屯各萬騎以備漢。其秋，匈奴前所得西嗕居左地者，[6]其君長以下數千人皆驅畜産行，與甌脱戰，[7]所戰殺傷甚衆，[8]遂南降漢。

[1]【今注】左大且渠：匈奴官號，通常由與攣鞮氏有姻親關係的異姓貴族擔任。《後漢書》卷八九《南匈奴傳》："異姓大臣左右骨都侯，次左右尸逐骨都侯，其餘日逐、且渠、當户諸官號，各以權力優劣、部衆多少爲高下次第焉。"

[2]【顏注】師古曰：外城，塞外諸城。【今注】外城：當指光禄塞諸城。因在漢塞之外，故名。本書《地理志》"稒陽"條載："北出石門障得光禄城，又西北得支就城，又西北得頭曼城，又西北得虖河城，又西得宿虜城。"

[3]【顏注】師古曰：訾音子移反。旁音步浪反。【今注】呼盧訾（zǐ）王：匈奴諸王名號。

[4]【顏注】師古曰：治衆者，軍監之名。【今注】大將軍軍監：大將軍屬官，負責軍中監察執法，作戰時亦可單獨統軍。

[5]【顏注】師古曰：隊音徒内反。

[6]【顏注】孟康曰：嗕音辱，匈奴種也。師古曰：嗕音奴獨反。【今注】西嗕（rù）：北方部族名。被匈奴征服而居其左地，大致在今蒙古國東部克魯倫河南岸。案，本書卷七九《馮奉世傳》有"嗕種"，顏師古注引劉德曰："羌别種也。"西嗕或本居西北，

被匈奴征服而遷至東方，未必本屬匈奴族。《資治通鑑》卷二四《漢紀》孝宣皇帝地節二年胡三省注曰："余謂西嗕自是一種，爲匈奴所得，使居左地耳，非匈奴種也。"

[7]【今注】甌脱：此指駐守甌脱（邊境哨所）的匈奴邊防軍隊。

[8]【今注】案，王先謙《漢書補注》以爲"戰"字衍。

其明年，[1]西域城郭共擊匈奴，取車師國，[2]得其王及人衆而去。單于復以車師王昆弟兜莫爲車師王，收其餘民東徙，不敢居故地。而漢益遣屯士分田車師地以實之。其明年，匈奴怨諸國共擊車師，遣左右大將各萬餘騎屯田右地，欲以侵迫烏孫西域。後二歲，[3]匈奴遣左右奧鞬各六千騎，[4]與左大將再擊漢之田車師城者，不能下。其明年，丁令比三歲入盜匈奴，[5]殺略人民數千，驅馬畜去。匈奴遣萬餘騎往擊之，無所得。其明年，單于將十餘萬騎旁塞獵，[6]欲入邊。寇未至，會其民題除渠堂亡降漢言狀，漢以爲言兵鹿奚盧侯，[7]而遣後將軍趙充國將兵四萬餘騎屯緣邊九郡備虜。[8]月餘，單于病歐血，因不敢入，還去，即罷兵。迺使題王都犁胡次等入漢請和親，[9]未報，會單于死。是歲，神爵二年也。[10]

[1]【今注】其明年：漢宣帝地節三年（前67）。

[2]【顏注】師古曰：城郭謂諸國爲城居者。

[3]【今注】案，後二歲，王先謙《漢書補注》以爲當爲"後四歲"。

[4]【顏注】師古曰：奧音郁。鞬音居言反。【今注】奧（yù）

鞬（jiān）：匈奴諸王名號。左、右奧鞬王駐牧地皆在匈奴東部。

[5]【顏注】師古曰：比，頻也（大德本無此注）。

[6]【顏注】師古曰：旁音步浪反（大德本無此注）。【今注】案，十餘萬，殿本作“十萬餘”。

[7]【今注】言兵鹿奚盧侯：歸義匈奴爵位名。言兵，意謂報告軍事信息。本書卷六九《趙充國傳》記漢朝封歸降之羌人首領陽雕爲言兵侯。鹿奚盧，地名。本書《趙充國傳》：“匈奴大發十餘萬騎，南旁塞，至符奚盧山，欲入爲寇。亡者題除渠堂降漢言之。”“鹿奚盧”當即“符奚盧”，爲漢塞近處之山，具體地點不詳。因題除渠堂本匈奴民來降言狀，故封爲言兵而加地名爲侯，例不入侯者年表也（參周壽昌《漢書注校補》）。

[8]【今注】緣邊九郡：此指五原、朔方、雲中、代郡、雁門、定襄、北平、上谷、漁陽九郡。

[9]【今注】題王：匈奴諸王名號。都犁胡次：匈奴人名。案，本書卷八《宣紀》記神爵二年（前60）九月“匈奴單于遣名王奉獻，賀正月，始和親”。名王，當即奉使和親的題王都犁胡次。

[10]【今注】神爵二年：公元前60年。神爵，漢宣帝年號（前61—前58）。

虛閭權渠單于立九年死。自始立而黜顓渠閼氏，顓渠閼氏即與右賢王私通。右賢王會龍城而去，顓渠閼氏語以單于病甚，且勿遠。後數日，單于死。郝宿王刑未央使人召諸王，未至，[1]顓渠閼氏與其弟左大且渠都隆奇謀，[2]立右賢王屠耆堂爲握衍朐鞮單于。[3]握衍朐鞮單于者，代父爲右賢王，[4]烏維單于耳孫也。[5]

[1]【顏注】師古曰：郝音呼各反。【今注】郝宿王：匈奴諸王名號。刑未央：人名。

［2］【今注】都隆奇：人名。

［3］【今注】握衍朐鞮單于：公元前 60 年至前 58 年在位。握衍朐鞮爲單于之號，屠耆堂爲其本名。

［4］【顏注】師古曰：朐音呴。

［5］【今注】耳孫：曾孫。

握衍朐鞮單于立，復修和親，遣弟伊酋若王勝之入漢獻見。[1]單于初立，凶惡，殺虛閭權渠時用事貴人刑未央等，[2]而任用顓渠閼氏弟都隆奇，又盡免虛閭權渠子弟近親，而自以其子弟代之。虛閭權渠單于子稽侯狦既不得立，[3]亡歸妻父烏禪幕。烏禪幕者，本烏孫、康居間小國，[4]數見侵暴，率其衆數千人降匈奴，狐鹿姑單于以其弟子日逐王姊妻之，使長其衆，居右地。[5]日逐王先賢撣，其父左賢王當爲單于，讓狐鹿姑單于，狐鹿姑單于許立之。國人以故頗言日逐王當爲單于。日逐王素與握衍朐鞮單于有隙，即率其衆數萬騎歸漢。漢封日逐王爲歸德侯。[6]單于更立其從兄薄胥堂爲日逐王。[7]

［1］【顏注】師古曰：酋音材由反。【今注】伊酋若王勝之：伊酋若王，匈奴諸王名號，例由單于子弟擔任。勝之爲人名。本書卷七九《馮奉世傳》載："昭帝末，西河屬國胡伊酋若王亦將衆數千人畔，奉世輒持節將兵追擊。"可知昭帝時匈奴即有伊酋若王。伊酋若王，本書卷八《宣紀》作"呼留若王"。

［2］【今注】案，蔡琪本、大德本、殿本"殺"前有"盡"字。

［3］【顏注】師古曰：狦音先安反，又所姦反（蔡琪本、大

德本、殿本"所"前有"音"字）。【今注】稽侯狦（shān）：人名。

[4]【今注】康居：西域國名。王治卑闐城（今烏兹别克斯坦塔什干市一帶）。

[5]【顏注】師古曰：長，衆爲之長帥。

[6]【今注】歸德侯：漢宣帝神爵三年（前59）四月戊戌封匈奴歸義日逐王先賢撣爲歸德侯，食邑二千二百五十户。至東漢永平十四年（71）國除。侯國在汝南郡（今河南平輿縣北）。敦煌漢簡編號1301簡："神爵二年十一月癸卯朔乙丑，縣（懸）泉厩佐廣德敢言之，爰書：厩御、千乘里畸利謹告曰：所葆養傳馬一匹，騅，牡，左剽，入坐肥，齒二歲，高六尺一寸，□頭，送日逐王來至冥安病亡。即馬起張（脹）乃始冷定，雜診，馬死，身完，毋兵刃、木索迹，病死。審證之。它如爰書，敢言之。"據此簡可知，日逐王先賢撣大約是經由車師以東地區南下至玉門關一帶入塞，通過驛置機構東入長安。懸泉置提供的一匹傳馬跑完到冥安的路程因病死亡。十一月乙丑爲二十五日，推算起來日逐王一行到達長安的時間大概要到神爵三年了。舊簡所記驛站馬匹，通常高五尺八寸左右，而此簡傳馬高六尺一寸，想來是爲迎送日逐王而有意挑選出來的。（詳胡平生《匈奴日逐王歸漢新資料》，《文物》1992年第4期）王先謙《漢書補注》據《宣紀》及《景武昭宣元成功臣表》，以爲先賢撣歸在神爵二年，封侯在三年。

[7]【顏注】師古曰：胥音先余反。

明年，單于又殺先賢撣兩弟。烏禪幕請之，不聽，心恚。其後左奥鞬王死，單于自立其小子爲奥鞬王，留庭。奥鞬貴人共立故奥鞬王子爲王，與俱東徙。單于遣右丞相將萬騎往擊之，[1]失亡數千人，不勝。時單于已立二歲，暴虐殺伐，國中不附。及太子、左賢王數讒左地貴人，左地貴人皆怨。其明年，烏桓擊匈奴東邊姑夕王，[2]頗得人民，單于怒。姑夕王恐，即與烏禪幕及左地貴人共立稽侯狦爲呼韓邪單于，[3]發左地兵四五萬人，西擊握衍朐鞮單于。至姑且水北，[4]未戰，握衍朐鞮單于兵敗走，使人報其弟右賢王曰："匈奴共攻我，若肯發兵助我乎？"[5]右賢王曰："若不愛人，殺昆弟諸貴人。各自死若處，無來汙我。"[6]握衍朐鞮單于恚，自殺。左大且渠都隆奇亡之右賢王所，其民衆盡降呼韓邪單于。是歲，神爵四年也。握衍朐鞮單于立三年而敗。

[1]【今注】右丞相：匈奴官名。傳世"匈奴相邦"玉印，形制、文字均類先秦古璽，當是戰國訖秦漢間之物。"相邦"即"相國"，爲單于自置之相，略如漢之丞相（詳見王國維《觀堂集林》卷一五）。

[2]【今注】姑夕王：匈奴諸王名號。駐牧於匈奴東邊，可能在今內蒙古通遼市、赤峰市和錫林郭勒盟一帶（參見林幹《匈奴通史》，第37頁）。

[3]【今注】呼韓邪單于：公元前58年至前31年在位。呼韓邪，單于之號。

[4]【顏注】師古曰：且音子余反。

[5]【顏注】師古曰：若，汝也。其下亦同。

[6]【顏注】師古曰：言於汝所居處自死。

漢書　卷九四下

匈奴傳第六十四下

　　呼韓邪單于歸庭數月，罷兵使各歸故地，乃收其兄呼屠吾斯在民間者立爲左谷蠡王，使人告右賢貴人，欲令殺右賢王。其冬，都隆奇與右賢王共立日逐王薄胥堂爲屠耆單于，[1]發兵數萬人東襲呼韓邪單于。呼韓邪單于兵敗走，屠耆單于還，以其長子都塗吾西爲左谷蠡王，少子姑瞀樓頭爲右谷蠡王，[2]留居單于庭。

　　[1]【今注】屠耆單于：公元前58年至前55年在位。屠耆爲單于之號，其名爲薄胥堂。

　　[2]【顏注】師古曰：瞀音莫搆反。【今注】瞀：音 mào。

　　明年秋，屠耆單于使日逐王先賢撣兄右奧鞬王爲烏藉都尉，[1]各二萬騎，屯東方以備呼韓邪單于。是時，西方呼揭王來與唯犁當户謀，[2]共讒右賢王，言欲自立爲烏藉單于。[3]屠耆單于殺右賢王父子，後知其，復殺唯犁當户。於是呼揭王恐，遂畔去，自立爲呼揭單于。[4]右奧鞬王聞之，即自立爲車犂單于。[5]烏藉都尉亦自立爲烏藉單于。[6]凡五單于。屠耆單于自將兵東擊車犁單于，使都隆奇擊烏藉。烏藉、車犁皆敗，西北走，與呼揭單于兵合爲四萬人。烏藉、呼揭皆去單于號，共并力尊輔車犁單于。屠耆單于聞之，使左大將、都尉將四萬騎分屯東方，以備呼韓邪單于，自將四萬騎西擊車犁單于。車犁單于敗，西北走，屠耆單于即引西南，留闟敦地。[7]

[1]【顏注】師古曰：撣音纏。奧音都。鞬音居言反。【今注】爲：與。下文有"各二萬騎"，則右奧鞬王、烏藉都尉當爲二人（並見王念孫《讀書雜志·漢書第十四》、王先謙《漢書補注》）。

[2]【顏注】師古曰：揭音丘例反。唯音弋癸反。【今注】呼揭王：匈奴諸王名號。此呼揭王既能參與單于廢立之事，必是攣鞮氏貴族（參見王宗維《匈奴諸王考述》，《内蒙古大學學報》1985年第2期）。

[3]【今注】案，《資治通鑑》卷二七《漢紀》孝宣皇帝五鳳元年無"烏藉"二字。

[4]【今注】呼揭單于：公元前57年至前56年在位。

[5]【今注】車犁單于：公元前57年至前55年在位。

[6]【今注】烏藉單于：公元前57年至前56年在位。

[7]【顏注】師古曰：闟音蹋。敦音頓，又音對。【今注】闟敦地：匈奴部族名。《後漢書》卷一七《馮異傳》記馮異降服"匈奴于林闟頓王"，李賢注："《山陽公載記》'頓'字作'碓'。《前書音義》闟音蹋，頓音碓。""碓""敦"屬一聲之轉，闟敦又譯作"闟碓"，即漢末三國時之"蹋頓"。

其明年，呼韓邪單于遣其弟右谷蠡王等西襲屠耆單于屯兵，殺略萬餘人。屠耆單于聞之，即目將六萬騎擊呼韓邪單于，[1]行千里，未至嗕姑地，[2]逢呼韓邪單于兵可四萬人，合戰。屠耆單于兵敗，自殺。都隆奇乃與屠耆少子右谷蠡王姑瞀樓頭亡歸漢，車犁單于東降呼韓邪單于。呼韓邪單于左大將烏厲屈與父呼遫累烏厲溫敦[3]皆見匈奴亂，率其衆數萬人南降漢。封烏厲屈爲新城侯，[4]烏厲溫敦爲義陽侯。[5]是時李陵子復立烏藉都尉爲單于，呼韓邪單于捕斬之，遂復都單于庭，然衆裁數萬人。屠耆單于從弟休旬王將所主五六百騎，[6]擊殺左大且渠，并其兵，至右地，自立爲閏振單于，[7]在西邊。其後，呼韓邪單于兄左賢王呼屠吾斯亦自立爲郅支骨都侯單于，[8]在東邊。其後二年，閏振單于率其衆東擊郅支單于。郅支單于與戰，殺之，并其兵，遂進攻呼韓邪。呼韓邪破，其兵走，郅支都單于庭。

[1]【今注】案，目，蔡琪本、大德本、殿本作“自”。

[2]【顏注】師古曰：嗕音乃縠反。

[3]【顏注】師古曰：呼遫累者，其官號也。遫，古“速”字也。累音力追反。【今注】烏厲屈：匈奴貴族。本爲呼韓邪單于左大將，後率部屬降漢，漢宣帝五鳳二年（前56）九月封爲新城侯，食邑一千六百户，後因其弟謀反受到牽連，食邑削百五户。元帝初元四年（前45）卒。本書《景武昭宣元成功臣表》記其名爲王定。　呼遫累烏厲溫敦：呼遫累爲匈奴官號，烏厲溫敦爲人名。本爲匈奴高官，後率部屬降漢，漢宣帝五鳳三年二月封爲義陽侯，食邑一千五百户。後因其子伊細王謀反受到牽連，削爵爲關内侯，

食邑一千户。案，本書卷八《宣紀》記五鳳二年冬十一月“匈奴呼邀累單于帥衆來降，封爲列侯”，《景武昭宣元成功臣表》記爲“以匈奴譠速累單于率衆降”，知其降漢時自稱爲單于，或被漢廷視爲單于。然既爲單于，食邑數不當少於左大將。存疑。

[4]【今注】新城侯：本書《景武昭宣元成功臣表》記爲“信成侯王定，以匈奴烏桓屠耆單于子左大將軍率衆降侯”。“新”“信”二字通，新城即信成，侯國治所在今河南鄧州市西北。或以爲信成侯國治所在今河南南樂縣西北。

[5]【今注】義陽侯：侯國治所在今河南信陽市東南。

[6]【今注】休旬王：匈奴諸王之號。

[7]【今注】閏振單于：公元前55年至前53年在位。閏振爲單于之號。

[8]【今注】郅支骨都侯單于：公元前55年至前36年在位。郅支爲單于之號。

呼韓邪之敗也，左伊秩訾王爲呼韓邪計，[1]勸令稱臣入朝事漢，從漢求助，如此匈奴乃定。呼韓邪議問諸大臣，皆曰：“不可。匈奴之俗，本上氣力而下服役，[2]以馬上戰鬬爲國，故有威名於百蠻。戰死，壯士所有也。[3]今兄弟爭國，不在兄則在弟，雖死猶有威名，子孫常長諸國。[4]漢雖强，猶不能兼并匈奴，奈何亂先古之制，臣事於漢，卑辱先單于，[5]爲諸國所笑！雖如是而安，何以復長百蠻！”左伊秩訾曰：“不然。强弱有時，今漢方盛，烏孫城郭諸國皆爲臣妾。[6]自且鞮侯單于以來，匈奴日削，不能取復，[7]雖屈强於此，未嘗一日安也。[8]今事漢則安存，不事則危亡，計何以過此！”諸大人相難久之。呼韓邪從其計，引衆南近塞，遣子右賢王銖婁渠堂入侍。[9]郅支單于亦遣子右大將駒于利受入侍。[10]是歲，甘露元年。[11]

[1]【今注】左伊秩訾王：匈奴諸王之一，出於匈奴貴族呼衍氏，爲呼衍王之弟，其名不詳。

[2]【顏注】師古曰：以服役於人爲下。

[3]【顏注】師古曰：言人皆有此事耳。

[4]【顏注】師古曰：爲諸國之長帥也。

[5]【顏注】師古曰：言忝辱之更令卑下也。

[6]【顏注】師古曰：謂西域諸國爲城郭而居也。【今注】臣妾：僕從。

[7]【顏注】師古曰：且音子餘反（餘，殿本作“余”）。復音扶目反。

[8]【顏注】師古曰：屈音其勿反。

[9]【顏注】師古曰：婁音力于反。【今注】案，本書卷八《宣紀》記其事在甘露元年（前53）春正月。

[10]【今注】案，本書《宣紀》未見此事，唯甘露元年有“冬，匈奴單于遣弟左賢王來朝賀”一事。

[11]【今注】甘露：漢宣帝年號（前53—前50）。 案，蔡琪本、大德本、殿本句末有“也”字。

明年，呼韓邪單于款五原塞，[1]願朝三年正月。[2]漢遣車騎都尉韓昌迎，[3]發過所七郡郡二千騎，爲陳道上。[4]單于正月朝天子于甘泉宮，[5]漢寵以殊禮，位在諸侯王上，贊謁稱臣而不名。[6]賜以冠帶衣裳，黃金璽盭綬，[7]玉具劍，[8]佩刀，弓一張，矢四發，[9]棨戟十，[10]安車一乘，[11]韜勒一具，[12]馬十五匹，黃金二十斤，錢二十萬，衣被七十七襲，[13]錦繡綺縠雜帛八千匹，絮六千斤。禮畢，使使者道單于先行，宿長平。[14]上自甘泉宿池陽宮。[15]上登長平，詔單于毋謁，[16]其左右當戶之群臣皆得列觀，[17]及諸蠻夷君長王侯數萬，咸迎於渭橋下，夾道陳。上登渭橋，咸稱萬歲。單于就邸，留月餘，遣歸國。單于自請願留居光祿塞下，[18]有急，保漢受降城。[19]漢遣長樂衛尉高昌侯董忠、車騎都尉韓昌將騎萬六千，[20]又發邊郡士馬以千數，送單于出朔方雞鹿塞。[21]詔忠等留衛單于，助誅不服。又轉邊穀米糒，[22]前後三萬四千斛，給贍其食。是歲，郅支單于亦遣使奉獻，漢遇之甚厚。明年，兩單于俱遣使朝獻，漢待呼韓邪使有加。明年，呼韓邪單于復入朝，禮賜如初，加衣百一十襲，錦帛九千匹，絮八千斤。以有屯兵，故不復發騎爲送。

[1]【顏注】師古曰：款（蔡琪本、殿本作"欵"），叩也。【今注】五原塞：五原郡內邊防要塞名，當在今內蒙古包頭市西。

[2]【顏注】師古曰：會正旦之朝賀也。【今注】案，漢宣帝時承武帝太初元年（前104）以來曆法，以正月初一爲歲首。朝廷舉行大型朝會，皇帝接受百官臣僚的祝賀，並賜群臣酒食。

[3]【今注】車騎都尉：官名。漢代掌車騎的武官，不常設。

[4]【顏注】師古曰：所過之郡，每爲發兵陳列於道，以爲寵衛也。【今注】七郡：通常認爲單于一行沿直道南來，七郡當指五原、朔方、西河、上郡、北地及三輔地區的左馮翊、京兆尹。也有學者認爲，直道與秦漢王朝北邊國防體系之建設密切相關，從宣帝君臣謹慎的行爲而言，不可能讓其行走直道。呼韓邪單于朝漢之行後來成爲漢廷處理此類外交事務所遵循的"漢家故事"，成帝時

段會宗、班伯因匈奴單于河平四年（前25）來朝而分別出任雁門、定襄太守，所以呼韓邪單于路過之郡依次是五原、雲中、定襄、雁門、太原、河東、左馮翊（參見張慶路《匈奴呼韓邪單于朝漢路綫再探》，《陰山學刊》2020年第2期）。

［5］【今注】甘泉宮：在今陝西淳化縣西北甘泉山。一名雲陽宮。

［6］【今注】贊謁：謁見皇帝時贊唱禮儀，引導進見。　案，本書卷八《宣紀》甘露二年（前52）冬十二月詔詳載朝禮定案：“蓋聞五帝三王，禮所不施，不及以政。今匈奴單于稱北藩臣，朝正月，朕之不逮，德不能弘覆。其以客禮待之，位在諸侯王上。”

［7］【顏注】師古曰：綟，古“戾”字。戾，草名也。以戾染綬，亦諸侯王之制也。【今注】黃金璽綟（lì）綬：綟，又作“緑”，青綠色。漢制，諸侯王金璽綟綬，公、侯金印紫綬。漢廷賜呼韓邪單于諸侯王璽綬，唯位在諸侯王之上。

［8］【顏注】孟康曰：摽首鐔衛盡用玉爲之也。師古曰：鐔，劍口旁橫出者也。衛，劍鼻也。鐔音淫。衛字本作珤，其音同耳。【今注】玉具劍：一種以玉爲飾的劍具，雍容高貴。飾玉主要包括摽、首、鐔、衛四件。摽（biāo），一作“標”，又作“鏢”，指劍鞘末的包尾，本用銅製作，玉具劍則代之以玉，一般呈梯形，底邊平直。有些底邊斜出，若將梯形摽削去一角。首，指劍柄頂端。玉劍首常作圓餅形，中部突起，多於此處刻渦紋或卷雲紋。鐔（xín），指劍身與劍柄之間的隔絕物，通常稱作劍格。玉劍格或爲一字形，亦有呈蝠形者。衛，亦作“璏”，指劍鞘中上部用以穿劍帶的鈕，或稱劍鼻（參見孫機《漢代物質文化資料圖説（增訂本）》，上海古籍出版社2008年版）。

［9］【顏注】服虔曰：發，十二矢也。韋昭曰：射禮三而止，每射四矢，故以十二爲一發也。師古曰：發猶今言箭一放兩放也。今則以一矢爲一放也。【今注】矢四發：箭矢四枚。沈欽韓《漢書

疏證》曰："四發，乘矢也。古今並以一矢爲一發。《隋禮儀志》'後齊三月三日，馬射，一品二品三十發，三品二十五發'，此不當如服説十二矢也。又《騶虞詩》'壹發五豝'，《箋》以爲五豝而矢一發，中則殺一而已，見仁心之至。若四矢爲一發，五已中其四，寧得爲仁?"

[10]【顏注】師古曰：棨戟，有衣之戟也。棨音啓。【今注】棨戟：一種儀仗性質的兵器，通常以黑繒罩戟首。漢代王侯官宦出行，皆有儀衞，地位越高，執棨戟者數量越多。皇帝賞賜臣下棨戟數量越多，意味着榮寵越高。《續漢書·輿服志》："公以下至二千石，騎吏四人，千石以下至三百石，縣長二人，皆帶劍，持棨戟爲前列，捷弓韣九鞬。"三公以下至二千石官員，規定可配備四名騎吏執棨戟開道。呼韓邪單于所配爲十戟，盡顯榮寵。

[11]【今注】安車：坐乘之車。常以四匹馬駕，舒適安坐，故稱駟馬安車。湖北江陵鳳凰山 168 號漢墓出土的《遣册》記有"案車一乘，馬四匹"。案車即安車。

[12]【顏注】師古曰：勒，馬轡也。【今注】案，鞥，殿本作"鞍"。

[13]【顏注】師古曰：一稱爲一襲，猶今人之言一副衣服也。

[14]【顏注】師古曰：道讀曰導。長平，涇水上坂也，解在《宣紀》。【今注】長平：即長平館，又名長平觀，爲西漢離宮，建於長平坂（今陝西涇陽縣），北臨涇水。

[15]【今注】池陽宮：西漢離宮名。故址在今陝西三原縣嵯峨鄉天齊原上。長平觀在池陽宮南，相距約六公里。

[16]【顏注】師古曰：不令拜也。

[17]【今注】案，左右當户之群臣，本書《宣紀》作"左右當户之群"。王念孫《讀書雜志·漢書第十四》以爲，"左右當户之群"爲當户以下衆官之泛指，猶言左右當户之屬，"群臣"義不

可通，"臣"字爲後人所加。《資治通鑑》卷二七《漢紀》孝宣皇帝甘露三年删去"之""群"二字，亦屬不當。

[18]【顏注】師古曰：徐自爲所築者也（徐，蔡琪本、大德本同，殿本"徐"前有"即"字）。

[19]【顏注】師古曰：保，守也。於此自守。

[20]【今注】長樂衛尉：官名。掌管長樂宫警衛，秩中二千石，位在九卿之上。長樂，即長樂宫，惠帝以後爲太后所居。 高昌侯董忠：董忠，本爲期門衛士，因告發大司馬霍禹謀反之事有功，漢宣帝地節四年（前66）封爲高昌侯（侯國治所在今山東博興縣西南）。

[21]【顏注】師古曰：在朔方窳渾縣西北。【今注】雞鹿塞：在今内蒙古磴口縣西北狼山哈隆格乃峽谷，扼陰山西段南北通道，是漢代北邊重要關隘。

[22]【顏注】師古曰：糒，乾飯也，音備。 【今注】米糒（bèi）：用米製成的粉末狀熟乾糧，屬於備用食品。

始郅支單于以爲呼韓邪降漢，兵弱不能復自還，即引其衆西，欲攻定右地。又屠耆單于小弟本侍呼韓邪，亦亡之右地，收兩兄餘兵得數千人，自立爲伊利目單于，[1]道逢郅支，合戰，郅支殺之，并其兵五萬餘人。聞漢出兵穀助呼韓邪，即遂留居右地。自度力不能定匈奴，[2]乃益西近烏孫，欲與并力，遣使見小昆彌烏就屠。[3]烏就屠見呼韓邪爲漢所擁，郅支亡虜，欲攻之以稱漢，[4]乃殺郅支使，持頭送都護在所，[5]發八千騎迎郅支。郅支見烏孫兵多，其使又不反，勒兵逢擊烏孫，破之。[6]因北擊烏揭，[7]烏揭降。發其兵西破堅昆，[8]北降丁令，[9]并三國。數遣兵擊烏孫，常勝之。

堅昆東去單于庭七千里，南去車師五千里，郅支留都之。

[1]【今注】伊利目單于：伊利目爲單于之號。

[2]【顏注】師古曰：度音徒各反。

[3]【今注】小昆彌烏就屠：烏就屠，烏孫昆彌翁歸靡之子。翁歸靡死，其兄子泥靡即位，號"狂王"。漢宣帝甘露元年（前53），烏就屠襲殺狂王，自立爲昆彌，意欲背漢而親附匈奴。後在漢廷威壓之下，烏就屠改稱小昆彌，統領民衆四萬戶；漢解憂公主所生王子元貴靡爲大昆彌，統領六萬戶。從此大、小昆彌分治烏孫，然烏孫人心多歸小昆彌烏就屠。

[4]【顏注】師古曰：稱漢朝之意也。稱音尺孕反。

[5]【今注】都護在所：都護，指西域都護，治所在烏壘城（今新疆輪臺縣東小野雲溝附近）。時任西域都護爲韓宣。案，在，大德本作"治"。

[6]【顏注】師古曰：以兵逆之，相逢即擊，故云逢擊。【今注】逢擊：迎擊。王念孫《讀書雜志·漢書第十四》曰："《方言》：'逢，迎也。自關而西或曰迎，或曰逢。'逢擊猶迎擊耳。師古之説迂矣。"

[7]【顏注】師古曰：揭音丘例反。【今注】烏揭：又作"呼揭"。前文言漢初"樓蘭、烏孫、呼揭及其旁二十六國皆已爲匈奴"，此復言"北擊烏揭"，可知烏揭部在西漢後期乘匈奴内亂之機，一度脱離匈奴控制。或其所服者爲其他單于，故爲郅支單于所擊。

[8]【今注】堅昆：西北古族名。又作"隔昆""鬲昆""結骨""紇骨"等。秦漢時期活動於今俄羅斯葉尼塞河上游阿巴坎一帶，西漢時臣服於匈奴。《三國志》卷三〇《魏書·烏丸鮮卑傳》裴松之注引《魏略》："堅昆國在康居西北，勝兵三萬人，隨畜牧，

亦多貂，有好馬。"

[9]【顏注】師古曰：令音零。

　　元帝初即位，呼韓邪單于復上書，言民衆困乏。漢詔雲中、五原郡轉穀二萬斛以給焉。郅支單于自以道遠，又怨漢擁護呼韓邪，遣使上書求侍子。[1]漢遣谷吉送之，[2]郅支殺吉。漢不知吉音問，而匈奴降者言聞甌脱皆殺之。[3]呼韓邪單于使來，漢輒簿責之甚急。[4]明年，漢遣車騎都尉韓昌、光禄大夫張猛送呼韓邪單于侍子，求問吉等，因赦其罪，勿令自疑。[5]昌、猛見單于民衆益盛，塞下禽獸盡，單于足以自衛，不畏郅支。聞其大臣多勸單于北歸者，[6]恐北去後難約束，[7]昌、猛即與爲盟約曰："自今以來，漢與匈奴合爲一家，世世毋得相詐相攻。有竊盜者相報，行其誅，償其物；[8]有寇，發兵相助。漢與匈奴敢先背約者，受天不祥。令其世世子孫盡如盟。"昌、猛與單于及大臣俱登匈奴諾水東山，[9]刑白馬，單于以徑路刀金留犁撓酒，[10]以老上單于所破月氏王頭爲飲器者共飲血盟。[11]昌、猛還奏事，公卿議者以爲："單于保塞爲藩，雖欲北去，猶不能爲危害。昌、猛擅以漢國世世子孫與夷狄詛盟，令單于得以惡言上告于天，羞國家，傷威重，[12]不可行。[13]宜遣使往告祠天，與解盟。昌、猛奉使無狀，罪至不道。"[14]上薄其過，[15]有詔昌、猛以贖論，勿解盟。其後呼韓邪竟北歸庭，人衆稍稍歸之，國中遂定。

[1]【今注】案，本書卷七〇《陳湯傳》載："初元四年，遣使奉獻，因求侍子，願爲内附。"

[2]【今注】谷吉：長安人。西漢後期名臣谷永之父。漢元帝時任衛司馬，奉使送郅支單于侍子返匈奴，爲郅支所殺。

[3]【顔注】師古曰：於甌脱得聲問，云殺之。【今注】皆：《漢書考正》劉攽以爲意謂谷吉及其屬下皆被殺。王念孫《讀書雜志·漢書第十四》以爲"皆"意謂匈奴降者皆言聞甌脱殺之，被殺者實僅谷吉，不包括其徒衆。

[4]【顔注】師古曰：簿責，以文簿一一責之也。簿音步户反。【今注】簿（bù）責：意爲據文書所列罪狀逐一責問。

[5]【顔注】師古曰：疑者，疑漢欲討伐（蔡琪本、大德本、殿本句末有"也"字）。

[6]【顔注】師古曰：塞下無禽獸，則射獵無所得，又不畏郅支，故欲北歸舊處。

[7]【顔注】師古曰：不可更共爲言要。

[8]【顔注】師古曰：漢人爲盜於匈奴，匈奴人爲盜於漢，皆相告報而誅賞（賞，蔡琪本、大德本、殿本作"償"）。

[9]【顔注】師古曰：諾水即今突厥地諾真水也。【今注】諾水：即今内蒙古達爾罕茂明安聯合旗東北艾不蓋河。或以爲指今内蒙古烏拉特中旗哈那河。

[10]【顔注】應劭曰：徑路，匈奴寶刀也。金，契金也。留犁，飯匕也。撓，和也。契金著酒中，撓攪飲之。師古曰：契，刻；撓，攪也，音呼高反。

[11]【今注】案，據本書卷九六上《西域傳上》記載，匈奴"老上單于殺月氏，以其頭爲飲器"。所謂"飲器"，諸解不一。或以爲是盛酒器皿棒櫨，或以爲是便溲之具虎子，或以爲是飲酒器具，如陳直《漢書新證》以爲飲器指漢代常見的側耳杯，形如人面，故匈奴以月支王頭爲飲器，取其形似。不過此種酒器大概非日

常所用，如宋人王觀國所言："所謂'飲器'者，飲酒器也。雖爲飲酒器，然非賓主常用飲酒之器，若有盟會之事，則以其器貯血盟之酒，以示盛禮也。"（王觀國撰，田瑞娟點校：《學林》，中華書局 1988 年版，第 125—126 頁）

[12]【顏注】師古曰：羞，辱也。

[13]【今注】案，大德本、殿本"行"前有"得"字。

[14]【顏注】師古曰：無狀，蓋無善狀。【今注】不道：漢代罪名。背叛爲臣或爲人之道的反國家、反社會及違反家族倫理的犯罪行爲，如誣罔（欺騙天子）、附下罔上（結附臣下共同欺騙天子）、誹謗與妖言（對皇帝及執政大臣的非難和攻擊）等，皆可視爲"不道"。漢律中對"不道"的罪行内容和刑罰没有明確的規定，即所謂"不道無正法"。"不道"比"不敬"更重，犯"不道"之罪者往往處以棄市之刑，重者腰斬。（詳參 [韓] 任仲爀《漢代的"不道"罪》，載《漢晉時期國家與社會論集》，廣西師範大學出版社 2016 年版）

[15]【顏注】師古曰：以其罪過爲輕薄。

郅支既殺使者，自知負漢，又聞呼韓邪益强，[1]恐見襲擊，欲遠去。會康居王數爲烏孫所困，與諸翕侯計，以爲匈奴大國，烏孫素服屬之，今郅支單于困阨在外，可迎置東邊，使合兵取烏孫以立之，[2]長無匈奴憂矣。即使使至堅昆通語郅支。郅支素恐，又怨烏孫，聞康居計，大説，[3]遂與相結，引兵而西。康居亦遣貴人，橐它驢馬數千匹，[4]迎郅支。郅支人衆中寒道死，[5]餘財三千人到康居。[6]其後，都護甘延壽與副陳湯發兵即康居誅斬郅支，[7]語在《延壽》《湯傳》。

[1]【今注】案，强，蔡琪本、殿本作"彊"。

[2]【顏注】師古曰：言與郅支并力共滅烏孫，以其地立郅支，令居之也。

[3]【顏注】師古曰：說讀曰悦。

[4]【今注】橐它：駱駝。

[5]【顏注】師古曰：中寒，傷於寒也（殿本無"也"字）。道死，死於道上也。

[6]【顏注】師古曰：財與纔同。

[7]【顏注】師古曰：即，就也。【今注】都護甘延壽與副陳湯：二人傳並見本書卷七〇。

郅支既誅，呼韓邪單于且喜且懼，上書言曰："常願謁見天子，誠以郅支在西方，恐其與烏孫俱來擊臣，以故未得至漢。今郅支已伏誅，願入朝見。"竟寧元年，[1]單于復入朝，禮賜如初，加衣服錦帛絮，皆倍於黃龍時。[2]單于自言願壻漢氏以自親。[3]元帝以後宮良家子王牆字昭君賜單于。[4]單于驩喜，上書願保塞上谷以西至敦煌，[5]傳之無窮，請罷邊備塞吏卒，以休天子人民。天子令下有司議，議者皆以爲便。郎中侯應習邊事，[6]以爲不可許。上問狀，應曰："周秦以來，匈奴暴桀，侵邊境，漢興，尤被其害。臣聞北邊塞至遼東，外有陰山，東西千餘里，草木茂盛，多禽獸，本冒頓單于依阻其中，治作弓矢，來出爲寇，是其苑囿也。至孝武世，出師征伐，斥奪此地，攘之於幕北。[7]建塞徼，[8]起亭隧，[9]築外城，設屯戍，以守之，然後邊境得用少安。[10]幕北地平，少草木，多大沙，匈奴來寇，少所蔽隱，從塞以南，徑深山谷，往來差難。[11]邊長老言匈奴失陰山之後，過之未嘗不哭也。如罷備塞戍卒，示夷狄之大利，不可一也。今聖德廣被，天覆匈奴，[12]匈奴得蒙全活之恩，稽首來臣。夫夷狄之情，困則卑順，彊則驕逆，天性然也。前以罷外城，省亭隧，今裁足以候望通熢火而已。古者安不忘危，不可復罷，二也。中國有禮義之教，刑罰之誅，愚民猶尚犯禁，又況單于，能必其衆不犯約哉！三也。[13]自中國尚建關梁以制諸侯，所以絕臣下之覬欲也。[14]設塞徼，置屯戍，非獨爲匈奴而已，亦爲諸屬國降民，本故匈奴之人，恐其思舊逃亡，四也。近西羌保塞，與漢人交通，吏民貪利，侵盜其畜產妻子，以此怨恨，起而背畔，世世不絕。今罷乘塞，則生嫚易分爭之漸，五也。[15]往者從軍多沒不還者，子孫貧困，一旦亡出，從其親戚，六也。又邊人奴婢愁苦，欲亡者多，曰‘聞匈奴中樂，無奈望急何！’然時有亡出塞者，七也。盜賊桀黠，群輩犯法，如其窘急，亡走北出，則不可制，八也。起塞以來百有餘年，非皆以土垣也，或因山巖石，木柴僵落，谿谷水門，[16]稍稍平之，卒徒築治，功費久遠，不可勝計。臣恐議者不深慮其終始，欲以壹切省繇戍，[17]十年之外，百歲之內，卒有它變，障塞破壞，亭隧滅絕，當更發屯繕治，累世之功不可卒復，九也。[18]如罷戍卒，省候望，單于自以保塞守御，必深德漢，[19]請求無已。小失其意，則不可測。開夷狄之隙，虧中國之固，十也。

非所以永持至安，威制百蠻之長策也。"

[1]【今注】竟寧：漢元帝年號（前33）。

[2]【今注】黃龍：漢宣帝年號（前49）。

[3]【顏注】師古曰：言欲取漢女而身爲漢家壻。【今注】壻：同"婿"。

[4]【今注】後宮良家子王牆：本書卷九《元紀》作"待詔掖庭王檣"。良家子，漢代身份術語。罪犯、商賈、巫、醫、百工、贅婿以外的身世清白之家即爲良家，屬自由民，子女即稱"良家子"。檣，同"牆"。王牆，南郡秭歸（今湖北秭歸縣）人。《後漢書》卷八九《南匈奴傳》詳載其身世及入北經歷："昭君字嬙，南郡人也。初，元帝時，以良家子選入掖庭。時呼韓邪來朝，帝勑以宮女五人賜之。昭君入宮數歲，不得見御，積悲怨，乃請掖庭令求行。呼韓邪臨辭大會，帝召五女以示之。昭君豐容靚飾，光明漢宮，顧景裴回，竦動左右。帝見大驚，意欲留之，而難於失信，遂與匈奴。"《西京雜記》卷二亦詳載其事："元帝後宮既多，不得常見，乃使畫工圖形，案圖召幸之。諸宮人皆賂畫工，多者十萬，少者亦不減五萬。獨王嬙不肯，遂不得見。匈奴入朝，求美人爲閼氏，於是上案圖以昭君行。及去，召見，貌爲後宮第一，善應對，舉止閑雅，帝悔之。而名籍已定，帝重信於外國，故不復更人，乃窮案其事，畫工皆棄市。"

[5]【顏注】師古曰：保，守也。自請保守之，令無寇盜。

[6]【今注】郎中：郎官之一種。漢承秦置，爲九卿之一郎中令（光祿勳）屬官，掌宿衛殿門。秩比三百石。

[7]【顏注】師古曰：斥，開也。攘，卻也，音人羊反。

[8]【今注】塞徼：泛指邊衛工事。《史記》卷一一七《司馬相如列傳》《索隱》引張揖曰："徼，塞也。以木柵水爲蠻夷界。"文獻中"塞"往往用來指北方邊防設施，"徼"多指南方地區以木

栅、河流爲主構成的邊防設施。

[9]【顏注】師古曰：隧謂深開小道而行，避敵鈔寇也。隧音遂。

[10]【今注】用：因。

[11]【今注】差：稍微。

[12]【顏注】師古曰：如天之覆也。

[13]【顏注】師古曰：必，極也，極保之也。

[14]【顏注】師古曰：覬音冀。【今注】覬欲：同“覬覦”。

[15]【顏注】師古曰：乘塞，登之而守也。嫚易猶相欺侮也。易音弋豉反。

[16]【顏注】師古曰：僵落，謂山上樹木摧折或立死枯僵墮落者（上，殿本作“下”）。僵音薑。【今注】僵落：埋設在邊塞烽燧、城鄣周圍的成排尖木椿，用以禦敵。亦稱“虎落”。西漢西北甲渠候官遺址所見僵落，在塢堡四周三米以內的地面埋設四排尖木椿，間距約 70 釐米，完整者高 33 釐米，呈三角形排列（參見甘肅居延考古隊《居延漢代遺址的發掘和新出土的簡册文物》，《文物》1978 年第 1 期）。

[17]【顏注】師古曰：一切謂權時也（一，蔡琪本、殿本作“壹”），解在《平紀》。繇讀曰傜（傜，蔡琪本、殿本作“徭”）。【今注】壹切：暫時，權宜。

[18]【顏注】師古曰：卒讀皆曰猝。

[19]【顏注】師古曰：於漢自稱恩德也。

對奏，天子有詔：“勿議罷邊塞事。”使車騎將軍口諭單于[1]曰：“單于上書願罷北邊吏士屯戍，子孫世世保塞。單于鄉慕禮義，[2]所以爲民計者甚厚，此長久之策也，朕甚嘉之。中國四方皆有關梁障塞，非獨以備塞外也，亦以防中國姦邪放縱，出爲害，故明法度以專衆心也。敬諭單于之意，[3]朕無疑焉。爲單于怪其不罷，故使大司馬車騎將軍嘉曉單于。"[4]單于謝曰："愚不知大計，天子幸使大臣告語，甚厚！"

[1]【顏注】師古曰：將軍許嘉也。諭謂曉告。【今注】車騎將軍：漢代高級武官名號。最初是作戰時統帥車兵、騎兵部隊的將領，不常設，遇有戰事時負責統兵作戰，事畢即罷。武帝之後漸變爲統領京師宿衛、具有武職性質的中朝重臣，預聞政事，大司馬號、録尚書事則成爲最高軍政長官。金印紫綬。位僅次於大將軍、驃騎將軍，在衛將軍及前、後、左、右將軍之上。

[2]【顏注】師古曰：鄉讀曰嚮。

[3]【顏注】師古曰：言已曉知其意也。

[4]【今注】嘉：許嘉。漢宣帝許皇后從兄。元帝時封平恩侯，官拜大司馬車騎將軍。成帝即位，以皇后父身份繼續任大司馬車騎將軍，權勢甚重。死後謚恭侯。事迹詳見本書卷九七上《外戚傳上》。

初，左伊秩訾爲呼韓邪畫計歸漢，竟以安定。其後或讒伊秩訾自伐其功，常鞅鞅，[1]呼韓邪疑之。左伊秩訾懼誅，將其衆千餘人降漢，漢以爲關內侯，[2]食邑三百户，令佩其王印綬。[3]及竟寧中，呼韓邪來朝，與伊秩訾相見，謝曰："王爲我計甚厚，令匈奴至今安寧，王之力也，德豈可忘！我失王意，使王去不復顧留，[4]皆我過也。今欲白天子，請王歸庭。"伊秩訾曰："單于賴天命，自歸於漢，得以安寧，單于神靈，天子之祐也，我安得力！既已降漢，又復歸匈奴，是兩心也。願爲單于侍使於漢，不敢聽命。"[5]單于固請，不能得而歸。

　　[1]【顏注】師古曰：伐謂矜其功力。【今注】鞅鞅：即“怏怏”。

　　[2]【今注】關內侯：秦漢二十等爵的第十九級，低於列侯。有其號，無封國。一般是對立有軍功將領的獎勵，封有食邑數户，有按規定户數徵收租税之權（參見師彬彬《兩漢關內侯問題研究綜述》，《中國史研究動態》2015年第2期）。

　　[3]【顏注】師古曰：雖於漢爲關內侯，而依匈奴王號與印綬。

　　[4]【顏注】師古曰：言不復顧念而留住匈奴中。

　　[5]【顏注】師古曰：言爲單于充使，留侍於漢，不能還匈奴。

　　王昭君號寧胡閼氏，[1]生一男伊屠智牙師，[2]爲右日逐王。呼韓邪立二十八年，建始二年死。[3]始呼韓邪嬖左伊秩訾兄呼衍王女二人。長女顓渠閼氏，生二子，長曰且莫車，[4]次曰囊知牙斯。少女爲大閼氏，生四子，長曰雕陶莫皋，次曰且糜胥，[5]皆長於且莫車，少子咸、樂二人，皆小於囊知牙斯。又它閼氏子十餘人。顓渠閼氏貴，且莫車愛。呼韓邪病且死，欲立且莫車，其母顓渠閼氏曰：“匈奴亂十餘年，不絕如髮，賴蒙漢力，故得復安。今平定未久，人民創艾戰鬪，[6]且莫車年少，百姓未附，恐復危國。我與大閼氏一家共子，[7]不如立雕陶莫皋。”大閼氏曰：“且莫車雖少，大臣共持國事。今舍貴立賤，後世必亂。”[8]單于卒從顓渠閼氏計，立雕陶莫皋，約令傳國與弟。呼韓邪死，雕陶莫皋立，爲復株絫若鞮單于。[9]

[1]【顏注】師古曰：言胡得之，國以安寧也。

[2]【今注】案，《後漢書》卷八九《南匈奴傳》記王昭君與呼韓邪生二子，與此不同。

[3]【今注】建始二年：公元前 31 年。建始，漢成帝年號（前 32—前 28）。

[4]【顏注】師古曰：且音子餘反。

[5]【顏注】師古曰：且音子餘反。胥音先於反。

[6]【顏注】師古曰：創音初亮反。艾讀曰乂。【今注】創艾（yì）：因曾受害而戒懼。

[7]【顏注】師古曰：一家，言親姊妹也。共子，兩人所生恩慈無別也。

[8]【顏注】師古曰：舍謂棄置也。

[9]【顏注】師古曰：復音服。絫音力追反。【今注】復株絫若鞮單于：公元前 31 年至前 20 年在位。南匈奴自復株絫若鞮單于始，單于號末尾加“若鞮”，其意如同漢制皇帝謚號中的“孝”字，當爲匈奴對漢朝禮制的崇慕模仿。所不同者，漢帝死後纔得孝謚，匈奴單于則是登位時即獲“若鞮”之號。

　　復株絫若鞮單于立，遣子右致盧兒王醯諧屠奴侯入侍，[1]以且麋胥爲左賢王，且莫車爲左谷蠡王，囊知牙斯爲右賢王。復株絫單于復妻王昭君，生二女，長女云爲須卜居次，[2]小女爲當于居次。[3]

[1]【今注】右致盧兒王醯諧屠奴侯：右致盧兒爲王之號，醯諧屠奴侯爲其名。

[2]【顏注】李奇曰：居次者，女之號，若漢言公主也。文

穎曰：須卜氏，匈奴貴族也。【今注】云：人名。即王昭君與復株
絫單于所生之女伊墨居次。其夫爲管轄匈奴右地的右骨都侯須卜
當，故稱須卜居次。　居次：匈奴貴族女子的尊號。李奇以爲相當
於中原政權的公主。沈欽韓《漢書疏證》以爲是匈奴王侯妻號，猶
清代王妃稱福晉。

[3]【顏注】文穎曰：當于亦匈奴大族也。師古曰：須卜、
當于，皆其夫家氏族。【今注】當于居次：王昭君與復株絫單于所
生次女。因嫁給當于氏，故名當于居次。

　　河平元年，[1]單于遣右皋林王伊邪莫演等奉獻，朝
正月。[2]既罷，遣使者送至蒲反，[3]伊邪莫演言：“欲
降，即不受我，我自殺，終不敢還歸。”使者以聞，下
公卿議。議者或言宜如故事，[4]受其降。光禄大夫谷
永、議郎杜欽以爲：[5]“漢興，匈奴數爲邊害，故設
金爵之賞以待降者。今單于詘體稱臣，列爲北藩，遣
使朝賀，無有二心，漢家接之，宜異於往時。今既享
單于聘貢之質，[6]而更受其逋逃之臣，是貪一夫之得而
失一國之心，擁有罪之臣而絶慕義之君也。假令單于
初立，欲委身中國，未知利害，[7]私使伊邪莫演詐降以
卜吉凶，受之虧德沮善，[8]令單于自疏，不親邊吏；或
者設爲反間，欲因而生隙，[9]受之適合其策，使得歸曲
而直責。[10]此誠邊竟安危之原，師旅動静之首，[11]不
可不詳也。不如勿受，以昭日月之信，抑詐諼之謀，
懷附親之心，便。”[12]對奏，天子從之。遣中郎將王舜
往問降狀，[13]伊邪莫演曰：“我病狂妄言耳。”遣去。
歸到，官位如故，不肯令見漢使。明年，單于上書願

朝河平四年正月，遂入朝，加賜錦繡繒帛二萬疋，絮二萬斤，它如竟寧時。

　　[1]【今注】河平：漢成帝年號（前28—前25）。

　　[2]【顏注】師古曰：演音衍。

　　[3]【顏注】師古曰：河東之縣也。【今注】蒲反：即蒲阪。縣名。治所在今山西永濟市西南。蒲，大德本作"蒱"；反，殿本作"阪"。

　　[4]【今注】案，或，本書卷一〇《成紀》作"咸"。王念孫《讀書雜志·漢書第八》以爲，下文谷永、杜欽以爲不如勿受，則議者皆言宜受其降，唯永、欽不可，故作"咸"爲是。

　　[5]【今注】谷永：傳見本書卷八五。　議郎：諸郎的一種，掌顧問應對、參與議政，屬郎中令（光禄勳），秩比六百石。多選通明儒家經典者充任，不入直宿衛。　杜欽：字子夏，南陽郡杜衍縣（今河南南陽市卧龍區西南）人。漢宣帝御史大夫杜延年之子。少好經書，因眼疾而不好爲官，成帝時任大將軍武庫令、議郎。有見識謀略，深得大將軍王鳳欣賞，聘入幕府，多有匡諫。傳見本書卷六〇。

　　[6]【顏注】師古曰：享，當也。質，誠也。

　　[7]【顏注】師古曰：假令猶言或當也。

　　[8]【顏注】師古曰：沮，壞也，音材汝反。

　　[9]【顏注】師古曰：間音居莧反。

　　[10]【顏注】師古曰：歸曲於漢，而以直義來責也。

　　[11]【顏注】師古曰：竟讀曰境。

　　[12]【顏注】師古曰：諼，詐辭也，音許遠反。【今注】諼（xuān）：欺詐。

　　[13]【今注】王舜：西漢東平陵（今山東濟南市東）人。漢元帝皇后從侄。父王音死，襲爵爲安陽侯，與王莽相善。哀帝死，

莽執政，爲車騎將軍，迎立平帝，遷太保。王莽居攝，爲太傅、左輔。莽稱帝官至太師，封安新公，爲莽四輔之一。後病死。事見本書卷九九《王莽傳》。

復株絫單于立十歲，鴻嘉元年死。[1]弟且麋胥立，爲搜諧若鞮單于。[2]

 [1]【今注】鴻嘉：漢成帝年號（前20—前17）。
 [2]【今注】搜諧若鞮單于：公元前20年至前12年在位。搜諧若鞮爲單于號，其名爲且麋胥。

搜諧單于立，遣子左祝都韓王昫留斯侯入侍，[1]以且莫車爲左賢王。搜諧單于立八歲，元延元年，[2]爲朝二年發行，[3]未入塞，病死。弟且莫車立，爲車牙若鞮單于。[4]

 [1]【顏注】師古曰：昫音許于反。
 [2]【今注】元延：漢成帝年號（前12—前9）。
 [3]【顏注】師古曰：欲會二年歲首之朝禮，故豫發其國而行。【今注】二年：指元延二年（前11）。
 [4]【今注】車牙若鞮單于：公元前12年至前8年在位。車牙若鞮爲單于號，其名爲且莫車。

車牙單于立，遣子右於涂仇撣王烏夷當入侍，[1]以囊知牙斯爲左賢王。車牙單于立四歲，綏和元年死。[2]弟囊知牙斯立，爲烏珠留若鞮單于。[3]

[1]【顏注】師古曰：涂音徒。擅音纏。

[2]【今注】綏和：漢成帝年號（前8—前7）。

[3]【今注】烏珠留若鞮單于：公元前8年至13年在位。烏珠留若鞮爲單于號，其名爲囊知牙斯。

　　烏珠留單于立，以第二閼氏子樂爲左賢王，以第五閼氏子興爲右賢王，[1]遣子右股奴王烏鞮牙斯入侍。漢遣中郎將夏侯藩、副校尉韓容使匈奴。[2]時帝舅大司馬票騎將軍王根領尚書事，[3]或說根曰：“匈奴有斗入漢地，直張掖郡，[4]生奇材木，箭竿就羽，[5]如得之，於邊甚饒，國家有廣地之實，將軍顯功，垂於無窮。”根爲上言其利，上直欲從單于求之，[6]爲有不得，傷命損威。[7]根即但以上指曉藩，令從藩所說而求之。[8]藩至匈奴，以語次說單于曰：“竊見匈奴斗入漢地，直張掖郡，漢三都尉居塞上，[9]士卒數百人寒苦，候望久勞。單于宜上書獻此地，直斷閼之，[10]省兩都尉士卒數百人，[11]以復天子厚恩，[12]其報必大。”[13]單于曰：“此天子詔語邪？將從使者所求也？”藩曰：“詔指也，然藩亦爲單于畫善計耳。”單于曰：“孝宣、孝元皇帝哀憐父呼韓邪單于，從長城以北，匈奴有之。此溫偶駼王所居地也，[14]未曉其形狀所生，請遣使問之。”[15]藩、容歸漢。後復使匈奴，至則求地。單于曰：“父兄傳五世，漢不求此地，至知獨求，[16]何也？已問溫偶駼王，匈奴西邊諸侯作穹廬及車，[17]皆仰此山材木，[18]且先父地，不敢失也。”藩還，遷爲太原太守。[19]單于遣使上書，以藩求地狀聞。詔報單于曰：

"藩擅稱詔從單于求地，法當死，更大赦二，[20]今徙藩爲濟南太守，[21]不令當匈奴。"[22]明年，侍子死，歸葬。復遣子左於駼仇撣王稽留昆入侍。[23]

[1]【顏注】師古曰：此二人皆烏珠留之弟也。第二閼氏（二，殿本作"一"），即上所謂大閼氏也。第五閼氏，亦呼韓邪單于之閼氏。【今注】第二閼氏：殿本作"第一閼氏"。案，前文謂呼衍王嫁二女爲呼韓邪單于閼氏，長女爲顓渠閼氏，按序次當爲第一閼氏；少女爲大閼氏，當爲第二閼氏。　樂：大閼氏與呼韓邪單于所生第四子。"樂"爲由匈奴名簡化而來的漢名，匈奴名不詳。

興：呼韓邪單于與第五閼氏所生之子，"興"爲由匈奴名簡化而來的漢名，匈奴名不詳。

[2]【今注】夏侯藩：漢末官員。魯國東平（今山東東平縣東平鎮）人。大儒夏侯勝曾孫。成帝時兩度以中郎將身份出使匈奴，後歷任郡守、州牧，至平帝時任長樂少府。

[3]【今注】票騎將軍：西漢高級武官。始於武帝封霍去病爲票騎將軍，取騎兵勁疾之意。武帝之後時置時罷，領京師衞戍屯兵，備皇帝顧問應對，參與中朝謀議決策。加大司馬號、錄尚書事則爲中朝官首領，預政定策，進而成爲最有權勢的軍政大臣。金印紫綬。位在大將軍之下，車騎將軍、衞將軍及前、後、左、右將軍之上。票騎，又作"膘騎"或"驃騎"。　王根：字稚卿，西漢東平陵（今山東濟南市東）人。漢元帝皇后王政君弟。成帝河平二年（前27）以帝舅封曲陽侯，後爲大司馬驃騎將軍輔政。事迹詳見本書卷九八《元后傳》。　領尚書事：職銜名。即由皇帝親近的高級官員來兼管尚書事務。尚書，屬少府。秦及漢初，尚書在殿中負責收發文書，傳達、記錄章奏，職任甚輕。武帝時國事漸多，公文陡增，始以尚書承擔納奏出令、參與決策的職能，又任用宮內近臣左右曹、諸吏分平尚書奏事，以親近大臣兼管尚書事務，以便於皇帝

決策，遂有"領尚書事"一職。昭帝時輔政大臣霍光以大司馬大將軍領尚書事，受遺詔輔政者皆領尚書事成爲慣例，領尚書事權力擴大，以外戚領尚書事者往往成爲專權干政之臣。

［4］【顏注】師古曰：斗，絕也。直，當也。【今注】匈奴有斗入漢地：孤懸於漢境中的匈奴土地，僅有狹道連接匈奴本土，勢如北斗星，故名。此斗地當即武威郡谷水中下游以西，張掖龍首山、合黎山以北，弱水以東的半山地帶，其所生植物與焉支山相同，有松柏五木。地在河西走廊北側，屬匈奴右部，應爲温偶騠王牧地（詳見王宗維《匈奴諸王考述》，《内蒙古大學學報》1985 年第 2 期）。　張掖郡：治所初在張掖縣，後移至觻得縣（今甘肅張掖市甘州區西北）。

［5］【顏注】師古曰：就，大鵰也（鵰，蔡琪本、殿本作"鴟"），黃頭赤目，其羽可爲箭。竿音工旱反。【今注】就羽：就，即"鷲"，鷲羽可用來製箭。

［6］【顏注】師古曰：直猶正爾。

［7］【顏注】師古曰：詔命不行，故云傷命也。

［8］【顏注】師古曰：自以藩意説單于而求之。

［9］【今注】三都尉：《資治通鑑》卷三二《漢紀》孝成皇帝綏和元年胡三省注曰："張掖兩都尉，一治日勒澤索谷，一治居延；又有農都尉，治番和：是爲三都尉。"

［10］【今注】案，《漢書考正》宋祁以爲"闕"當作"閉"。《資治通鑑》卷三二《漢紀》孝成皇帝綏和元年作"割"，意謂將此斗地割讓給漢朝。

［11］【今注】兩都尉：漢指上文"三都尉"中之張掖兩都尉。

［12］【顏注】師古曰：復亦報。

［13］【顏注】師古曰：漢得此地，必厚報賞單于。

［14］【顏注】師古曰：偶音五口反。騠音塗。次下亦同。【今注】温偶騠王：匈奴諸王名號。《後漢書》記北匈奴有"温禺

鞮王”，南匈奴有“温禺犢王”。班固《燕然山銘》有“斬温禺以
釁鼓”。《資治通鑑》卷三二《漢紀》孝成皇帝綏和元年胡三省注
以爲温偶即温禺。温偶騠王駐牧“斗地”一帶的時間，約在昭帝元
鳳二年（前 79）後（詳見王宗維《匈奴諸王考述》，《内蒙古大學
學報》1985 年第 2 期）。

　　［15］【顏注】師古曰：所生，謂山之所出草木、鳥獸爲用者。

　　［16］【今注】知：此指囊知牙斯。《資治通鑑》卷三二《漢
紀》孝成皇帝綏和元年胡三省注曰：“單于名囊知牙斯。王莽專政，
諷其慕中國不二名，始名知。史從簡便，因以單名書於此。”

　　［17］【今注】穹廬：北方游牧民族所住的氈帳，中央隆起，
四周下垂，形狀似天，故名“穹廬”。

　　［18］【顏注】師古曰：謂諸小王爲諸侯者，效中國之言耳。
仰音牛向反。

　　［19］【今注】太原：郡名。治晉陽縣（今山西太原市西南）。

　　［20］【顏注】師古曰：更，經也，音功衡反（蔡琪本“功”
作“工”，殿本“音”前有“更”字）。

　　［21］【今注】濟南：郡名。治東平陵縣（今山東濟南市章丘
區西北）。

　　［22］【今注】不令當匈奴：太原郡地近北邊，恐太守挾私，
不利匈奴，故改爲内郡太守。

　　［23］【顏注】師古曰：撣音纏。稽音雞。

　　至哀帝建平二年，[1]烏孫庶子卑援疐、[2]翕侯人衆
入匈奴西界，寇盜牛畜，頗殺其民。單于聞之，遣左
大當户烏夷泠[3]將五千騎擊烏孫，殺數百人，略千餘
人，敺牛畜去。[4]卑援疐恐，遣子趨逯爲質匈奴。[5]單
于受，以狀聞。漢遣中郎將丁野林、副校尉公乘音使
匈奴，[6]責讓單于，告令還歸卑援疐質子。[7]單于受

詔，遣歸。

[1]【今注】建平二年：公元前 5 年。建平，漢哀帝年號（前6—前 3）。

[2]【顏注】師古曰：援音爰。毫音竹二反。【今注】卑援毫（zhì）：一作"卑爰毫"，烏孫貴族，爲小昆彌末振將之弟。與末振將及烏孫貴人烏日領合謀刺殺了大昆彌雌栗靡，觸怒漢廷，遂率衆八萬餘口北附康居，又結好匈奴。漢平帝元始元年（1），殺烏日領以自效，被漢廷封爲歸義侯，遣侍子納質。新莽時被西域都護襲殺。（參袁延勝《懸泉漢簡所見漢代烏孫的幾個年代問題》，《西域研究》2005 年第 4 期；侯宗輝《敦煌漢簡中的"卑爰毫"簡及其相關問題》，載西北師範大學歷史文化學院等編《簡牘學研究》第6 輯，甘肅人民出版社 2016 年版，第 178—186 頁）

[3]【顏注】師古曰：泠音零。

[4]【顏注】師古曰：敺與驅同。

[5]【顏注】師古曰：逯音録。

[6]【今注】公乘音：姓公乘，名音。

[7]【今注】案，王先謙《漢書補注》認爲匈奴、烏孫俱爲漢朝藩屬國，不當擅受質子。

建平四年，單于上書願朝五年。時哀帝被疾，或言匈奴從上游來厭人，[1]自黃龍、竟寧時，單于朝，中國輒有大故。[2]上由是難之，以問公卿，亦以爲虛費府帑，[3]可且勿許。單于使辭去，未發，黃門郎楊雄上書諫曰：[4]

[1]【顏注】服虔曰：游猶流也。河水從西北來，故曰上游

也。師古曰：上游，亦總謂地形耳，不必係於河水也。厭音一涉反。

[2]【顏注】師古曰：大故謂國之大喪。【今注】案，黃龍元年（前49）正月呼韓邪單于入朝，冬十二月甲戌，宣帝駕崩。竟寧元年（前33）正月呼韓邪單于入朝，五月壬辰，元帝駕崩。

[3]【顏注】師古曰：府，物所聚也。帑，藏金帛之所也，音它莽反，又音奴。

[4]【今注】黃門郎：秦、西漢時期皇帝日常辦公和生活的區域稱省中或禁中，省禁之門漆成黃色，故稱黃門，漢郎官給事於黃門之內者，稱黃門郎或黃門侍郎。　楊雄：即揚雄。傳見本書卷八七。

　　臣聞六經之治，貴於未亂；兵家之勝，貴於未戰。[1]二者皆微，[2]然而大事之本，不可不察也。今單于上書求朝，國家不許而辭之，臣愚以爲漢與匈奴從此隙矣。本北地之狄，[3]五帝所不能臣，三王所不能制，其不可使隙甚明。臣不敢遠稱，請引秦以來明之。

[1]【顏注】師古曰：已亂而後治之，戰鬬而後獲勝，則不足貴。

[2]【顏注】師古曰：微謂精妙也。

[3]【今注】案，本，蔡琪本、大德本作“夫”。

　　以秦始皇之彊，蒙恬之威，帶甲四十餘萬，然不敢窺西河，[1]迺築長城以界之。會漢初興，以高祖之威靈，三十萬衆困於平城，士或七日不食。

時奇譎之士、石畫之臣甚衆，[2]卒其所以脱者，世莫得而言也。[3]又高皇后嘗忿匈奴，群臣庭議，樊噲請以十萬衆橫行匈奴中，季布曰："噲可斬也，妄阿順指！"於是大臣權書遺之，[4]然後匈奴之結解，中國之憂平。及孝文時，匈奴侵暴北邊，候騎至雍甘泉，京師大駭，發三將軍屯細柳、棘門、霸上以備之，數月迺罷。孝武即位，設馬邑之權，欲誘匈奴，使韓安國將三十萬衆徼於便墜，[5]匈奴覺之而去，徒費財勞師，一虜不可得見，況單于之面乎！其後深惟社稷之計，規恢萬載之策，[6]迺大興師數十萬，使衛青、霍去病操兵，前後十餘年。[7]於是浮西河，絶大幕，破寘顏，[8]襲王庭，窮極其地，追奔逐北，封狼居胥山，禪於姑衍，以臨翰海，[9]虜名王貴人以百數。自是之後，匈奴震怖，益求和親，然而未肯稱臣也。

[1]【今注】西河：此處當指黃河上游北流段，在關中之西，故名。

[2]【顏注】鄧展曰：石，大也。師古曰：石言堅固如石也。畫，計策也，音獲。【今注】石畫之臣：善於籌畫大計的臣工。朱一新《漢書管見》以爲"石"通"碩"。

[3]【顏注】師古曰：卒，終也。莫得而言，謂自免之計，其事醜惡，故不傳。【今注】案，洪亮吉《四史發伏》卷六："據此可知桓譚、應劭所造秘計之僞。"

[4]【顏注】師古曰：以權道爲書，順辭以荅之。

[5]【顏注】師古曰：徼，要也，音工堯反。墜，古"地"

字。【今注】徼於便隥：在地勢便利之處設伏邀擊。

　　[6]【顏注】師古曰：恢，大也。

　　[7]【顏注】師古曰：操，持也，音千高反（蔡琪本、殿本無“音千高反”四字）。

　　[8]【今注】眞（tián）顏：即眞顏山，今蒙古國巴彥魯集克山，爲杭愛山支脈。

　　[9]【顏注】師古曰：積土爲封，而又禪祭也。

　　且夫前世豈樂傾無量之費，役無罪之人，快心於狼望之北哉？[1]以爲不壹勞者不久佚，不暫費者不永寧，[2]是以忍百萬之師以摧餓虎之喙，運府庫之財填盧山之壑而不悔也。[3]至本始之初，匈奴有桀心，[4]欲掠烏孫，侵公主，迺發五將之師十五萬騎獵其南，而長羅侯以烏孫五萬騎震其西，皆至質而還。[5]時鮮有所獲，[6]徒奮揚威武，明漢兵若雷風耳。雖空行空反，尚誅兩將軍。[7]故北狄不服，中國未得高枕安寢也。逮至元康、神爵之間，[8]大化神明，鴻恩溥洽，[9]而匈奴內亂，五單于爭立，日逐、呼韓邪攜國歸死，[10]扶伏稱臣，[11]然尚羈縻之，[12]計不顓制。[13]自此之後，欲朝者不距，[14]不欲者不强。[15]何者？外國天性忿鷙，[16]形容魁健，[17]負力怙氣，[18]難化以善，易隸以惡，[19]其彊難詘，其和難得。故未服之時，勞師遠攻，傾國殫貨，伏尸流血，破堅拔敵，如彼之難也；既服之後，慰薦撫循，[20]交接賂遺，威儀俯仰，如此之備也。往時嘗屠大宛之城，[21]蹈烏桓之壘，[22] 探姑繒之壁，[23] 藉蕩姐之場，[24] 艾朝鮮之旗，拔兩越之旗，[25] 近不過旬月之役，遠不離二時之勞，[26] 固已犁其庭，掃其閭，[27] 郡縣而置之，雲徹席卷，後無餘菑。[28] 唯北狄爲不然，真中國之堅敵也，三垂比之懸矣，[29] 前世重之茲甚，[30] 未易可輕也。

[1]【顏注】師古曰：匈奴中地名也。【今注】狼望之北：《資治通鑑》卷三四《漢紀》孝哀皇帝建平四年胡三省注：“邊人謂舉燧爲狼煙。狼望，謂狼煙候望之地。”據胡注，狼望喻指北方邊塞。

[2]【顏注】師古曰：佚與逸同。

[3]【顏注】師古曰：喙，口也，摧百萬之師於獸口也。盧山，匈奴中山也。喙音許穢反。【今注】盧山：山名。在匈奴地界中。本書卷五五《衛青傳》載大將軍衛青卒後，朝廷爲之修建陵墓，“起冢象盧山”，意即封土遠望似盧山山形，以紀其征伐匈奴功勳。案，漢塞以北匈奴界中有符奚盧山，不知是否即“盧山”。

[4]【顏注】師古曰：桀，堅也。言其起立不順。【今注】桀：凶暴。

[5]【顏注】師古曰：質，信也，謂所期處。

[6]【顏注】師古曰：鮮，少也，音先踐反。

[7]【今注】兩將軍：指虎牙將軍田順、祁連將軍田廣明，因犯軍法下獄，皆自殺。

[8]【今注】元康：漢宣帝年號（前65—前61）。

[9]【今注】溥洽：普遍，遍及。

[10]【今注】歸死：王念孫《讀書雜志·漢書第十四》以爲“歸死”二字於義不可通，《漢紀·孝哀皇帝紀下》《通典·邊防十一》並作“歸化”，“歸死”當爲“歸化”之誤。中華本校勘記據

此改"死"爲"化"。今案，據文意，匈奴長期與漢爲敵，於漢爲負罪避死之人，今主動來投，有受死之義。本書《五行志》記梁王劉武"刺殺議臣爰盎，事發，負斧歸死"，其意相類。故"歸死"亦可解爲主動歸來接受死罪之罰。

[11]【顏注】師古曰：伏音蒲北反。【今注】扶伏：音義皆同"匍匐"。

[12]【今注】羈縻：籠絡，懷柔。

[13]【顏注】師古曰：顓與專同。專制謂以爲臣妾也。

[14]【今注】距：同"拒"。拒絶。

[15]【顏注】師古曰：強音其兩反（強，蔡琪本作"彊"。又，殿本無此注）。【今注】強（qiǎng）：勉強。

[16]【顏注】師古曰：鷙，很也（很，蔡琪本、殿本作"狠"），音竹二反。【今注】忿鷙：殘忍凶狠。

[17]【顏注】師古曰：魁，大也。

[18]【顏注】師古曰：負，恃也。

[19]【顏注】師古曰：隸謂附屬之也。惡謂威也。

[20]【今注】慰薦：慰藉。

[21]【今注】屠大宛之城：此指漢武帝太初三年（前102）貳師將軍李廣利遠征大宛之事。漢軍圍困大宛都城，大宛貴人斬宛王毋寡而降，獻良馬三千匹，漢軍扶立親漢貴人昧蔡爲新王，振旅而還，未見屠城之舉。然貳師所部西進途中，圍攻輪臺，數日不下，後遭屠城。揚雄奏書"屠大宛之城"，或即指此。

[22]【今注】蹈烏桓之壘：此指漢昭帝元鳳三年（前78），度遼將軍范明友襲擊烏桓，斬首六千餘級，獲三王首級。壘，營壘。

[23]【顏注】師古曰：姑繒，謂西南夷種也，在益州，見《昭紀》也。【今注】探姑繒之壁：此指漢昭帝始元年間，益州姑繒人兩度起事對抗官府，殺益州太守，漢廷派遣大鴻臚田廣明、軍正王平等前往征討，斬首俘虜五萬餘級。姑繒，縣名，屬益州郡，

爲西南夷聚居之地。一説爲西南古族名。壁，軍營。

[24]【顏注】劉德曰：羌屬也。師古曰：藉猶蹈也（藉，大德本、殿本作“籍”）。姐音紫。【今注】藉蕩姐（zǐ）之場：漢宣帝神爵年間，後將軍趙充國、酒泉太守辛武賢曾率軍大破金城郡羌人罕、開二部。元帝永光三年（前41），右將軍馮奉世率軍平定隴西郡彡姐羌變亂。此處之蕩姐，或即指彡姐羌。藉，踐踏。大德本、殿本作“籍”。

[25]【顏注】師古曰：艾讀曰刈。刈，絶也。【今注】艾朝鮮之旃（zhān）：漢武帝元封三年（前108），遣樓船將軍楊僕、左將軍荀彘率水、陸二軍擊破衞氏朝鮮，於其地置樂浪、臨屯、玄菟、真番四郡。旃，赤色曲柄軍旗。　拔兩越之旗：兩越，指南越與東越。漢武帝元鼎五年（前112），南越相吕嘉反，漢廷遣伏波將軍路博德等五路並進，次年冬平亂，於其地置南海等九郡。元鼎六年，東越王餘善殺漢三校尉而自立爲帝，漢廷派遣樓船將軍楊僕、橫海將軍韓説等數路進擊，餘善於次年事敗身死，漢朝徙其民於江、淮間。

[26]【顏注】師古曰：離，歷也。三月爲一時。

[27]【顏注】師古曰：墊，耕也。

[28]【顏注】師古曰：蔾，古“災”字也（蔡琪本、殿本無“也”字）。

[29]【今注】三垂：東、南、西三面。垂，同“陲”。

[30]【顏注】師古曰：兹，益也。

今單于歸義，懷欵誠之心，欲離其庭，陳見於前，此迺上世之遺策，神靈之所想望，國家雖費，不得已者也。[1]奈何距以來厭之辭，疏以無日之期，消往昔之恩，開將來之隙！夫欵而隙之，使有恨心，負前言，緣往辭，[2]歸怨於漢，因以自絶，終無北面之心，[3]威之不可，諭之不能，焉得不爲大憂乎！夫明者視於無形，聰者聽於無聲，誠先於未然，即蒙恬、樊噲不復施，棘門、細柳不復備，馬邑之策安所設，衞、霍之功何得用，五將之威安所震？[4]不然，壹有隙之後，雖智者勞心於內，辯者轂擊於外，[5]猶不若未然之時也。且往者圖西域，制車師，[6]置城郭，都護三十六國，費歲以大萬計者，[7]豈爲康居、烏孫能踰白龍堆而寇西邊哉？[8]迺以制匈奴也。夫百年勞之，一日失之，費十而愛一，臣竊爲國不安也。唯陛下少留意於未亂未戰，以遏邊萌之禍。

[1]【顏注】師古曰：已，止也。

[2]【顏注】師古曰：言單于因緣往昔和好之辭以怨漢也。

[3]【今注】北面之心：意謂臣服。

[4]【顏注】師古曰：先於未然，謂計策素定，禦難折衝。

[5]【顏注】師古曰：轂擊，言使車交馳，其轂相擊也。

[6]【顏注】師古曰：圖，謀也。

[7]【顏注】師古曰：財用之費，一歲數百萬也。

[8]【顏注】孟康曰：龍堆形如土龍身，無頭有尾，高大者二三丈，埤者丈餘，皆東北向，相似也，在西域中。【今注】白龍堆：今甘肅玉門關與新疆羅布泊之間的戈壁沙漠，是從河西走廊進入西域北道的必經之路，以荒涼艱險著稱。

書奏，天子寤焉，召還匈奴使者，更報單于書而許之。賜雄帛五十四，黃金十斤。單于未發，會病，復遣使願朝明年。故事，[1]單于朝，從名王以下及從者二百餘人。單于又上書言："蒙天子神靈，人民盛壯，願從五百人入朝，以明天子盛德。"上皆許之。

[1]【今注】故事：前代典章制度與成例。

元壽二年，[1]單于來朝，上以太歲厭勝所在，[2]舍之上林苑蒲陶宮。[3]告之以加敬於單于，[4]單于知之。[5]加賜衣三百七十襲，錦繡繒帛三萬匹，絮三萬斤，它如河平時。既罷，遣中郎將韓況送單于。單于出塞，到休屯井，[6]北度車田盧水。[7]道里回遠，[8]況等乏食，單于迺給其粮，[9]失期不還五十餘日。

[1]【今注】元壽二年：公元前 1 年。元壽，漢哀帝年號（前 2—前 1）。

[2]【顏注】師古曰：厭音一涉反。【今注】太歲厭勝所在：太歲能够壓服所在地區。太歲，凶神。厭勝，驅鬼除邪的巫術。

[3]【顏注】師古曰：舍，止宿。【今注】上林苑：上林苑，漢代皇家苑囿。在今陝西西安市西南鄠邑區、周至縣界。秦始皇三十五年（前 212）營建朝宮於苑中，阿房宮爲其前殿。漢初荒廢。高祖十二年（前 195），許民入苑開墾。武帝時，又收爲宮苑，周圍達二百多里，苑内放養禽獸，供皇帝射獵，並建離宮、觀、館數十處。　蒲陶宮：離宮名，在上林苑中，以種植葡萄得名。蒲陶，即葡萄。《資治通鑑》卷三五《漢紀》孝哀皇帝元壽二年胡三省注曰："蒲陶，本出大宛。武帝伐大宛，采蒲陶種植之離宮，宮由此得名。"據《三輔黄圖》，葡萄宮在上林苑西。元壽二年，太歲在申，申地在西，葡萄爲西方所出，故將單于安置在長安城西南上林苑西葡萄宮，以太歲來壓服單于，使漢帝免受其殃。

[4]【顏注】師古曰：云以敬於單于，故令止上林。

[5]【今注】單于知之：單于知悉漢廷用意。案，本書卷一一《哀紀》載“二月，歸國，單于不説”，原因正在於此。

[6]【今注】休屯井：地名。在匈奴境中，可供水泉休息之處。

[7]【今注】車田盧水：水名。在匈奴境内。

[8]【顏注】師古曰：回音胡内反。

[9]【今注】案，粮，蔡琪本、殿本作“糧”。

初，上遣稽留昆隨單于去，到國，復遣稽留昆同母兄右大且方與婦入侍。[1]還歸，復遣且方同母兄左日逐王都與婦入侍。[2]是時，漢平帝幼，太皇太后稱制，[3]新都侯王莽秉政，[4]欲説太后以威德至盛異於前，[5]迺風單于，[6]令遣王昭君女須卜居次云入侍太后，[7]所以賞賜之甚厚。

[1]【顏注】師古曰：且音子閭反。【今注】右大且：“右大且渠”的簡稱。　方：烏珠留若鞮單于之子。“方”爲其漢名，當爲匈奴名的簡稱。

[2]【今注】案，“且”當爲衍字。　都：烏珠留若鞮單于之子。“都”爲其漢名，當爲匈奴名的簡稱。

[3]【今注】太皇太后：漢元帝皇后王政君。傳見本書卷九八。

[4]【今注】新都侯王莽：傳見本書卷九九。

[5]【顏注】師古曰：説讀曰悦。以此事取悦於太后。

[6]【顏注】師古曰：風讀曰諷。

[7]【顏注】師古曰：云者，其女名。

會西域車師後王句姑、[1]去胡來王唐兜[2]皆怨恨都護校尉,[3]將妻子人民亡降匈奴,語在《西域傳》。單于受置左谷蠡地,遣使上書言狀曰:"臣謹已受。"詔遣中郎將韓隆、王昌、副校尉甄阜、侍中謁者帛敞、長水校尉王歙使匈奴,[4]告單于曰:"西域內屬,不當得受,[5]今遣之。"[6]單于曰:"孝宣、孝元皇帝哀憐,爲作約束,自長城以南天子有之,長城以北單于有之。有犯塞,輒以狀聞;有降者,不得受。臣知父呼韓邪單于蒙無量之恩,死遺言曰:'有從中國來降者,勿受,輒送至塞,以報天子厚恩。'此外國也,得受之。"使者曰:"匈奴骨肉相攻,國幾絶,[7]蒙中國大恩,危亡復續,妻子完安,累世相繼,宜有以報厚恩。"單于叩頭謝罪,執二虜還付使者。[8]詔使中郎將王萌待西域惡都奴界上逆受。[9]單于遣使送到國,因請其罪。使者以聞,有詔不聽,[10]會西域諸國王斬以示之。迺造設四條:[11]中國人亡入匈奴者,烏孫亡降匈奴者,西域諸國佩中國印綬降匈奴者,烏桓降匈奴者,皆不得受。遣中郎將王駿、王昌、副校尉甄阜、王尋使匈奴,[12]班四條與單于,雜函封,[13]付單于,令奉行,因收故宣帝所爲約束封函還。[14]時莽奏令中國不得有二名,[15]因使使者以風單于,[16]宜上書慕化,爲一名,漢必加厚賞。單于從之,上書言:"幸得備藩臣,竊樂太平聖制,臣故名囊知牙斯,今謹更名曰知。"莽大説,[17]白太后,遣使者答諭,厚賞賜焉。

［1］【顏注】師古曰：句音鈎。【今注】句姑：車師後國國王。漢宣帝地節年間，車師國被鄭吉屯田軍隊擊敗，其後分裂爲車師前國、車師後國、車師都尉國、車師後城長國，其中車師後國都城在務塗谷（今新疆吉木薩爾縣南）。案，句姑，本書卷九六下《西域傳下》作“姑句”。

［2］【顏注】師古曰：爲其去胡而來降漢，故以爲王號。【今注】去胡來王：西域婼羌國王之號。

［3］【今注】都護：此指時任西域都護但欽。婼羌與赤水羌争鬭，其王唐兜向西域都護但欽求助不得，率國人東徙避禍，至玉門關又不得入，遂降匈奴。　校尉：此指時任戊己校尉徐普。車師後國境内有近道可通玉門關，徐普欲修拓取便，車師後王句姑恐新道修成後增加本國迎送負擔，故不願支持，遂被徐普囚禁。句姑擔心被殺，遂逃歸匈奴。

［4］【顏注】師古曰：歙音翕。【今注】王昌：漢末官員。平帝時曾以中郎將身份出使匈奴，後任中少府，拜建威侯，居攝二年（7）曾以中堅將軍身份參與鎮壓東郡太守翟義起義。　甄阜：漢末官員。平帝時曾以副校尉身份出使匈奴。新莽時任前隊大夫（即南陽太守），地皇四年（23）鎮壓劉縯起義軍，兵敗被殺。　侍中謁者：侍中爲加官，没有固定員數。凡列侯及文武官員加侍中即可入禁中，侍從皇帝。初掌宮廷雜務，後參與政事。謁者掌賓贊受事，常充任皇帝使者，屬郎中令（光禄勳），秩比六百石。　長水校尉：武官名。統帥長水宣曲胡騎，秩比二千石。　王歙：王昭君兄之子。平帝時曾以長水校尉出使匈奴，後封和親侯，受王莽之命，出塞招誘匈奴右骨都侯須卜當（王昭君女婿）。

［5］【顏注】師古曰：既屬漢家，不得復臣匈奴。

［6］【顏注】師古曰：今即遣還。

［7］【顏注】師古曰：幾音鉅依反。

［8］【今注】二虜：此指句姑、唐兜。

[9]【顏注】服虔曰：惡都奴，西域之谷名也。師古曰：逆受，迎而受之。【今注】王萌：漢末官員。平帝時爲中郎將。新莽始建二年（10）爲平狄將軍，與立國將軍孫建等分十二路征討匈奴。　惡都奴：西域地名。沈欽韓《漢書疏證》以爲乃車師前王庭，東漢稱作"伊吾盧"，爲同聲之變。車師前王庭治交河（今新疆吐魯番市西北），屬戊己校尉轄區，是匈奴與車師之邊界，也是漢朝與匈奴在西域地區的分界處（詳見高榮《漢代戊己校尉述論》，《西域研究》2000 年第 2 期）。

[10]【顏注】師古曰：不免其罪。

[11]【顏注】師古曰：更新爲此制也。

[12]【今注】王駿：漢末官員。平帝時爲中郎將，出使匈奴。黨附王莽，封明義侯。居攝二年曾以强弩將軍身份參與鎮壓東郡太守翟義起義，因無功而被免。新莽天鳳三年（16）爲大使五威將，與西域都護李崇、戊己校尉郭欽等出征西域，被焉耆伏兵襲殺。
王尋：漢末官員。平帝時爲副校尉，出使匈奴。黨附王莽，封丕進侯。新莽時任大司徒，拜章新公，新莽末，與大司空王邑率軍鎮壓綠林起義軍，在昆陽之戰中被殺。

[13]【顏注】師古曰：與璽書同一函而封之。

[14]【今注】案，王先謙《漢書補注》曰："莽以約束未明，故頒四條，而收舊所爲約束。"

[15]【今注】二名：由兩個或兩個以上漢字組成的人名。王莽復古改制，據《春秋公羊傳》"二名，非禮也"，提倡名字改革，以單字取名。

[16]【顏注】師古曰：風讀曰諷。

[17]【顏注】師古曰：說讀曰悅。

漢既班四條，後護烏桓使者告烏桓民，[1]毋得復與匈奴皮布稅。[2]匈奴以故事遣使者責烏桓稅，[3]匈奴人民婦女欲賈販者皆隨往焉。烏桓距曰："奉天子詔條，不當予匈奴稅。"匈奴使怒，收烏桓酋豪，縛到懸之。[4]酋豪昆弟怒，共殺匈奴使及其官屬，收略婦女馬牛。單于聞之，遣使發左賢王兵入烏桓責殺使者，因攻擊之。烏桓分散，或走上山，或東保塞。匈奴頗殺人民，毆婦女弱小且千人去，[5]置左地，告烏桓曰："持馬畜皮布來贖之。"烏桓見略者親屬二千餘人持財畜往贖，匈奴受，留不遣。[6]

[1]【今注】護烏桓使者：官名。職在監督烏桓遵守漢廷約束，亦保護其不受他族及漢人侵害。遇有對外戰事，監護烏桓君兵領兵與漢軍協同作戰。案，漢武帝元狩四年（前119）之後設護烏桓校尉，"擁節監領之，使不得與匈奴交通"（《後漢書》卷九〇《烏桓傳》），頗疑護烏桓使者即護烏桓校尉。

[2]【今注】皮布稅：烏桓每年向匈奴交納一定數量的牛馬羊皮，作爲貢賦。《後漢書·烏桓傳》記載："烏桓自爲冒頓所破，衆遂孤弱，常臣伏匈奴，歲輸牛馬羊皮，過時不具，輒没其妻子。"王莽主政的漢廷與匈奴重新訂立四條和約，強調匈奴、烏桓皆爲漢朝外臣，彼此平等，故不能容忍匈奴對烏桓收取賦稅。

[3]【顏注】師古曰：故時常稅，是以求之。

[4]【今注】到：同"倒"。

[5]【顏注】師古曰：毆與驅同。

[6]【顏注】師古曰：受其皮布而留人不遣。

王莽之篡位也，建國元年，[1]遣五威將王駿率甄阜、王颯、陳饒、帛敞、丁業六人，[2]多齎金帛，重遺單于，諭曉以受命代漢狀，因易單于故印。故印文曰

"匈奴單于璽"，莽更曰"新匈奴單于章"。[3]將率既至，[4]授單于印綬，[5]詔令上故印綬。單于再拜受詔。譯前，欲解取故印綬，單于舉掖授之。[6]左姑夕侯蘇從旁謂單于曰：[7]"未見新印文，宜且勿與。"單于止，不肯與。請使者坐穹廬，單于欲前爲壽。[8]五威將曰："故印綬當以時上。"單于曰："諾。"復舉掖授譯。蘇復曰："未見印文，且勿與。"單于曰："印文何由變更！"遂解故印綬奉上，將率受。著新綬，不解視印，飲食至夜迺罷。右率陳饒謂諸將率曰：[9]"鄉者姑夕侯疑印文，幾令單于不與人。[10]如令視印，見其變改，必求故印，此非辭説所能距也。既得而復失之，辱命莫大焉。不如椎破故印，以絶禍根。"將率猶與，莫有應者。[11]饒，燕士，[12]果悍，[13]即引斧椎壞之。明日，單于果遣右骨都侯當白將率曰：[14]"漢賜單于印，言'璽'不言'章'，又無'漢'字，諸王已下迺有'漢'言'章'。今即去'璽'加'新'，[15]與臣下無別。願得故印。"將率示以故印，謂曰："新室順天制作，故印隨將率所自爲破壞。單于宜奉天命，奉新室之制。"當還白，單于知已無可奈何，又多得賂遺，即遣弟右賢王輿奉馬牛隨將率入謝，因上書求故印。

[1]【今注】建國：新莽年號（9—13）。

[2]【顏注】師古曰：颯音立。【今注】五威將：官名。新莽始建國元年（9），以王奇等十二人爲五威將，每一將又置左、右、前、後、中五帥（率），共六十人。衣冠車服駕馬各如其方面色數。將持節，稱太一之使。帥持幢，稱五帝之使。職在巡視四方，班行

符命，宣揚新莽代漢，回收故漢印綬，代之以新朝印綬。　陳饒：漢末新莽時期官員。出自燕地，爲人勇悍，始建國元年爲五威將右率，出使匈奴，果決有功，被新莽拜爲大將軍，封威德子。

［3］【顏注】師古曰：新者，莽自係其國號。

［4］【今注】將率：同“將帥”。

［5］【顏注】師古曰：綬者，印之組也，音弗。【今注】綬：亦稱“緌”，繫璽印的長絲帶。《漢官儀》：“綬者，有所承受也，長一丈二尺。”漢制，官印綬通常分紫、青、墨、黃四色，單于璽綬用綠綬，亦稱緓綬。

［6］【今注】掖：同“腋”。案，官印平時裝中腰側的鞶囊中，綬垂於腹前，或印、綬一並放在囊中。故單于舉臂張腋，旁人方得解取印綬。

［7］【今注】左姑夕侯蘇：左姑夕侯爲匈奴官名。蘇爲匈奴人的漢名。

［8］【今注】爲壽：敬酒。壽，爲“醻”字之假借。“醻”的本義爲勸酒，指席間幣帛相贈，乃至一般的贈禮、報謝。

［9］【今注】右率：即“右帥”。五威將部屬。

［10］【顏注】師古曰：鄉讀曰嚮。幾音鉅音依反。

［11］【顏注】師古曰：與讀曰豫。【今注】猶與：同“猶豫”。

［12］【今注】燕士：燕地之士。戰國秦漢時期，幽燕民風向以悍勇著稱，盛產武將與治邊官吏（參見趙凱《漢代幽燕地區人文風貌三題——以仕宦群体爲中心》，北京市大葆臺西漢墓博物館編《漢代文明國際學術研討會論文集》，北京燕山出版社 2009 年版，第 127—135 頁）。

［13］【顏注】師古曰：果，決也。悍，勇也，音胡幹反。

［14］【今注】右骨都侯當：即須卜當，王昭君與復株絫單于所生次女伊墨居次之夫。

［15］【今注】案，即，蔡琪本、大德本、殿本作“印”。王念

孫《讀書雜志·漢書第十四》以爲，“即者，若也。言今若去璽加新，則與臣下無別也。……後人不曉即字之義，而以意改之耳。”楊樹達《漢書窺管》以爲“今印”與下文“故印”爲對文，故當以“印”字爲是。

　　將率還到左犁汙王咸所居地，[1] 見烏桓民多，以問咸，咸具言狀。[2] 將率曰：“前封四條，不得受烏桓降者，亟還之。”[3] 咸曰：“請密與單于相聞，得語，歸之。”單于使咸報曰：“當從塞內還之邪，從塞外還之邪？”將率不敢顓決，以聞。詔報，從塞外還之。

　　[1]【今注】左犁汙王咸：左犁汙王，匈奴諸王名號。咸，大閼氏與呼韓邪單于所生第三子。“咸”爲由匈奴名簡化成的漢名，匈奴名不詳。
　　[2]【顏注】師古曰：謂前驅略得婦女弱小，贖之不還者。
　　[3]【顏注】師古曰：亟，急也，音居力反。

　　單于始用夏侯藩求地有距漢語，後以求稅烏桓不得，因寇略其人民，釁由是生，重以印文改易，[1] 故怨恨。迺遣右大且渠蒲呼盧訾等十餘人將兵衆萬騎，[2] 以護送烏桓爲名，[3] 勒兵朔方塞下。朔方太守以聞。

　　[1]【顏注】師古曰：重音直用反。
　　[2]【今注】蒲呼盧訾：匈奴人名。西北漢簡中有“居盧訾倉”，陳直《漢書新證》疑其可能因蒲呼盧訾而得名。
　　[3]【顏注】師古曰：陽言云護送烏桓人衆，實來爲寇。

明年，西域車師後王須置離謀降匈奴，[1]都護但欽誅斬之。[2]置離兄狐蘭支將人衆二千餘人，敺畜產，舉國亡降匈奴，[3]單于受之。狐蘭支與匈奴共入寇，擊車師，殺後成長，[4]傷都護司馬，[5]復還入匈奴。

[1]【今注】案，據本書卷九六下《西域傳下》，車師後王須置離因承擔不起新莽官員過境費用，有意逃亡匈奴。

[2]【今注】但欽：漢末新莽官員。長期擔任西域都護，舉措多有失當，失信於諸國，始建國五年（13）爲焉耆所殺。

[3]【顏注】師古曰：敺與驅同。舉其一國人皆亡降也。

[4]【顏注】師古曰：後成，車師小國名也。長，其長帥也。【今注】後成：車師後成長國，是西漢安置在車師後國境內的小邦國，治所在今新疆奇臺縣西北。本書《西域傳下》記載："車師後城長國，戶百五十四，口九百六十，勝兵二百六十人。"

[5]【今注】司馬：西域都護屬官。武職，地位略當於軍隊中的軍司馬，秩比一千石。西域都護部下有副校尉一人，丞一人，司馬、軍候、千人各二人。

時戊己校尉史陳良、終帶、司馬丞韓玄、右曲候任商等見西域頗背叛，[1]聞匈奴欲大侵，恐并死，即謀劫略吏卒數百人，共殺戊己校尉刀護，[2]遣人與匈奴南犁汙王南將軍相聞。[3]匈奴南將軍二千騎入西域迎良等，良等盡脅略戊己校尉吏士男女二千餘人入匈奴。玄、商留南將軍所，良、帶徑至單于庭，人衆別置零吾水上田居。[4]單于號良、帶曰烏桓都將軍，[5]留居單于所，數呼與飲食。西域都護但欽上書言匈奴南將軍、右伊秩訾將人衆擊諸國。莽於是大分匈奴爲十五單于，遣中郎將藺苞、副校尉戴級將兵萬騎，多齎珍寶至雲中塞下，招誘呼韓邪單于諸子，[6]欲以次拜之。使譯出塞誘呼右犁汗王咸、咸子登、助三人，至則脅拜咸爲孝單于，賜安車鼓車各一，[7]黃金千斤，雜繒千匹，戲戟十；[8]拜助爲順單于，賜黃金五百斤；傳送助、登長安。莽封苞爲宣威公，拜爲虎牙將軍；封級爲揚威公，拜爲虎賁將軍。單于聞之，怒曰：“先單于受漢宣帝恩，不可負也。今天子非宣帝子孫，何以得立？”遣左骨都侯、右伊秩訾王呼盧訾及左賢王樂將兵入雲中益壽塞，[9]大殺吏民。是歲，建國三年也。[10]

[1]【今注】戊己校尉史：戊己校尉屬官。戊己校尉，戊校尉與己校尉之合稱。漢元帝初元元年（前48）始置，常駐車師前王庭（今新疆吐魯番市西北交河故城），掌管屯田事務，亦率吏士作戰平亂，維護西域秩序。秩比二千石。有丞、司馬、候等屬官。據敦煌懸泉漢簡，戊己校尉或合稱，或單稱，戊校尉亦簡稱“戊校”，己校尉簡稱“己校”，屬下有“左部”“右部”，“部”下有“曲”，“曲”有“軍候”爲之長。戊己校尉隸屬於西域都護，但有一定的獨立性，平帝時多以己校尉兼領西域都護。　司馬丞：官名。此指戊己校尉司馬之丞，佐助司馬處理文書等事務。　右曲候：官名。此指戊己校尉右部某曲長官。羅布淖爾漢簡有“右部後曲候陳殷，十月壬辰爲烏孫所殺”。新莽龜鈕印章實物有“將田己部右候”，右候是右曲候的省稱，是部校尉屬吏（詳見王人聰《新莽官印匯考》，收入王人聰、葉其峰《秦漢魏晉南北朝官印研究》，香港中文大學博物館1990年版）。

[2]【顏注】師古曰：刀音貂（刀，殿本作“刁”）。

[3]【今注】南將軍：當爲南犁汗王部屬。周壽昌《漢書注校

補》以爲，匈奴有左王將、右王將、左右大將等官，無稱將軍者，此南犂汙王所屬稱南將軍，殆仿漢朝官制。案，新莽天鳳四年（17）五威將王駿、西域都護李崇等率軍遠征西域，匈奴南將軍所部加入焉耆一方，致使新莽遠征軍慘敗。《敦煌漢簡》中有數條與南將軍有關的材料，如"南將軍徼其勇以壞龜兹、車師諸國□大煎都侯鄣近於西域"（編號 108）；"南將軍焦拵乘其力，子男皆死。今恭奴言鄯善反我"（編號 114）；"焉耆虜遅且將犛八千人皆發。與南將軍期會車師"（編號 149）。

　　［4］【今注】零吾水：水名。在匈奴境内。確指不詳。

　　［5］【今注】案，本書卷九六下《西域傳下》記爲"單于以良、帶爲烏貴都尉"。

　　［6］【今注】呼韓邪單于諸子：本書卷九九《王莽傳》新莽始建國二年（10）十二月詔書記其事爲"今分匈奴國土人民以爲十五，立稽侯狦子孫十五人爲單于"。稽侯狦，即呼韓邪。其事又見額濟納漢簡《始建國二年詔書册》："□匈奴國土人民以爲十五，封稽侯厩子孫十五人皆爲單于，左致廬兒侯山見在常安朝郎南，爲單于、郎將、作士大夫，厩南于子，藺苞副，有書"（簡號 2000ES9SF4：11）。"校尉苞□□度遠郡益壽塞，檄召餘十四人當爲單于者。苞上書，謹□□爲單于者十四人，其一人葆塞，稽朝侯咸妻子家屬及與同郡虜智之將業"（簡號 2000ES9SF4：10）。據此可知新莽所立十五單于既有呼韓邪子輩，也有其孫輩，本《傳》所記"招誘呼韓邪單于諸子"，祇提"諸子"而不及諸孫，是錯誤的（詳見羅新《中古北族名號研究》附錄《始建國二年詔書册與新莽分立匈奴十五單于》，北京大學出版社 2009 年版）。

　　［7］【今注】鼓車：一種儀仗用車，車中置建鼓。

　　［8］【顏注】師古曰：戲戟，有旗之戟也。戲音許宜反，又音麾。【今注】戲（huī）戟：一種繫有旌旗的戟。戲，同"麾"。

　　［9］【今注】左骨都侯右伊秩訾王呼盧訾：呼盧訾屬於匈奴單

于姻親貴族子弟，在單于政權機構中任左骨都侯，在本部落内稱右伊秩訾王。　益壽塞：雲中郡郭塞名。楊樹达《漢書窺管》以爲，益壽塞及下文所説葛邪塞、制虜塞，皆前所未見，當爲新莽時期改易亭障名所致。

[10]【今注】案，"三年"當爲"二年"之誤（詳見鄔文玲《始建國二年新莽與匈奴關係史事考辨》，《歷史研究》2006 年第 2 期）。

　　是後，單于歷告左右部都尉、諸邊王，入塞盜，大輩萬餘，中輩數千，少者數百，殺鴈門、朔方太守、都尉，略吏民畜産不可勝數，緣邊虛耗。[1]莽新即位，怗府庫之富，欲立威，迺拜十二部將率，[2]發郡國勇士、武庫精兵，[3]各有所屯守，轉委輸於邊。議滿三十萬衆，齎三百日糧，同時十道並出，窮追匈奴，内之于丁令，[4]因分其地，立呼韓邪十五子。

[1]【今注】案，耗，蔡琪本、殿本作"耗"。

[2]【今注】十二部將率：五威將軍苗訢、虎賁將軍王況出五原；厭難將軍陳欽、震狄將軍王巡出雲中；振武將軍王嘉、平狄將軍王萌出代郡；相威將軍李棽、鎮遠將軍李翁出西河；誅貉將軍陽俊、討穢將軍嚴尤出漁陽；奮武將軍王駿、定胡將軍王晏出張掖。十二將另有偏裨部將以下一百八十人。

[3]【今注】武庫精兵：武庫中精良的兵器。武庫，存放武器裝備及軍需物品的倉庫。長安、洛陽、郡國、諸部都尉及大將軍府皆設，其中長安中央武庫規模最大，設有一令三丞，屬中尉（執金吾）管鎋。江蘇連雲港尹灣漢墓出土的《武庫永始四年兵車器集簿》，是成帝永始四年（前 13）武庫存藏物品記錄簿，藏品分爲弓弩類、鎧甲類、劍戟類、旌幡鉦鼓類、戰車類及其他雜類等，包括

皇室器具 58 種 10114693 件，非皇室器具 182 種 23153794 件，合計 240 種 33268487 件。數量之大，足以武裝五十萬人。

[4]【顏注】師古曰：逐之遣入丁令地。令音零。

莽將嚴尤諫曰：[1]“臣聞匈奴爲害，所從來久矣，未聞上世有必征之者也。後世三家周、秦、漢征之，然皆未有得上策者也。周得中策，漢得下策，秦無策焉。當周宣王時，獫允内侵，至于涇陽，[2]命將征之，盡境而還。其視戎狄之侵，譬猶蟁蝱之螫，敺之而已，[3]故天下稱明，是爲中策。漢武帝選將練兵，約齎輕糧，深入遠戍，[4]雖有克獲之功，胡輒報之，兵連禍結三十餘年，中國罷秏，匈奴亦創艾，[5]而天下稱武，是爲下策。秦始皇不忍小恥而輕民力，築長城之固，延袤萬里，[6]轉輸之行，起於負海，[7]疆境既完，中國内竭，以喪社稷，是爲無策。今天下遭陽九之戹，[8]比年飢饉，[9]西北邊尤甚。發三十萬衆，具三百日糧，東援海代，南取江淮，然後乃備。[10]計其道里，一年尚未集合，兵先至者聚居暴露，師老械弊，埶不可用，此一難也。邊既空虛，不能奉軍糧，内調郡國，不相及屬，此二難也。[11]計一人三百日食，用糒十八斛，[12]非牛力不能勝；牛又當自齎食，加二十斛，重矣。胡地沙鹵，[13]多乏水草，以往事揆之，軍出未滿百日，牛必物故且盡，[14]餘糧尚多，人不能負，此三難也。胡地秋冬甚寒，春夏甚風，多齎鬴鍑薪炭，重不可勝，[15]食糒飲水，以歷四時，師有疾疫之憂，是故前世伐胡，不過百日，非不欲久，埶力不能，此四難也。輜重自隨，則輕鋭者少，[16]不得疾行，虜徐遁逃，執不能及，幸而逢虜，又累輜重，[17]如遇險阻，銜尾相隨，[18]虜要遮前後，危殆不測，此五難也。大用民力，功不可必立，臣伏憂之。今既發兵，宜縱先至者，令臣尤等深入霆擊，且以創艾胡虜。"[19]莽不聽尤言，轉兵穀如故，天下騷動。

[1]【今注】嚴尤：字伯石。新莽大臣。始建國時爲討穢將軍，率軍征伐高句麗，封武建伯。天鳳中代陳茂爲大司馬，後爲納言將軍，地皇四年（23）先後在淯水之戰、昆陽之戰中被起義軍擊敗，投奔西漢宗室子弟汝南劉望。劉聖稱帝，拜爲大司馬，後被更始軍殺死。

[2]【今注】涇陽：縣名。治所在今甘肅平涼市西北。

[3]【顏注】師古曰：蟁，古蚊字也。蝱音盲。螫音式亦反。歐與驅同。【今注】蟁：同"蚊"。　蝱：同"虻"。

[4]【顏注】師古曰：約，少也。少齎衣裝。

[5]【顏注】師古曰：罷讀曰疲。耗，損也。創音初向反。艾讀曰乂。次下亦同。

[6]【顏注】師古曰：袤，長也，音茂。

[7]【今注】負海：靠海之地。此指琅邪郡等近海郡縣。《史記》卷一一二《平津侯主父列傳》載："又使天下蜚芻輓粟，起於黃、腄、琅邪負海之郡，轉輸北河。"

[8]【今注】陽九之戹：災難厄運之年。秦漢數術以四千六百一十七年爲一元，初入元一百零六年中，有旱災九年，陽爲旱，陰爲水，故稱"陽九"，或稱"百六陽九"。

[9]【今注】案，飢，殿本作"饑"。

[10]【顏注】師古曰：援，引也，音爰。【今注】海代：海，東海。代，同"岱"。岱，泰山。海岱，代指東方。

［11］【顏注】師古曰：調，發也，音徒釣反。屬音之欲反。

［12］【今注】案，河西漢簡所見士卒口糧大約爲每月 2 石（大斗），本書卷六九《趙充國傳》載征羌士卒每月爲 2.66 斛。石、斛爲等值容量，十斗爲一斛。此言"計一人三百日食，用糒十八斛"，三百日爲十個月，每人平均每個月爲 1.8 斛，略少於河西守卒及征羌士卒。

［13］【今注】沙鹵：沙磧鹽碱之地。

［14］【顏注】師古曰：物故謂死也。

［15］【顏注】師古曰：鬴，古"釜"字也。鍑，釜之大口者也。鍑音富。【今注】鬴（fǔ）：同"釜"。炊器名稱，功能如鍋。鍑（fù）：炊器名稱，似釜而大口。

［16］【顏注】師古曰：重音直用反。其下亦同。

［17］【顏注】師古曰：累音力瑞反。

［18］【顏注】師古曰：銜，馬銜也。尾，馬尾也。言前後單行，不得並驅。【今注】銜：馬嚼子。

［19］【顏注】師古曰：請率見到之兵，且以擊虜。

　　咸既受莽孝單于之號，馳出塞歸庭，具以見脅狀白單于。單于更以爲於栗置支侯，匈奴賤官也。後助病死，莽以登代助爲順單于。

　　厭難將軍陳欽、[1]震狄將軍王巡屯雲中葛邪塞。[2]是時，匈奴數爲邊，寇殺將率吏士，略人民，敺畜產去甚衆。[3]捕得虜生口驗問，[4]皆曰孝單于咸子角數爲寇。兩將以聞。四年，莽會諸蠻夷，斬咸子登於長安市。

　　［1］【顏注】師古曰：厭音一涉反（殿本此注在"葛邪塞"

後）。

[2]【今注】葛邪塞：漢障塞名。在雲中郡。

[3]【顏注】師古曰：毆與驅同。

[4]【今注】生口：俘虜。

初，北邊自宣帝以來，數世不見煙火之警，人民
熾盛，牛馬布野。及莽撓亂匈奴，與之搆難，[1]邊民死
亡係獲，[2]又十二部兵久屯而不出，吏士罷弊，[3]數年
之間，北邊虛空，野有暴骨矣。

[1]【顏注】師古曰：撓，攪也，音火高反（火，殿本作
"丈"）。

[2]【今注】係獲：被活捉捆綁。

[3]【顏注】師古曰：罷讀曰疲。

烏珠留單于立二十一歲，建國五年死。匈奴用事
大臣右骨都侯須卜當，即王昭君女伊墨居次云之壻
也。[1]云常欲與中國和親，又素與咸厚善，見咸前後為
莽所拜，故遂越輿而立咸為烏累若鞮單于。[2]

[1]【今注】案，昭君之女云為須卜居次，上文兩見。王先謙
《漢書補注》疑"伊墨"二字為誤。

[2]【顏注】師古曰：累音力追反。【今注】案，咸為兄，輿
為弟，立兄為單于，符合呼韓邪單于關於子嗣繼位兄終弟及的政治
安排。但咸因接受王莽孝單于之封而觸怒烏珠留單于，被貶為於栗
置支侯，事實上失去了繼立優勢。當時左賢王樂已死，右賢王輿成
為第一順位繼承者，然而王昭君女等有意迎順王莽，立咸而不立

興，故爲越位之舉。

烏累單于咸立，以弟興爲左谷蠡王。烏珠留單于子蘇屠胡本爲左賢王，[1]以弟屠耆閼氏子盧渾爲右賢王。[2]烏珠留單于在時，左賢王數死，以爲其號不祥，更易命左賢王曰“護于”。護于之尊最貴，次當爲單于，故烏珠留單于授其長子以爲護于，欲傳以國。咸怨烏珠留單于貶賤己號，不欲傳國，及立，貶護于爲左屠耆王。云、當遂勸咸和親。

[1]【今注】蘇屠胡：烏珠留單于長子，漢名“比”。叔父興即單于位後，比爲右奧鞬日逐王，分領匈奴南邊及烏桓。東漢光武帝建武二十四年（48），因儲君廢立問題叛匈奴而率衆歸附東漢，被八部大人擁立爲單于（即醯落尸逐鞮單于），沿用其祖父稽侯狦“呼韓邪”單于號，建立南匈奴，爲東漢守邊而與北匈奴對抗。在位九年，光武帝中元元年（56）卒。

[2]【顏注】師古曰：渾音胡昆反。【今注】屠耆閼氏：烏珠留單于之妻。

天鳳元年，[1]云、當遣人之西河虎猛制虜塞下，[2]告塞吏曰欲見和親侯。和親侯王歙者，王昭君兄子也。[3]中部都尉以聞。[4]莽遣歙、歙弟騎都尉展德侯颯使匈奴，[5]賀單于初立，賜黃金衣被繒帛，紿言侍子登在，因購求陳良、終帶等。單于盡收四人，[6]及手殺校尉刀護賊芝音妻子以下二十七人，[7]皆械檻付使者，遣厨唯姑夕王富等四十人送歙、颯。[8]莽作焚如之刑，燒殺陳良等，[9]罷諸將率屯兵，但置游擊都尉。[10]單于貪莽賂遺，故外不失漢故事，然内利寇掠。又使還，知子登前死，怨恨，寇虜從左地入，不絶。^[11]使者問單于，輒曰："烏桓與匈奴無狀黠民共爲寇入塞，譬如中國有盜賊耳！咸初立持國，威信尚淺，盡力禁止，不敢有二心。"

[1]【今注】天鳳：王莽年號（14—19）。

[2]【顏注】師古曰：武猛（武，蔡琪本、大德本、殿本作"虎"），縣名，制虜塞在其界。【今注】虎猛：縣名。治所在今内蒙古伊金霍洛旗西南，西河郡西部都尉亦治虎猛。案，顏師古注避唐高祖李淵祖父李虎名諱，改"虎"爲"武"。 制虜塞：漢障塞名。在今内蒙古伊金霍洛旗西南。

[3]【顏注】師古曰：歙音翕。

[4]【今注】中部都尉：官名。秦設郡尉，漢初沿置，景帝中元二年（前148）更名都尉，佐助太守典掌一郡軍事，秩比二千石。武帝以後，新拓邊地往往設置二部或數部都尉以加强統治。據本書《地理志》，西河郡西部都尉駐虎猛縣，此云中部都尉，疑誤（參見洪亮吉《四史發伏》卷六）。

[5]【顏注】師古曰：颯音立。【今注】騎都尉：漢置，掌領騎兵，位次將軍，無定員。宣帝時以一人監羽林騎，又一人領西域都護。秩比二千石。 颯：王颯。周壽昌《漢書注校補》曰："和親侯王歙、展德侯王颯，俱王莽時封，故《表》削而不書。"

[6]【今注】四人：指陳良、終帶、韓玄、任商。

[7]【今注】芝音：人名。

[8]【今注】案，王先謙《漢書補注》引宋祁曰，"厨"上當有"右"字。

[9]【顏注】應劭曰：《易》有"焚如""死如""棄如"之言，莽依此作刑名也。如淳曰：焚如、死如、棄如者，謂不孝子

也。不畜於父母，不容於朋友，故燒殺棄之，莽依此作刑名也。師古曰：《易·離卦》九四爻辭也。【今注】焚如之刑：新莽時期的一種酷刑，將犯者燒爲灰燼，以示棄置。《易·離卦》九四爻辭有“突如其來如，焚如，死如，棄如”，王莽據此制刑。

[10]【今注】游擊都尉：新莽時所置武官名。

[11]【顏注】師古曰：入爲寇而虜掠。

　　天鳳二年五月，莽復遣歙與五威將王咸率伏黯、丁業等六人，[1]使送右厨唯姑夕王，因奉歸前所斬侍子登及諸貴人從者喪，皆載以常車。[2]至塞下，單于遣云、當子男大且渠奢等至塞迎。[3]咸等至，多遺單于金珍，因諭説改其號，號匈奴曰“恭奴”，[4]單于曰“善于”，賜印綬。封骨都侯當爲後安公，當子男奢爲後安侯。單于貪莽金幣，故曲聽之，然寇盜如故。咸、歙又以陳良等購金付云、當，令自差與之。[5]十二月，還入塞，莽大喜，賜歙錢二百萬，悉封黯等。

　　[1]【今注】王咸：濟南（郡治東平陵縣，在今山東濟南市章丘區西北）人，本爲儒生，善於臨事應對，新莽天鳳二年（15）爲大使出使匈奴，歸國途中病死，王莽賜其子伯爵。案，漢哀帝建平四年（前3）有博士弟子王咸，亦濟南人，舉幡太學下，召聚太學諸生千餘人，守闕上書，爲司隸鮑宣鳴冤求情（事迹詳見本書卷七二《鮑宣傳》）。從建平四年到天鳳二年，不過八年之久，推測此王咸即新莽出使匈奴之王咸。　　伏黯：字稚文，琅邪郡東武縣（今山東諸城市）人。漢初大儒濟南伏生之後，家世多出名儒。明於《齊詩》，改定章句，作解説九篇，位至光禄勳。新莽天鳳二年出使匈奴，因功被賜子爵。其兄伏湛在光武帝時爲司徒，繼子伏恭在明

帝時爲司空。

　　[2]【顏注】劉德曰：縣易車也。舊司農出錢市車，縣次易牛也。【今注】常車：一種儀仗車，上插太常旗，旗上有日月形象。《史記》卷四《周本紀》記周武王滅商之後舉行修社儀式時，"武王弟叔振鐸奉陳常車，周公旦把大鉞，畢公把小鉞，以夾武王"。《逸周書‧克殷解》孔晁注云："常車，威儀車也。"《續漢書‧禮儀志》記郡國二千石、六百石以至黃綬官員之喪，皇帝"賜常車驛牛贈祭"，亦證常車具有禮儀性質。或以爲常車是一種前後較長的車（故可以載棺柩），農家用以載運糧草，不同於當時車厢較方的車（張烈主編：《漢書注譯》第四册，海南國際新聞出版中心 1997 年版，第 3730 頁）。

　　[3]【今注】奢：云與須卜當之子，爲王昭君外孫。"奢"爲其漢名，匈奴名不詳。

　　[4]【今注】恭奴：新莽對匈奴的汙名稱謂。又作"共奴"。《敦煌漢簡》編號 119 號簡："共奴與焉耆通謀，欲攻車師。"編號 114 號簡有"南將軍焦拀乘其力，子男皆死。今恭奴言鄠善反我"。

　　[5]【顏注】師古曰：差其次第多少。【今注】自差與之：意爲自己根據次第多少來派發。

　　單于咸立五歲，天鳳五年死。弟左賢王輿立，爲呼都而尸道皋若鞮單于。[1]匈奴謂孝曰"若鞮"。自呼韓邪後，與漢親密，見漢謚帝爲"孝"，慕之，故皆爲"若鞮"。

　　[1]【今注】呼都而尸道皋若鞮單于：呼都而尸道皋若鞮爲單于號，其漢名爲"輿"，匈奴名不詳。

　　呼都而尸單于輿既立，貪利賞賜，遣大且渠奢與云女弟當户居次子醯櫝王[1]俱奉獻至長安。莽遣和親侯歙與奢等俱至制虜塞下，與云、當會，因以兵迫脅，將至長安。云、當小男從塞下得脫，[2]歸匈奴。當至長安，莽拜爲須卜單于，[3]欲出大兵以輔立之。兵調度亦不合，而匈奴愈怒，並入北邊，北邊由是壞敗。會當病死，莽以其庶女陸逯任妻後安公奢，[4]所以尊寵之甚厚，終爲欲出兵立之者。[5]會漢兵誅莽，云、奢亦死。

[1]【顏注】師古曰：櫝音讀。【今注】當户居次：當爲"當于居次"。王先謙《漢書補注》以爲，上文"昭君二女，長女云爲須卜居次，小女爲當于居次"，此"當户"乃"當于"之訛。中華本據改。 醯櫝王：匈奴諸王號。其王爲王昭君外孫。

[2]【今注】小男：王先謙《漢書補注》以爲此指上文所言"子醯櫝王"。案，上文云"遣大且渠奢與云女弟當户居次子醯櫝王俱奉獻至長安"，《漢書補注》據後文"與云、當會"，將入漢奉獻使團主要成員理解爲大且渠奢、云、當、當户居次及云、當另一子醯櫝王，故將逃脫之"小男"推定爲醯櫝王。然據文意，"遣大且渠奢與云女弟當户居次子醯櫝王俱奉獻至長安"，受呼都而尸單于派遣入漢奉獻的主要代表是大且渠奢、醯櫝王二人，"云女弟當户居次"六字用來描述"醯櫝王"之特殊身世，故更傾向於認爲醯櫝王乃當户居次之子，並非云之"小男"。

[3]【今注】須卜單于：當，出自匈奴須卜氏，故新莽用爲單于號。

[4]【顏注】李奇曰：陸逯，邑也。莽改公主曰任。奢本爲侯，莽以女妻之，故進爵爲公。師古曰：逯音録。任音壬。【今注】陸逯任：即王捷，王莽與侍者開明所生之女。陳直《漢書新證》："《王莽傳》云：'封王氏，其女皆爲任，男以睦，女以隆爲號

焉。’現以出土封泥證之，有‘厚陸任’‘永陸任’‘安陸任’等封泥（見《封泥考略》卷八，二十四至二十六頁），知《王莽傳》‘隆’字爲‘陸’字之誤……本文‘陸逯任’三字獨不誤，任爲女之稱謂，陸爲女之封號，逯爲女之食邑，但以封泥‘厚陸任’‘永陸任’之例相比，本文似應作‘逯陸任’爲是。”

[5]【顏注】師古曰：言爲此計意不止。

更始二年冬，[1]漢遣中郎將歸德侯颯、大司馬護軍陳遵使匈奴，[2]授單于漢舊制璽綬，王侯以下印綬，因送云、當餘親屬貴人從者。單于興驕，謂遵、颯曰：“匈奴本與漢爲兄弟，匈奴中亂，[3]孝宣皇帝輔立呼韓邪單于，故稱臣以尊漢。今漢亦大亂，爲王莽所篡，匈奴亦出兵擊莽，空其邊境，令天下騷動思漢，莽卒以敗而漢復興，亦我力也，當復尊我。”遵與相掌距，[4]單于終持此言。其明年夏，還。會赤眉入長安，[5]更始敗。

[1]【今注】更始：更始帝劉玄年號（23—25）。

[2]【今注】歸德侯颯：本書卷九二《游俠傳》載更始時大司馬護軍陳遵“與歸德侯劉颯俱使匈奴”；《後漢書》卷八九《南匈奴傳》載光武帝建武六年（30）“始令歸德侯劉颯使匈奴”，可知颯即劉颯。劉颯其人，或以爲即本書《景武昭宣元成功臣表》中的功德侯颯。宣帝神爵三年（前59），匈奴日逐王先賢撣率衆降漢，封歸德侯。成帝建始二年（前31）颯嗣爵。建武二年（26）襄嗣爵。周壽昌《漢書注校補》以爲“劉”當爲漢家賜姓，“颯”“諷”字近，前文又有“展德侯諷”，疑當以“諷”字爲正，即劉颯當改爲劉諷。楊樹達《漢書窺管》據《後漢書》之《游俠傳》《南匈奴

傳》，認爲《功臣表》有誤，"諷"當爲"颯"。　大司馬護軍：本爲護軍都尉，職在參謀軍務，監管諸軍，可代表大將軍、大司馬等最高武官統軍作戰。秩比二千石。成帝綏和元年（前8）大司馬開府爲三公，護軍都尉始居大司馬府，比丞相司直，改稱大司馬護軍（參見張帆《漢代"護軍"設置探析》，《首都師範大學學報》2012年第6期）。　陳遵：傳見本書卷九二。

　　[3]【顏注】師古曰：言中閒之時也，讀如本字，又音竹仲反。

　　[4]【顏注】師古曰：掌謂支柱也。音丈庚反，又丑庚反。【今注】掌（chēng）距：抗爭，爭執。掌，同"撐"，距，同"拒"。

　　[5]【今注】赤眉：新莽末年農民起義軍，因其將士將眉毛塗成紅色，故名。

　　贊曰：《書》戒"蠻夷猾夏"，[1]《詩》稱"戎狄是膺"，[2]《春秋》有道"守在四夷"。[3]久矣，夷狄之爲患也。故自漢興，忠言嘉謀之臣曷嘗不運籌策相與爭於廟堂之上乎？高祖時則劉敬，呂后時樊噲、季布，孝文時賈誼、朝錯，[4]孝武時王恢、韓安國、朱買臣、公孫弘、董仲舒，[5]人持所見，各有同異，然總其要歸，兩科而已。[6]縉紳之儒則守和親，介胄之士則言征伐，皆偏見一時之利害，而未究匈奴之終始也。自漢興以至于今，曠世歷年，多於《春秋》，其與匈奴，有脩文而和親之矣，有用武而克伐之矣，有卑下而承事之矣，[7]有威服而臣畜之矣，詘伸異變，強弱相反，是故其詳可得而言也。

[1]【顏注】師古曰：《虞書·舜典》載舜命皋陶作士之言也。猾，亂也。夏謂中夏諸國也。

[2]【顏注】師古曰：《魯頌·閟宮》之詩，美僖公興師與齊桓討難。膺，當也。

[3]【顏注】師古曰：《春秋左氏傳》昭三十二年楚囊瓦爲令尹（三十二年，中華本訂正爲“二十三年”），城郢。沈尹戌曰：“古者天子，守在四夷”，言德及遠。

[4]【今注】賈誼：傳見本書卷四八。 朝錯：即鼂錯。傳見本書卷四九。朝，殿本作“鼂”。

[5]【今注】朱買臣：傳見本書卷六四上。 公孫弘：傳見本書卷五八。 董仲舒：傳見本書卷五六。

[6]【今注】案，中華本標點爲“然總其要，歸兩科而已”，今據袁慶述《〈漢書〉標點疑誤》（《古漢語研究》1997 年第 3 期）改。

[7]【顏注】師古曰：下音胡亞反。

　　昔和親之論，發於劉敬。是時天下初定，新遭平城之難，故從其言，約結和親，賂遺單于，冀以救安邊境。孝惠、高后時遵而不違，匈奴寇盜不爲衰止，而單于反以加驕倨。逮至孝文，與通關市，妻以漢女，增厚其賂，歲以千金，而匈奴數背約束，邊境屢被其害。是以文帝中年，[1]赫然發憤，遂躬戎服，親御鞌馬，從六郡良家材力之士，[2]馳射上林，講習戰陳，聚天下精兵，軍於廣武，[3]顧問馮唐，[4]與論將帥，喟然歎息，思古名臣，此則和親無益，已然之明效也。

　　[1]【今注】中年：此指漢文帝十四年（前 166），匈奴大入

邊，文帝不聽群臣之諫，欲親自統兵征討匈奴，後因薄太后出面制止方罷。文帝在位二十三年，前元十四年時當中段，故稱中年。

[2]【顏注】師古曰：六郡，謂隴西、天水、安定、北地、上郡、西河也。其安定、天水、西河，武帝所置耳，史本其土地，而追言也。

[3]【今注】廣武：縣名。治所在今山西代縣西南。亦爲太原郡都尉治所。漢文帝曾聚集天下精兵於廣武常谿，抗擊匈奴，後撤罷，復與匈奴和親。

[4]【今注】馮唐：傳見本書卷五〇。

仲舒親見四世之事，猶復欲守舊文，頗增其約，以爲："義動君子，利動貪人。如匈奴者，非可以仁義說也，[1]獨可說以厚利，結之於天耳。[2]故與之厚利以沒其意，[3]與盟於天以堅其約，質其愛子以累其心，[4]匈奴雖欲展轉，奈失重利何？奈欺上天何？奈殺愛子何？[5]夫賦斂行賂不足以當三軍之費，城郭之固無以異於貞士之約，[6]而使邊城守境之民父兄緩帶，[7]稚子咽哺，[8]胡馬不窺於長城，而羽檄不行於中國，[9]不亦便於天下乎！"察仲舒之論，考諸行事，迺知其未合於當時，而有闕於後世也。當孝武時，雖征伐克獲，而士馬物故亦略相當。雖開河南之野，建朔方之郡，亦棄造陽之北九百餘里。匈奴人民每來降漢，單于亦輒拘留漢使以相報復，[10]其桀驁尚如斯，[11]安肯以愛子而爲質乎？此不合當時之言也。若不置質，空約和親，是襲孝文既往之悔，而長匈奴無已之詐也。[12]夫邊城不選守境武略之臣，脩障隧備塞之具，屬長戟勁弩之械，[13]恃吾所以待邊寇，而務賦斂於民，遠行貨賂，割剝百姓，以寇奉讎。[14]信甘言，守空約，而幾胡馬之不窺，不已過乎！[15]

[1]【顏注】師古曰：此說謂勸諭。【今注】說：音 shuì。

[2]【顏注】師古曰：此說讀曰悅。【今注】說：音 yuè。結之於天：匈奴有崇天信仰，故可與之對天結盟。

[3]【顏注】師古曰：没，溺也。

[4]【顏注】師古曰：累音力瑞反。【今注】累（lěi）：牽連，妨礙。

[5]【顏注】師古曰：展轉，爲移動其心。【今注】展轉：變化反覆。

[6]【顏注】晉灼曰：堅城固守，不勝遣貞士爲和親之約也。【今注】貞士：志節堅定、操守方正之人。

[7]【今注】緩帶：放鬆腰帶。意謂稍事休息。古人無事則緩帶，有事則束帶。

[8]【顏注】師古曰：咽，吞也。哺謂所食在口者也。咽音宴。哺音捕。

[9]【今注】羽檄：緊急文書。檄爲漢代的一種特定公文，多作爲特急文書下達，用於徵召、曉喻、申討等。事態緊急則插上羽毛，稱爲羽檄。本書卷一下《高紀下》："吾以羽檄徵天下兵，未有至者，今計唯獨邯鄲中兵耳。"顏師古注曰："檄者，以木簡爲書，長尺二寸，用徵召也。其有急事，則加以鳥羽插之，示速疾也。《魏武奏事》云'今邊有警，輒露檄插羽'。"居延漢簡所見檄書多寫在長觚上，内容多爲緊急徵召命令等。

[10]【顏注】師古曰：復音扶目反。

[11]【顏注】師古曰：驁與傲同。

[12]【顏注】師古曰：襲，重也，重疊爲其事（疊，殿本作

“疊”）。

　　[13]【今注】案，中華本爲句號。茲據張如元《〈漢書〉標點中的一些問題》（《重慶師範大學學報》1985 年第 2 期）改爲逗號。

　　[14]【今注】案，讎，殿本作“讐”。

　　[15]【顏注】師古曰：幾讀曰冀。

　　至孝宣之世，承武帝奮擊之威，直匈奴百年之運，[1]因其壞亂幾亡之阨，[2]權時施宜，覆以威德，然後單于稽首臣服，遣子入侍，三世稱藩，[3]賓於漢庭。是時邊城晏閉，牛馬布野，[4]三世無犬吠之警，[5]莉庶亡干戈之役。[6]

　　[1]【顏注】師古曰：直，當也。【今注】直：同“值”。

　　[2]【顏注】師古曰：幾，近也，音鉅依反。

　　[3]【今注】案，指呼韓邪、復株絫、烏珠留三代單于。

　　[4]【顏注】師古曰：晏，晚也。

　　[5]【今注】三世：王先謙《漢書補注》以爲“三”當爲“五”。五世，指西漢宣、元、成、哀、平時期。

　　[6]【顏注】師古曰：莉，古“黎”字。

　　後六十餘載之閒，遭王莽篡位，始開邊隙，單于由是歸怨自絕，莽遂斬其侍子，邊境之禍構矣。故呼韓邪始朝於漢，漢議其儀，而蕭望之曰：[1]“‘戎狄荒服’，[2]言其來服荒忽無常，時至時去，宜待以客禮，讓而不臣。如其後嗣遂逃竄伏，[3]使於中國，不爲叛臣。”[4]及孝元時，議罷守塞之備，侯應以爲不可，可謂盛不忘衰，安必思危，遠見識微之明矣。至單于咸棄其愛子，眛利不顧，^[5]侵掠所獲，歲鉅萬計，而和親賂遺，不過千金，安在其不棄質而失重利也？仲舒之言，漏於是矣。

[1]【今注】蕭望之：傳見本書卷七八。

[2]【今注】戎狄荒服：語出《逸周書》。

[3]【顏注】師古曰：逺，古"遁"字。

[4]【今注】案，使於中國不爲叛臣，本書卷七八《蕭望之傳》作"闕於朝享，不爲畔臣"。

[5]【顏注】師古曰：眛，貪也，音妹。

夫規事建議，不圖萬世之固而婾恃一時之事者，未可以經遠也。^[1]若乃征伐之功，秦漢行事，嚴尤論之當矣。故先王度土中，立封畿，^[2]分九州，列五服，^[3]物土貢，制外内，^[4]或脩刑政，或詔文德，遠近之埶異也。是以《春秋》"内諸夏而外夷狄"。^[5]夷狄之人貪而好利，被髮左衽，人面獸心。其與中國殊章服，異習俗，飲食不同，言語不通，辟居北垂寒露之野，^[6]逐草隨畜，射獵爲生，隔以山谷，雍以沙幕，^[7]天地所以絕外内也。是故聖王禽獸畜之，不與約誓，不就攻伐；^[8]約之則費賂而見欺，攻之則勞師而招寇。其地不可耕而食也，其民不可臣而畜也，是以外而不内，疏而不戚，^[9]政教不及其人，正朔不加其國；來則懲而御之，去則備而守之。^[10]其慕義而貢獻，則接之以禮讓，羈縻不絕，使曲在彼，蓋聖王制御蠻夷之常道也。

[1]【顏注】師古曰：婾與偷同。　【今注】婾（tōu）：同

"偷"。苟且。

　[2]【顏注】師古曰：度音大各反。中音竹仲反。

　[3]【顏注】師古曰：九州、五服，解並在前。

　[4]【顏注】師古曰：物土貢者，各因其土所生之物而貢之也。制外內，謂五服之差，遠近異制。

　[5]【顏注】師古曰：《春秋》成十五年"諸侯會吳於鍾離"。《公羊傳》曰："曷爲殊會？吳外也。曷爲外？《春秋》內其國而外諸夏（其，蔡琪本、殿本作"中"），內諸夏而外夷狄也。"

　[6]【顏注】師古曰：辟讀曰僻。【今注】案，寒，蔡琪本、殿本作"塞"。

　[7]【顏注】師古曰：雍讀曰壅。【今注】雍：同"壅"。堵塞。　沙幕：沙漠。

　[8]【今注】就：前往。

　[9]【顏注】師古曰：戚，近也。

　[10]【顏注】師古曰：懲謂使其創乂。

漢書　卷九五

西南夷兩粵朝鮮傳第六十五[1]

[1]【今注】西南夷：漢代對居處於今雲南、貴州、四川西部及陝西、甘肅、四川三省結合地帶諸少數民族的統稱。以其地在巴、蜀二郡以西以南，故名。《後漢書》卷八六《西南夷傳》載："西南夷者，在蜀郡徼外。"案，《漢書》關於西南夷的記載全面抄録《史記》，僅補入昭帝始元元年（前86）以後西漢鎮壓益州郡各族起事、誅夜郎王等項內容。關於武帝元封末年以後巂、昆明的記載極少，對博南山道和哀牢則未提及。總體而言，《漢書》對西南夷的記載十分簡略且疏於考證，造成一些重要史實的疏漏（詳見方鐵《〈史記〉〈漢書〉失載西南夷若干史實考辨》，《中央民族大學學報》2004年第3期）。　兩粵：用作族名的"粵""越"二字，文獻中通用。然里耶秦簡簡文中有"越人有貲錢""越人以城邑反""越人戍洞庭"等，皆作"越"；上海博物館藏有一枚"南越中大夫"龜鈕銅印，係西漢前期南越國官印，亦作"越"字；《史記》有《南越列傳》《東越列傳》，"粵"皆作"越"。是秦及西漢前期本用"越"字。

南夷君長以十數，[1]夜郎最大。[2]其西，靡莫之屬以十數，[3]滇最大。[4]自滇以北，君長以十數，邛都最大。[5]此皆椎結，[6]耕田，有邑聚。其外，西自桐師以東，[7]北至葉榆，[8]名爲巂、昆明，[9]編髮，[10]隨畜移徙，亡常處，亡君長，地方可數千里。自巂以東北，君長以十數，徙、筰都最大。[11]自筰以東北，君長以十數，冉駹最大。[12]其俗，或土著，或移徙。[13]在蜀之西。[14]自駹以東北，[15]君長以十數，白馬最大，[16]皆氐類也。[17]此皆巴、蜀西南外蠻夷也。[18]

[1]【今注】君長：部族首領。

[2]【顏注】師古曰：後爲縣，屬牂柯郡（牂，蔡琪本、殿本作"牂"）。【今注】夜郎：西南古族名。主要分布在今貴州西部、北部及雲南東北部，廣西西北部，中心在今貴州安順市一帶。自聚族立國至漢成帝河平二年（前27）爲漢所滅，存續三四百年之久。其族屬總體上歸於百越系統，屬於百越系統中的獠人，爲後世壯語支少數民族之祖先（參見方國瑜《中國西南歷史地理考釋》上冊，中華書局1987年版）。

[3]【今注】靡莫：西南古族名。分布在夜郎國以西、滇國東北，即今雲南曲靖盆地一帶，與滇、勞浸等同屬濮越系族群（參見段渝《西南酋邦社會與中國早期文明》，商務印書館2015年版）。漢武帝元封二年（前109）爲漢軍所滅，其地置爲牧靡縣，屬益州郡。

[4]【顏注】師古曰：地有滇池，因爲名也。滇，音"顚"。

[5]【顏注】師古曰：今之邛州本其地。【今注】邛都：西南古族名。《後漢書》卷八六《西南夷傳》稱爲"邛都夷"。主要分布在今四川涼山彝族自治州，西昌市邛海一帶爲其中心，屬濮越系族群。

[6]【顏注】師古曰：椎，音直追反。結，讀曰"髻"。爲髻如椎之形也。《陸賈傳》及《貨殖傳》皆作"魋"字，音義同耳。此下《朝鮮傳》亦同。【今注】椎結：一作"魋結"，又作"椎

髻"。束髮成單髻，形狀似椎（槌），故名。雲南昆明市晉寧區石寨山西漢滇人墓出土的銅器人物紋飾中，男子髮髻梳於頭頂，用巾或帶子繫扎，當爲文獻中所謂"椎髻"形象。秦漢時期少數民族如西南的夜郎、滇、邛都，嶺南的越人，北方的匈奴，普遍采用"椎髻"髮式，故"椎髻"常被視爲少數民族的特有習俗。然而此種髮式並非少數民族獨有，漢代中原地區下層民衆亦多梳椎髻。"椎髻"常被視爲少數民族特有習俗的原因，不在於其髮式多麽獨特，而在於這種髮式不著冠、巾，對於把戴冠著巾視爲禮儀重要標志的中原人來説，"椎髻"具有野蠻下賤的色彩。（參見彭衞、楊振紅《中國風俗通史·秦漢卷》，上海文藝出版社2002年版，第145頁）

〔7〕【今注】桐師：地名。在今雲南保山市一帶。案，《史記》卷一一六《西南夷列傳》作"同師"。

〔8〕【顏注】師古曰：葉榆，澤名，因以立號，後爲縣，屬益州郡。【今注】葉榆：本爲湖泊名，即今之洱海。漢武帝時置葉榆縣，治所在今雲南大理市西北。案，《史記·西南夷列傳》作"楪榆"。羅福頤主編《秦漢魏晉南北朝官印徵存》有"楪榆長印""楪榆右尉"。

〔9〕【顏注】師古曰：嶲即今之嶲州也。昆明又在其西南，即今之南寧州，諸爨所居，是其地也。嶲，音"髓"。【今注】嶲："嶲唐"的省稱。嶲唐爲西南古族，戰國秦漢時期活動在今雲南瀾滄江、怒江兩岸保山市以北的廣闊地區，東接昆明，東北近越嶲。與昆明同屬氐羌系，屬藏緬語族群。西漢置嶲唐縣，治所在今雲南保山市與雲龍、永平縣交界處一帶。今雲南昌寧縣墳嶺崗墓地、昌寧縣城近郊達丙鄉和右文鄉等地考古發掘、徵集到的青銅器，明顯有別於西南其他地區的青銅器，是嶲人青銅文化的代表（參見段渝《西南酋邦社會與中國早期文明》，第224頁）。案，嶲，殿本作"雟"。　昆明：西南古族名。戰國秦漢時期活動在以今洱海爲中心的廣袤地區，以游牧爲主業。與嶲唐同屬氐羌系，屬

藏緬語族群。雲南劍川縣海門口遺址是昆明最具代表性的青銅文化遺址。

[10]【顏注】師古曰：編，音步典反。【今注】編髮：將頭髮梳成辮狀。

[11]【顏注】師古曰：徙及莋都，二國也。徙後爲徙縣，屬蜀郡。莋都後爲沈黎郡。徙，音“斯”。莋，音材各反。【今注】徙：西南古族名。屬氐羌系。漢武帝元光年間於其地置徙縣（今四川天全縣東南）。其後縣廢，元鼎六年（前111）復置，屬沈黎郡。天漢四年（前97）轉歸蜀郡。 莋（zuó）都：西南古族名。屬氐羌系。漢武帝元光年間於其地置莋都縣（今四川漢源縣），爲沈黎郡郡治所在。

[12]【顏注】師古曰：今夔州、開州首領多姓冉者，本皆冉種也。駹，音“尨”。【今注】冉駹（máng）：西南古族名。屬羌氐族系。居處於今四川阿壩藏族羌族自治州境内。漢武帝元鼎六年（前111）於其地置汶山郡，郡治汶江道（今四川茂縣北）。

[13]【顏注】師古曰：土著，謂有常居著於土地也。著，音直略反。

[14]【今注】蜀：蜀郡，治成都縣（今四川成都市）。

[15]【今注】案，《史記·西南夷列傳》“駹”前有“冉”字。

[16]【今注】白馬：古族名。先秦時分布於今四川綿陽市北部與甘肅隴南市武都區之間的白龍江流域，稱白馬氐。戰國後期原活動於河湟地區的西羌分支南徙進入其地，因以白馬爲號，即所謂“白馬羌”或“廣漢羌”。

[17]【今注】氐：古族名。殷、周時期活動於今陝西、甘肅、四川一帶。或以爲與羌同源異流，或以爲逕爲二族。

[18]【今注】巴：巴郡，治江州縣（今重慶市）。 蜀：蜀郡，治成都縣（今四川成都市）。

始楚威王時，[1]使將軍莊蹻將兵循江上，[2]略巴、黔中以西。[3]莊蹻者，楚莊王苗裔也。[4]蹻至滇池，方三百里，[5]旁平地肥饒數千里，[6]以兵威定屬楚。欲歸報，會秦擊奪楚巴、黔中郡，道塞不通，因迴以其衆王滇，變服，從其俗，以長之。[7]秦時嘗破，略通五尺道，[8]諸此國頗置吏焉。十餘歲，秦滅。及漢興，皆棄此國而關蜀故徼。[9]巴蜀民或竊出商賈，取其莋馬、僰僮、旄牛，[10]以此巴蜀殷富。

[1]【今注】楚威王：戰國時期楚國國君熊商。公元前340年至前329年在位。事迹詳見《史記》卷四〇《楚世家》。案，楚國派莊蹻經略西南夷地的時間，諸說不一。司馬遷《史記》卷一一六《西南夷列傳》記爲楚威王之時，班固《漢書》轉抄其說。荀悅《漢紀》記爲楚莊王之時，范曄《後漢書》卷八六《西南夷傳》及常璩《華陽國志》俱記爲楚頃襄王時。唐杜佑《通典》卷一八七《邊防三》“滇”條細考《史記》《漢書》“楚威王”之誤，以爲當以“楚頃襄王”爲是。這一觀點爲鄭樵《通志》、馬端臨《文獻通考》、樂史《太平寰宇記》等采信，確爲定論。

[2]【顏注】師古曰：循，順也。謂緣江而上也。蹻，音居略反。【今注】莊蹻（jué）：戰國後期楚國將領。奉楚頃襄王（一說爲楚威王）之命率軍遠征，進至雲南滇池一帶，自立爲王，依當地風俗施行統治。一說莊蹻本爲楚之大盜，曾在楚頃襄王時率衆暴動，並無入滇之事（詳見蒙文通《莊蹻王滇辨》，《四川大學學報》1963年第1期）。　江：漢魏文獻中單舉“江”字，通常指長江。由楚地溯江而上轉至滇地，必經巴蜀，然而當時巴蜀已在秦國掌控之下，故溯江之途不可取。《華陽國志》記爲“沂沅水”，似更合理（詳見蒙文通《莊蹻王滇辨》，《四川大學學報》1963年第1期）。

[3]【顏注】師古曰：黔中，即今黔州是其地，本巴人也。
【今注】黔中：地名。因黔山得名。戰國後期楚郡，後爲秦攻取。
轄境包括今湖南常德市以西至貴州東北部一帶。秦統一之後，析爲
洞庭、蒼梧二郡。

[4]【今注】楚莊王：春秋時期楚國君主熊旅（一作“熊侶”，
或作“熊呂”）。公元前 614 年至前 591 年在位。春秋“五霸”之
一。事迹詳見《史記·楚世家》。　苗裔：後代。

[5]【顏注】師古曰：《地理志》益州滇池縣，其澤在西北。
《華陽國志》云“澤下流淺狹，狀如倒池，故云滇池”（云，蔡琪
本、大德本、殿本作“曰”）。【今注】滇池：湖泊名。即今雲南
昆明市滇池。

[6]【顏注】師古曰：池旁之地也。

[7]【顏注】師古曰：爲其長帥也。

[8]【顏注】師古曰：其處險阨，故道纔廣五尺。【今注】五
尺道：古道名。秦漢時期從蜀郡成都向南至南安縣（今四川樂山
市），經僰道（今四川宜賓市）、夜郎西境（今貴州威寧彝族回族
苗族自治縣、雲南昭通市），直通南中郡之建寧縣（今雲南曲靖
市）。秦取其地後疏通整治，遂成蜀地及中原地區通往西南少數民
族地區的重要通道之一，也是連接古代中國西南與東南亞、南亞地
區的重要道路。因地勢險惡，棧道寬不過秦漢五尺，故名。

[9]【顏注】師古曰：西南之徼，猶北方塞也。徼，音工釣
反。【今注】關蜀故徼（jiào）：關閉蜀地與西南夷之間舊設的邊境
關隘。關，殿本及《史記·西南夷列傳》皆作“開”，字形近而
誤。徼，邊境關隘。北方稱“塞”，南方稱“徼”。

[10]【今注】莋馬：莋都出産的馬，長於在河谷山道負重行
走。　僰（bó）僮：被掠賣爲奴婢的僰人。僰爲西南古族，主要
分布在以今四川宜賓市爲中心的川南、滇北地區，其人心性誠樸，
因而爲巴蜀人掠賣奴役（參見王子今《秦漢交通史新識》，中國社

會科學出版社 2015 年版，第 164 頁）。　旄牛：即犛牛。爲青藏高原地區主要力畜，其肉可食，皮毛可保暖，牛尾可用作節、旗裝飾物，經濟價值甚高。《史記·西南夷列傳》作"髦牛"。案，本書《地理志》記巴、蜀、廣漢之俗，"南賈滇、僰僮，西近邛、莋馬旄牛"。

　　建元六年，[1]大行王恢擊東粤，[2]東粤殺王郢以報。恢因兵威使番陽令唐蒙風曉南粤。[3]南粤食蒙蜀枸醬，[4]蒙問所從來，曰："道西北牂柯江，[5]江廣數里，出番禺城下。"[6]蒙歸至長安，問蜀賈人，獨蜀出枸醬，多持竊出市夜郎。夜郎者，臨牂柯江，江廣百餘步，足以行舩。[7]南粤以財物役屬夜郎，西至桐師，然亦不能臣使也。蒙迺上書説旨：[8]"南粤王黃屋左纛，[9]地東西萬餘里，名爲外臣，[10]實一州主。今以長沙、豫章往，[11]水道多絶，難行。竊聞夜郎所有精兵可得十萬，浮舩牂柯，[12]出不意，此制粤一奇也。誠以漢之强，巴蜀之饒，通夜郎道，爲置吏，甚易。"上許之。乃拜蒙以郎中將，[13]將千人，食重萬餘人，[14]從巴苻關入，[15]遂見夜郎侯多同。[16]厚賜，諭以威德，約爲置吏，使其子爲令。[17]夜郎旁小邑皆貪漢繒帛，以爲漢道險，終不能有也，迺且聽蒙約。還報，迺以爲犍爲郡。[18]發巴蜀卒治道，自僰道指牂柯江。[19]蜀人司馬相如亦言西夷邛、莋可置郡。[20]使相如以郎中將往諭，皆如南夷，爲置一都尉，[21]十餘縣，屬蜀。

　　[1]【今注】建元六年：公元前 135 年。建元，漢武帝年號

（前 140—前 135）。

[2]【今注】大行：官名。即大行令。秦時稱"典客"，漢景帝時改稱"大行令"，武帝太初元年（前 104）更名爲"大鴻臚"，掌禮賓諸侯，接待郡國上計吏，管理四方少數民族朝貢等事務。位列九卿，秩中二千石。　王恢：西漢燕國人。少爲邊吏，曉習邊事。漢武帝建元四年任大行令，建元六年率軍平復閩越、東越之爭。武帝時議匈奴事，爲主戰派代表人物，元光二年（前 133）以將屯將軍率軍參與在馬邑伏擊匈奴，功敗垂成，被迫自殺謝罪。東粵：此指本傳後文之"閩粵"。

[3]【顏注】師古曰：番，音蒲何反。風，讀曰諷。【今注】番（pó）陽：縣名。治所在今江西鄱陽縣東北。

[4]【顏注】晉灼曰：枸，音矩。劉德曰：枸樹如桑，其椹長二三寸，味酢。取其實以爲醬，美，蜀人以爲珍味。師古曰：劉説非也。子形如桑椹耳。緣木而生，非樹也。子又不長二三寸，味尤辛，不酢。今宕渠則有之（宕，蔡琪本、殿本作"石"）。食讀曰飤。【今注】枸（jǔ）醬：以辛蔏爲原料加工成的調味品。晉人嵇含《南方草木狀》："蒟醬，蓽茇也。生於蕃國者，大而紫，謂之蓽茇；生於番禺者，小而青，謂之蒟焉。可以調食，故謂之醬焉。交趾、九真人家多種，蔓生。"辛蔏即蔞葉，胡椒科植物，果實有辣味，可發酵做醬。

[5]【顏注】師古曰：道，由也，由此而來。【今注】牂（zāng）柯江：即今珠江水系西江上游北盤江。

[6]【顏注】師古曰：番，音普安反。禺，音服（服，蔡琪本、大德本、殿本作"偶"）。【今注】番（pān）禺（yú）：縣名。治所在今廣東廣州市番禺區。秦置，爲南海郡治。秦漢之際，趙佗割據嶺南，稱南越武王，以番禺爲都，並加以擴建。20 世紀 70 年代以來，南越國第二代君主文帝趙眜陵墓、南越國宮署遺址相繼發現。根據考古發現推測，番禺城北界大致在今廣東廣州市越華

路附近，東界至今舊倉巷、長唐街一綫，西界至今吉祥路和教育路以西，南界至今惠福路與西湖路之間的南越國木構水閘遺址處。東西約 500 米，南北約 800 米，面積約 40 萬平方米。從考古出土資料來看，秦及西漢時期多作“蕃禺”，如廣西貴港市羅泊灣漢墓出土的“蕃”字銘文青銅鼎、廣東廣州市南越王墓出土的“蕃禺”銘文青銅器；東漢時期器物銘文多作“番禺”，如廣東廣州沙河東漢墓出土的“番禺丞”三字印文（參見吳凌雲《〈史記〉〈漢書〉南越傳的比較》，中國社會科學院考古研究所、廣州市文物考古研究所編《西漢南越國考古與漢文化》，科學出版社 2010 年版，第 119—129 頁）。

[7]【今注】案，舩，殿本作“船”。

[8]【今注】案，旨，蔡琪本、大德本、殿本作“上曰”。

[9]【顏注】師古曰：言爲天子之車服。【今注】黃屋：皇帝御車上有羽蓋，以黃繒爲裹，爲曰黃屋。　左纛（dào）：皇帝御車之裝飾物，用犛牛尾製做，設在車衡左邊。

[10]【今注】外臣：春秋戰國時期稱他國之臣爲外臣，秦漢時期則指臣服於中央政權的周邊少數民族政權。中央政權賜予藩國首領封號，經常以財物賞賜。藩國則要定期遣使納貢職甚至親自朝請，維護邊境安全，不得擅自興兵滋事。外臣名義上爲漢王朝之臣，實際上在自己的統治區域內擁有完全自主權。衛氏朝鮮、趙氏南越等皆曾爲西漢外臣藩國（參見劉瑞《秦、西漢的“內臣”與“外臣”》，《民族研究》2003 年第 3 期）。

[11]【今注】長沙：王國名。治臨湘縣（今湖南長沙市）。豫章：郡名。治南昌縣（今江西南昌市）。

[12]【今注】案，舩，蔡琪本、殿本作“船”。

[13]【今注】郎中將：漢代郎官的一種，分爲郎中車將、郎中戶將、郎中騎將，通常省稱爲“車將”“戶將”“騎將”，分別管理車郎中、戶郎中、騎郎中。職在宿衛扈從，亦奉命出使，或安輯屬國，或督軍征伐。屬郎中令（光祿勳），秩比千石。

[14]【顏注】師古曰：食糧及衣重也（糧，殿本作“粮”）。
重，音直用反。

[15]【今注】巴苻關：即苻關。在今四川合江縣。秦漢時屬
巴郡，故名巴苻關。案，巴苻關，蔡琪本、大德本、殿本作“巴莋
關”，《史記》卷一一六《西南夷列傳》作“巴蜀筰關”，俱誤。
詳見王念孫《讀書雜志·漢書第十四》。

[16]【顏注】師古曰：多同，其侯名也。【今注】案，夜郎
開國故事中有夜郎侯。《後漢書》卷八六《西南夷傳》記載：“夜郎
者，初有女子浣於遯水，有三節大竹流入足間，聞其中有號聲，剖
竹視之，得一男兒，歸而養之。及長，有才武，自立爲夜郎侯，以
竹爲姓。武帝元鼎六年，平南夷，爲牂柯郡，夜郎侯迎降，天子賜
其王印綬。後遂殺之。夷獠咸以竹王非血氣所生，甚重之，求爲立
後。牂柯太守吳霸以聞，天子乃封其三子爲侯。死，配食其父。今
夜郎縣有竹王三郎神是也。”

[17]【顏注】師古曰：比之於漢縣也。

[18]【今注】犍爲郡：初治僰道（今四川宜賓市西南），後移
至武陽縣（今四川眉山市彭山區東）。

[19]【今注】僰道：縣道名。僰人聚居之地，故名。

[20]【今注】司馬相如：傳見本書卷五七。

[21]【今注】都尉：官名。秦設郡尉，西漢沿置。景帝中元
二年（前148）更名都尉，佐助太守典掌一郡軍事，秩比二千石。
武帝以後，新拓邊地往往設置二部或數部都尉以加强統治。

　　當是時，巴蜀四郡通西南夷道，[1]載轉相饟。[2]數
歲，道不通，士罷餓餧，離暑溼，死者甚衆。[3]西南夷
又數反，發兵興擊，耗費亡功。[4]上患之，使公孫弘往
視問焉。[5]還報，言其不便。及弘爲御史大夫，[6]時方
築朔方，[7]據河逐胡，[8]弘等因言西南夷爲害，[9]可且

罷，專力事匈奴。上許之，罷西夷，獨置南夷兩縣一都尉，[10]稍令犍爲自保就。[11]

[1]【今注】四郡：巴郡、蜀郡、漢中郡（治西城縣，在今陝西安康市西）、廣漢郡（治梓潼縣，在今四川梓潼縣）。

[2]【顏注】師古曰：饟，古"餉"字。

[3]【顏注】師古曰："罷"讀曰"疲"。餒，飢也。罹，遭也。餒，音能賄反。【今注】罷：同"疲"。

[4]【顏注】師古曰：秏，損也，音呼到反。

[5]【今注】公孫弘：傳見本書卷五八。

[6]【今注】御史大夫：官名。丞相副貳，秩中二千石，協調處理天下政務，以監察、執法爲主要職掌，爲全國最高監察、執法長官。主管圖籍秘書檔案、四方文書，百官奏議經其上呈，皇帝詔命由其承轉丞相下達執行，負責考課、監察、彈劾官吏，典掌刑獄，收捕、審訊有罪官吏等，或派員巡察地方，鎮壓事變，有時亦督兵出征。丞相缺位，常由其遞補。案，公孫弘拜丞相，時在武帝元朔三年（前126）。

[7]【今注】朔方：漢武帝元朔二年（前127），漢軍擊敗匈奴，收復河南地（今內蒙古河套地區），新置朔方郡，治朔方縣。次年復遣校尉蘇建築朔方城。此城當即朔方郡、朔方縣所在城邑（今內蒙古杭錦旗東北）。

[8]【今注】河：黃河。 胡：指匈奴。

[9]【顏注】師古曰：言通西南夷大爲損害。

[10]【今注】南夷兩縣一都尉：兩縣，指鄨縣（今貴州遵義市西）、故且蘭縣（今貴州福泉市）。都尉，指夜郎都尉。案，《史記》卷一一六《西南夷列傳》作"南夷夜郎兩縣一都尉"。

[11]【顏注】師古曰：令自保守，且脩成其郡縣。【今注】稍令犍爲自保就：意謂令犍爲郡各地收縮以自保。王念孫《讀書雜

志·漢書第十四》曰："保就猶言保聚。僖二十六年《左傳》'我敝邑，用不敢保聚'是也。'聚''就'一聲之傳。《逸周書·謚法篇》'就，會也'，是就有聚會之義。師古訓'就'爲'成'，則與'保'字義不相屬，乃云'令自保守，且脩成其郡縣'，則增字爲解，而非其本旨矣。"

及元狩元年，[1]博望侯張騫言使大夏時，[2]見蜀布、邛竹杖，[3]問所從來，曰："從東南身毒國，[4]可數千里，得蜀賈人市。"或聞邛西可二千里有身毒國。騫因盛言大夏在漢西南，[5]慕中國，患匈奴隔其道，誠通蜀，身毒國道便近，[6]又亡害。於是天子迺令王然于、柏始昌、呂越人等十餘輩間出西南夷，[7]指求身毒國。至滇，滇王當羌迺留爲求道。[8]四歲餘，[9]皆閉昆明，莫能通。[10]滇王與漢使言："漢孰與我大？"[11]及夜郎侯亦然。各自以一州王，[12]不知漢廣大。使者還，因盛言滇大國，足事親附。[13]天子注意焉。

[1]【今注】元狩：漢武帝年號（前122—前117）。

[2]【今注】博望侯：侯國治所在今河南方城縣西南。漢武帝元朔六年（前123），封張騫爲博望侯。　張騫：傳見本書卷六一。
大夏：中亞古國名。在今阿富汗北部，國都藍氏城（今阿富汗瓦齊拉巴德）。

[3]【今注】蜀布：蜀地出產的一種細布。　邛竹杖：用邛竹製作的手杖。邛竹，亦作"筇竹"，中實而節高，適於爲杖。邛，一說即邛都之邛山（今四川西昌市東南）；一說指嚴道之邛徠山（今四川滎經縣西南）。

[4]【顏注】師古曰：即天竺也，亦曰捐篤也。【今注】身

毒：古印度。或譯爲“天竺”。王先謙《漢書補注》以爲“捐篤”當作“捐毒”，是西域邦國，並非天竺，顏注誤。

[5]【今注】盛言：極力申説。

[6]【今注】案，或可標點爲“誠通蜀、身毒國，道便近”（詳見袁慶述《〈漢書〉標點疑誤》，《古漢語研究》1997 年第 3 期）。

[7]【顏注】師古曰：求間隙而出也。

[8]【顏注】師古曰：當羌，滇王名。【今注】案，當羌，《史記》卷一一六《西南夷列傳》作“嘗羌”。

[9]【今注】四歲餘：王先謙《漢書補注》引宋祁説，以爲“四”當爲“西”字，屬上句爲“求道西”，意謂尋覓自滇西行的道路。

[10]【顏注】師古曰：爲昆明所閉塞。

[11]【顏注】師古曰：與猶如。

[12]【今注】案，王，或當作“主”。王念孫《讀書雜志·漢書第十四》曰：“‘王’當爲‘主’。上文云‘名爲外臣，實一州主’、《南粤傳》‘此亦一州之主’，皆其證。《御覽·四夷部十一》引此正作‘主’，《史記》及《通鑑·漢紀十一》同。”

[13]【顏注】師古曰：言可專事招來之，令其親附。

及至南粤反，上使馳義侯因犍爲發南夷兵。[1]且蘭君恐遠行，旁國虜其老弱，[2]乃與其衆反，殺使者及犍爲太守。漢迺發巴蜀罪人當擊南粤者八校尉擊之。[3]會越已破，漢八校尉不下，中郎將郭昌、衞廣引兵還，[4]行誅隔滇道者且蘭，[5]斬首數萬，遂平南夷爲牂柯郡。[6]夜郎侯始倚南粤，南粤已滅，還誅反者，[7]夜郎遂入朝，上以爲夜郎王。南粤破後，及漢誅且蘭、邛君，并殺莋侯，冉駹皆震恐，請臣置吏。以邛都爲粵巂郡，[8] 莋都爲沈黎郡，[9] 冉駹爲文山郡，[10] 廣漢西白馬爲武都郡。[11]

[1]【今注】馳義侯：本書卷六《武紀》作"越馳義侯遺"，知其爲越人，名遺，姓氏不詳，歸義於漢而得封侯。

[2]【顔注】師古曰：恐發兵與漢行後，其國空虛，而旁國來寇，鈔取其老弱也。且，音子餘反。【今注】且（jū）蘭：西南古國名。大致在今貴州黄平縣至貴陽市一帶。與夜郎同屬濮越系族群。漢武帝元鼎六年（前111）爲漢所滅，其地置故且蘭縣，爲牂柯郡郡治。

[3]【今注】案，當，殿本作"嘗"。 校尉：此爲軍隊武官名。地位低於將軍，高於都尉，出征時臨時任命，領一校兵，有司馬、候等屬官。校爲漢代軍隊編制名稱，一校即一部，往往駐扎於同一營壘，故校又稱"營"。

[4]【今注】中郎將：郎官名。分爲五官中郎將、左中郎將、右中郎將三種，分別統率所部諸郎及謁者。屬郎中令（光禄勳），秩比二千石。 郭昌：西漢雲中郡（今内蒙古托克托縣古城村）人。武帝時爲校尉，隨大將軍衛青北擊匈奴。元鼎六年爲中郎將，率領準備遠征南越的巴蜀八校尉轉攻且蘭及南夷諸部，漢以其地置牂柯郡。元封二年（前109）率數萬士卒治理瓠子決口，使改道二十三年之久的黄河復歸故道。同年又率巴蜀兵平定西南夷中之不服者，漢以其地置益州郡。元封四年（前107）以太中大夫拜爲拔胡將軍，駐屯朔方郡，備禦匈奴侵擾。元封六年（前105）率軍征討益州昆明族叛亂，作戰不力而被免職。宣帝地節年間（前69—前66）以光禄大夫身份巡察黄河，修渠引水，百姓以安。

[5]【顔注】師古曰：言因軍行而便誅之也。【今注】案，且蘭，《史記》卷一一六《西南夷列傳》作"頭蘭"。司馬貞《索隱》

以爲頭蘭即且蘭。周振鶴以爲，且蘭在牂柯郡東北，沅水之源，不可能橫隔通滇。武帝元封二年分牂柯郡西部數縣納入新置的益州郡，頗疑《史記》所言頭蘭與此數縣有關（參見《中國行政區劃通史·秦漢卷上》，第 174—175 頁）。

［6］【今注】牂柯郡：治故且蘭縣（今貴州福泉市一帶）。常璩《華陽國志·蜀志》記載："元封元年，分犍爲置牂柯郡。"案，"元封元年"當爲"元鼎六年"之誤。

［7］【顏注】師古曰：謂軍還而誅且蘭。

［8］【今注】粵嶲郡：即越嶲郡。漢武帝元鼎六年置，治邛都縣（今四川西昌市東南）。粵嶲，居延漢簡編號 EPT22·69 簡作"越嶲"。

［9］【今注】沈黎郡：漢武帝元鼎六年置，治筰都縣（今四川漢源縣東北）。天漢四年（前 97）省罷，屬縣歸蜀郡。黎，《史記·西南夷列傳》作"犂"。周明泰《再續封泥考略》有"沈犂太守章"。

［10］【今注】文山郡：漢武帝元鼎六年置，治汶江道（今四川茂縣北）。宣帝地節三年（前 67）省罷，屬縣歸蜀郡。文，《史記·西南夷列傳》作"汶"。

［11］【今注】武都郡：漢武帝元鼎六年（前 111），以廣漢郡西北陰平道、甸氐道、剛氐道及隴西郡東南數縣置武都郡。郡治武都縣（今甘肅禮縣南）。

　　使王然于以粵破及誅南夷兵威風諭滇王入朝。[1]滇王者，其衆數萬人，其旁東北勞深、靡莫皆同姓相杖，未肯聽。[2]勞、莫數侵犯使者吏卒。元封二年，[3]天子發巴蜀兵擊滅勞深、靡莫，以兵臨滇。滇王始首善，以故弗誅。[4]滇王離西夷，[5]滇舉國降，請置吏入朝。於是以爲益州郡，[6]賜滇王王印，[7]復長其民。[8]西南夷君長以百數，[9]獨夜郎、滇受王印。滇，小邑也，最寵焉。

[1]【顏注】師古曰："風"讀曰"諷"。

[2]【顏注】師古曰：杖猶倚也，相依倚爲援而不聽滇王入朝也。杖（杖，殿本作"仗"），音直亮反。【今注】勞深：西南古族名。分布在今雲南東北一帶。與滇人同族屬。《史記》卷一一六《西南夷列傳》作"勞浸"。 靡莫：西南古族名。分布在今雲南東北一帶。與滇人同族屬。有學者推測勞深是地名或部族，靡莫爲族名，勞深與滇時代相同，同爲靡莫之屬（詳見方國瑜《中國西南歷史地理考釋》，中華書局 1987 年版，第 13 頁）。滇與滇東高原的勞深、靡莫雖彼此相扶，但並没有進一步形成政治上的統屬關係，最多可能祇是一種比較鬆散的聯盟關係。以雲南曲靖市八塔臺墓地爲代表的青銅文化，分布於曲靖盆地及其邊沿地帶，年代上限至戰國晚期，下限至東漢早期，以西漢時期爲主，可能與勞深、靡莫有關（參見楊勇《戰國秦漢時期雲貴高原考古學文化研究》，科學出版社 2011 年版，第 195—200 頁）。 杖：倚仗。殿本作"仗"。《史記·西南夷列傳》作"扶"。

[3]【今注】元封三年：公元前 109 年。元封，漢武帝年號（前 110—前 105）。

[4]【顏注】師古曰：言初始以來，常有善意。

[5]【顏注】師古曰：言東嚮事漢。

[6]【今注】益州郡：治滇池縣（今雲南昆明市晉寧區東）。

[7]【今注】滇王王印：1956 年，雲南晉寧縣石寨山 6 號墓出土一枚西漢時期的金印，印紐作蛇形，背爲鱗紋。印面方形，邊長 2.3 釐米，通高 1.8 釐米，陰文篆刻"滇王之印"四字，正與文獻記載對應。1955—1960 年，雲南省博物館對石寨山墓群做了四次考古發掘，1996 年進行了第五次發掘，出土了包括青銅器在内的大量

精美隨葬品，確認其地爲古滇國的墓地。

[8]【顏注】師古曰：爲之長帥。

[9]【今注】案，數，蔡琪本、殿本作"入"。

　　後二十三歲，孝昭始元元年，[1]益州廉頭、姑繒民反，[2]殺長吏。[3]牂柯談指、同並等二十四邑凡三萬餘人皆反。[4]遣水衡都尉發蜀郡、犍爲犇命萬餘人[5]擊牂柯，大破之。後三歲，姑繒、葉榆復反，遣水衡都尉呂辟胡將郡兵擊之。[6]辟胡不進，蠻夷遂殺益州太守，乘勝與辟胡戰，士戰及溺死者四千餘人。明年，復遣軍正王平與大鴻臚田廣明等竝進，[7]大破益州，斬首捕虜五萬餘級，獲畜產十餘萬。[8]上曰："鉤町侯亡波率其邑君長人民擊反者，[9]斬首捕虜有功，其立亡波爲鉤町王。大鴻臚廣明賜爵關內侯，[10]食邑三百户。"後間歲，武都氐人反，[11]遣執金吾馬適建、龍頟侯韓增與大鴻臚廣明將兵擊之。[12]

　　[1]【今注】孝昭：即漢昭帝劉弗陵。紀見本書卷七。　始元：漢昭帝年號（前86—前81）。

　　[2]【今注】廉頭姑繒：當爲二縣名，本書《地理志》不載。或以爲皆爲西南夷族群名稱。本書《昭紀》顏師古注引蘇林曰："皆西南夷別種名也。"

　　[3]【今注】長吏：縣令長、尉、丞以上的地方官。

　　[4]【顏注】師古曰：並，音"伴"。【今注】談指：縣名。治所在今貴州貞豐縣西北一帶。　同並：縣名。治所在今雲南彌勒市東南。

　　[5]【顏注】師古曰：犇，古"奔"字。奔命，解在《昭

紀》。【今注】水衡都尉：官名。西漢武帝時始置，掌上林苑諸事，兼管帝室收入及鑄錢等事，職權頗重。秩比二千石。案，本書《昭紀》記其事爲"遣水衡都尉吕破胡募吏民及發犍爲、蜀郡犇命擊益州"，知時任水衡都尉爲吕破胡，即本段下文之"辟胡"。王先謙《漢書補注》以爲此處不應祇寫官名而不寫人名，當有脱文。　犇命：因軍情緊急而臨時徵募的士兵。本書《昭紀》顏師古注引應劭曰："舊時郡國皆有材官騎士以赴急難，今夷反，常兵不足以討之，故權選取精勇。聞命奔走，故謂之奔命。"

　　[6]【顏注】師古曰：辟，音"壁"（壁，蔡琪本、殿本作"璧"）。【今注】吕辟胡：漢昭帝始元元年（前86）任水衡都尉，後率軍平定牂柯郡西南夷之亂。後調任雲中郡太守。本書《昭紀》作"吕破胡"，《百官公卿表下》亦作"吕辟胡"。

　　[7]【今注】軍正：武官名。負責軍中司法，作戰時亦可單獨統軍。　王平：字子心，齊國（治所在今山東淄博市臨淄區齊都鎮）人。漢武帝時曾任廷尉。昭帝始元元年奉詔持節巡視郡國。後爲軍正，始元四年（前83）討伐益州西南夷之亂，大獲全勝，因功次年復爲廷尉。元鳳三年（前78）因得罪權臣霍光，被以放縱反者罪名腰斬處死。　大鴻臚：秦時稱典客，漢景帝時稱大行令，武帝太初元年（前104）更名爲大鴻臚，掌禮賓諸侯，接待郡國上計吏，管理四方少數民族朝貢交流等事務。位列九卿，秩中二千石。　田廣明：傳見本書卷九〇。

　　[8]【今注】案，本書《昭紀》作"斬首捕虜三萬餘人，獲畜産五萬餘頭"，與此異。

　　[9]【顏注】師古曰：鉤，音鉅于反。町，音大鼎反。【今注】鉤町：或作"句町"。西南夷族群名。主要活動在今雲南東南、廣西西部一帶。漢武帝元鼎六年（前111）於其地置鉤町縣（今雲南廣南縣西北），屬牂柯郡。策封其首領爲侯，管理族群事務。　亡波：人名。或作"毋波"。鉤町部族首領，漢武帝時封爲

鉤町侯，昭帝時因協助漢軍平定益州西南夷之亂而晉封爲鉤町王。

[10]【今注】關内侯：爵位名。秦漢二十等爵的第十九級，僅低於列侯。有其號，無封國。一般是對立有軍功將領的獎勵，封有食邑數户，有按規定户數徵收租税之權（參見師彬彬《兩漢關内侯問題研究綜述》，《中國史研究動態》2015 年第 2 期）。

[11]【顔注】師古曰：間歲，隔一歲。【今注】後間歲：隔一年，即漢昭帝元鳳元年（前 80）。 武都：郡名。治武都縣（今甘肅禮縣南）。

[12]【今注】執金吾：官名。西漢中央諸卿之一。職掌宫殿之外、京城之内的警備事務，天子出行時充任儀衛導行。秩中二千石。 馬適建：河東人。姓馬適，名建。漢昭帝始元元年起即任執金吾。馬適爲漢代習見之姓。本書卷九九下《王莽傳下》有“鉅鹿人馬適求”。羅福頤《漢印文字徵》有“馬適高”“馬適昭”“馬適僑”“馬適定”“馬適福”“馬適襃”“馬適恢”等七印（參見陳直《漢書新證》）。 龍頟（é）侯：侯國治所在今山東齊河縣西北。龍頟，亦作“龍雒”。 韓增：一作“韓曾”。漢初異姓諸侯王韓王信後裔。父韓説，武帝時因北擊匈奴立功而封龍頟侯，後在“巫蠱之禍”中爲戾太子所殺。武帝後元元年（前 88）韓增以父爵紹封。昭帝元鳳元年率軍平定武都氐人變亂，元平元年（前 74）以光禄大夫爲前將軍。與霍光等擁立宣帝，因功而得益封。宣帝本始二年（前 72）率三萬騎兵從雲中郡出塞，參與五將軍北伐匈奴之役。神爵元年（前 61）爲大司馬車騎將軍。增爲人厚重謹信，爲退讓君子，又善舉賢才。五鳳二年（前 56）卒。事見本書卷三三《韓王信傳》。

　　至成帝河平中，[1]夜郎王興與鉤町王禹、漏卧侯俞[2]更舉兵相攻。[3]牂柯太守請發兵誅興等，議者以爲道遠不可擊，迺遣大中大夫蜀郡張匡持節和解。[4]興等不從命，刻木象漢吏，立道旁射之。杜欽説大將軍王鳳曰：[5]"大中大夫匡使和解蠻夷王侯，王侯受詔，已復相攻，輕易漢使，[6]不憚國威，其效可見。恐議者選耎，復守和解，[7]太守察動静，有變迺以聞。如此則復曠一時，[8]王侯得收獵其衆，申固其謀，黨助衆多，各不勝忿，必相殄滅。自知罪成，狂犯守尉，[9]遠臧温暑毒草之地，[10]雖有孫吳將，賁育士，[11]若入水火，往必焦没，[12]知勇亡所施。[13]屯田守之，費不可勝量。宜因其罪惡未成，未疑漢家加誅，陰敕旁郡守尉練士馬，[14]大司農豫調穀積要害處，[15]選任職太守往，以秋涼時入，誅其王侯尤不軌者。即以爲不毛之地，亡用之民，聖王不以勞中國，[16]宜罷郡，放棄其民，絶其王侯勿復通。如以先帝所立累世之功不可墮壞，[17]亦宜因其萌牙，[18]早斷絶之。及已成形然後戰師，[19]則萬姓被害。"

[1]【今注】成帝：漢成帝劉驁。紀見本書卷一〇。　河平：漢成帝年號（前28—前25）。

[2]【顔注】孟康曰：漏卧，夷邑名，後爲縣。師古曰：俞，音"踰"。【今注】漏卧：西南夷族群名。主要活動在今雲南羅平縣一帶（一説在今雲南師宗縣一帶）。漢武帝元鼎六年（前111）於其地置漏卧縣（今雲南羅平縣），屬牂柯郡。策封其首領爲侯，管理族群事務。

[3]【顔注】師古曰：更，互也，音工衡反。

[4]【今注】大中大夫：即太中大夫。秦始置，居諸大夫之首，漢武帝時次於光禄大夫，屬郎中令（光禄勳），無員額。侍從

皇帝左右，掌顧問應對、參謀議政、奉詔出使。秩比千石。多以寵臣貴戚充任。　張匡：西漢蜀郡（今四川成都市）人。成帝時任太中大夫，河平年間持節赴益州調解西南夷諸部内亂，河平四年（前25）借日蝕上書彈劾丞相王商，終致王商被免職歸家，嘔血而死。本書卷七〇《陳湯傳》記成帝時“弘農太守張匡坐臧百萬以上”，或即同一人。

[5]【今注】杜欽：字子夏，南陽郡杜衍縣（今河南南陽市卧龍區西南）人。漢宣帝御史大夫杜延年之子。少好經書，因眼疾而不好爲官，成帝時任大將軍武庫令、議郎。有見識謀略，深得大將軍王鳳欣賞，聘入幕府，多有匡諫。傳見本書卷六〇。　大將軍：戰國秦至西漢前期本爲將軍的最高稱號，非常設，遇有戰事時負責統兵作戰，事畢即罷。武帝之後漸成常設性高級軍政官職，其前多冠以“大司馬”，領尚書事，秩萬石，位高權重，事實上成爲最高行政長官。多由貴戚擔任。　王鳳：字孝卿，西漢東平陵（今山東濟南市東）人。元帝皇后王政君兄。初爲衞尉，襲父爵陽平侯。成帝即位，以外戚爲大司馬大將軍，領尚書事，專斷朝政十一年。事迹見本書卷九八《元后傳》。

[6]【今注】輕易：輕視，不尊重。

[7]【顔注】師古曰：選耎，怯不前之意也。選，音息兖反。耎，音人兖反（人，大德本、殿本作“大”）。【今注】選（xùn）耎（ruǎn）：畏懼怯弱。選，同“遜”。耎，同“軟”。

[8]【顔注】師古曰：曠，空也。一時，三月也。言空廢一時不早發兵也。

[9]【顔注】師古曰：言起狂勃之心而殺守尉也（勃，蔡琪本、殿本作“悖”）。【今注】狂犯：楊樹達《漢書窺管》以爲顔注誤，狂犯猶言恣犯、妄犯。

[10]【今注】臧：同“藏”。

[11]【顔注】師古曰：孫，孫武也。吳，吳起也。賁，孟賁

也。育，夏育也。【今注】孫吳將：以孫武、吳起那樣的名將爲統帥。孫武，春秋後期軍事家，善計謀，曾輔佐吳王闔閭攻入楚都郢城，重創楚國，爲吳國稱霸立下大功。著有《孫子兵法》。吳起，戰國初軍事家、政治家，曾輔佐魏文侯在陰晉之戰中大敗秦軍，又曾在楚國屬行改革。著有《吳起》四十八篇，今僅有《吳子兵法》六篇傳世。孫武、吳起傳並見《史記》卷六五。　　賁育士：以孟賁、夏育那樣的勇士爲兵卒。孟賁，戰國時期衛國（一說爲齊國）人，以勇悍著稱，敢生拔牛角。據說水行不避蛟龍，陸行不避虎兕，發怒時髮直目裂，氣勢令人震駭。夏育，戰國時期衛國（一說爲齊國）人，亦以勇悍著稱，據說一人叱呼而駭退三軍。

[12]【今注】焦没：燒焦、沈没。《荀子·議兵》："若赴水火，入焉焦没耳。"

[13]【今注】知：同"智"。

[14]【顏注】師古曰：練，簡也。【今注】練：選拔。

[15]【顏注】師古曰：調，發也。要害者，在我爲要，於敵爲害也。調，音徒釣反。【今注】大司農：官名。秦及漢初稱治粟内史，景帝後元元年（前 143）更名"大農令"，武帝太初元年（前 104）更名"大司農"。掌國家錢穀租税等財政收支。位列九卿，秩中二千石。

[16]【顏注】師古曰：即猶若也。不毛，言不生草木。

[17]【顏注】師古曰：如亦若也。墮，毀也，音火規反。

[18]【今注】牙：同"芽"。

[19]【今注】戰師：戰之以師，派軍出征。

大將軍鳳於是薦金城司馬陳立爲牂柯太守。[1]立者，臨邛人，[2]前爲連然長、不韋令，[3]蠻夷畏之。及至牂柯，諭告夜郎王興，興不從命，立請誅之。未報，[4]迺從吏數十人出行縣，[5]至興國且同亭，[6]召興。

興將數千人往至亭，從邑君數十人入見立。^[7]立數責，因斷頭。^[8]邑君曰：“將軍誅亡狀，^[9]爲民除害，願出曉士衆。”以興頭示之，皆釋兵降。^[10]鉤町王禹、漏臥侯俞震恐，入粟千斛，牛羊勞吏士。立還歸郡，興妻父翁指與子邪務收餘兵，^[11]迫脅旁二十二邑反。至冬，立奏募諸夷，與都尉、長史分將攻翁指等。^[12]翁指據阸爲壘，立使奇兵絕其饟道，^[13]縱反間以誘其衆。^[14]都尉萬年曰：“兵久不決，費不可共。”^[15]引兵獨進，敗走，趨立營。^[16]立怒，叱戲下令格之。^[17]都尉復還戰，立引兵救之。時天大旱，立攻絕其水道，蠻夷共斬翁指，持首出降。

[1]【今注】金城：郡名。治允吾縣（今甘肅永靖縣西北）。司馬：此指郡司馬，爲太守屬下統兵武官。　陳立：據常璩《華陽國志·序志》記載，立字少興。

[2]【今注】臨邛：縣名。治所在今四川邛崍市。

[3]【顏注】蘇林曰：皆益州縣也。【今注】連然：縣名。治所在今雲南安寧市。　不韋：縣名。治所在今雲南保山市東北。

[4]【今注】報：皇帝對上奏文書的批復。

[5]【顏注】師古曰：行，音下更反。【今注】行縣：巡視郡內諸縣。

[6]【顏注】師古曰：且，音子餘反。【今注】且同亭：夜郎王國境內亭名。其地或在今貴州貞豐、册亨、望謨、羅甸諸縣之間（參見王燕玉《夜郎沿革考》，《貴州師範大學學報》1977 年第 4 期）。

[7]【今注】邑君：夜郎諸部落首領。

[8]【顏注】師古曰：數，音所具反。【今注】斷頭：楊樹達

《漢書窺管》以爲"斷"下當有"其"字。

[9]【今注】亡狀：即"無狀"。意謂邪惡不端之人。

[10]【顏注】師古曰：釋，解也。

[11]【今注】案，蔡琪本、大德本、殿本"子"前有"興"字。

[12]【今注】長史：官名。此指郡長史。西漢時邊郡設長史一人，爲太守佐官，管理太守所部兵馬，秩六百石。衛宏《漢舊儀》："邊郡太守置長史一人，丞一人，治兵民。當兵行，長史領。"

[13]【今注】饟道：糧草補給路綫。

[14]【顏注】師古曰：間，音居莧反。

[15]【顏注】師古曰："共"讀曰"供"。

[16]【顏注】師古曰："趨"讀曰"趣"。趣，向也。

[17]【顏注】師古曰：戲，音許宜反，又音"麾"（麾，蔡琪本、大德本、殿本作"麾"）。解在《高紀》及《灌夫傳》。【今注】戲（huī）：同"麾"。軍中主將之旗。　格：擊殺。

立已平定西夷，徵詣京師。會巴郡有盜賊，復以立爲巴郡太守，秩中二千石居，[1]賜爵左庶長。[2]徙爲天水太守，[3]勸民農桑爲天下最，賜金四十斤。入爲左曹衛將軍、護軍都尉，[4]卒官。

[1]【今注】秩中二千石居：漢制，太守官秩爲二千石，中二千石通常爲九卿之秩。陳立身爲郡太守而享受九卿待遇，有榮寵表彰之意。

[2]【顏注】師古曰：第十爵也。【今注】左庶長：秦漢二十等爵的第十級。

[3]【今注】天水：郡名。治平襄縣（今甘肅通渭縣）。

[4]【今注】左曹：加官名。與右曹合稱左右曹，又稱諸曹，

加此職可平議尚書奏事，與聞政事。　衛將軍：西漢高級武官名。掌京師屯兵及宮禁護衛。金印紫綬。位在大將軍、驃騎將軍、車騎將軍之後，前、後、左、右將軍之前，加大司馬號則爲中朝官首領，預政定策，進而成爲最有權勢的軍政大臣。　護軍都尉：武官名。秦置，漢沿置。初爲臨時武職，負責監領諸軍、協調各部將領，武帝時爲大司馬屬官，成帝時居大司馬府，比司直，秩比二千石。哀帝時更名"司寇"，平帝時更名"護軍"。

　　王莽篡位，[1]改漢制，貶鉤町王以爲侯。王邯怨恨，[2]牂柯大尹周欽詐殺邯。[3]邯弟承攻殺欽，州郡擊之，不能服。三邊蠻夷愁擾盡反，[4]復殺益州大尹程隆。[5]莽遣平蠻將軍馮茂發巴、蜀、犍爲吏士，[6]賦斂取足於民，[7]以擊益州。出入三年，疾疫死者什七，[8]巴、蜀騷動。莽徵茂還，誅之。更遣寧始將軍廉丹與庸部牧史熊[9]大發天水、隴西騎士，[10]廣漢、巴、蜀、犍爲吏民十萬人，轉輸者合二十萬人，擊之。始至，頗斬首數千，其後軍糧前後不相及，士卒飢疫，[11]三歲餘死者數萬。而粵嶲蠻夷任貴亦殺太守枚根，自立爲邛轂王。[12]會莽敗，漢興，誅貴，復舊號云。[13]

　　[1]【今注】王莽：傳見本書卷九九。

　　[2]【顏注】師古曰：邯，其王名也。邯，音"酣"。

　　[3]【今注】牂柯大尹：即牂柯太守。新莽改革官制，稱郡太守爲"大尹"。　周欽：本書卷九九中《王莽傳中》有"莽諷牂柯大尹周歆詐殺邯"，周欽、周歆各一見，未知孰是。

　　[4]【今注】三邊蠻夷：指東北穢貉、高句驪，西南益州蠻夷，北方匈奴。案，本書《王莽傳中》有"西域諸國以莽積失恩

信，焉耆先畔，殺都護但欽"，則當時西北亦有邊亂。

［5］【今注】益州大尹：即益州太守。

［6］【今注】平蠻將軍：新莽時雜號將軍，以作戰任務爲名號，戰時建置，役畢即罷。案，平蠻將軍馮茂南征，時在新莽天鳳三年（16）。

［7］【今注】案，本書《王莽傳中》記爲"賦斂民財什取五"。

［8］【今注】什七：十分之七。本書《王莽傳中》記爲"死者什六七"。

［9］【顏注】孟康曰（孟康，蔡琪本、大德本、殿本作"師古"）：莽改益州爲庸部。【今注】寧始將軍：新莽時將軍名號。廉丹：新莽官員。始爲中郎將，甚得王莽親信，聘爲太子"四友"之一。後爲南城將軍。新莽天鳳二年（15）遷爲寧始將軍，次年率軍討伐西南夷之亂，最終無功而返。地皇三年（22）以右大司馬、更始將軍、平均侯身份率軍鎮壓赤眉軍，兵敗身死。 庸部：益州。新莽改漢州名，又置部，庸部即漢之益州。 牧：州部長官。漢武帝時設十三州部刺史，監察地方郡國，秩六百石。成帝綏和元年（前8）曾改刺史爲州牧，以應上古州伯方牧之義。哀帝建平二年（前5）復稱刺史，元壽二年（前1）又改稱州牧。新莽制度崇古，沿用州牧名稱，又因州牧地位高如三公，怠懈於刺舉諸事，故置牧監以爲輔助，職責如漢之刺史。 史熊：新莽官員。始爲庸州牧，率軍討伐西南夷亂。新莽敗亡之際，被拜爲"九虎"將軍之一，率北軍精銳抵禦反莽義軍，兵敗自殺。

［10］【今注】隴西：郡名。治狄道縣（今甘肅臨洮縣）。案，西漢時期，隴西、天水、安定、北地、上郡、西河西北六郡地接戎狄，士民有勇力，善騎射，是騎兵的主要兵源地。

［11］【今注】案，飢，殿本作"饑"。

［12］【顏注】師古曰：枚根，太守之姓名。【今注】任貴：本爲越巂郡少數民族首領。新莽時期，天下動蕩，殺郡守而自立爲

邛穀王。新莽亡，據郡歸順割據巴蜀的公孫述。東漢建立，光武帝建武十四年（38），始自稱太守，遣使上計。建武十九年（43），陰謀叛亂，被漢武威將軍劉尚襲殺。 太守：當爲“大尹”。《後漢書》卷一三《公孫述傳》記爲“越寯任貴亦殺王莽大尹而據郡降”。 枚根：人名。應劭《風俗通義》作“牧根”。“枚”爲漢代習見姓氏，如枚乘、枚赫。

[13]【顏注】師古曰：此漢興者，謂光武中興也。

南粵王趙佗，真定人也。[1]秦并天下，略定揚粵，[2]置桂林、南海、象郡，[3]以適徙民與粵雜處。[4]十三歲，[5]至二世時，南海尉任囂[6]病且死，召龍川令趙佗[7]語曰：“聞陳勝等作亂，[8]豪桀叛秦相立，南海辟遠，恐盜兵侵此。[9]吾欲興兵絕新道，[10]自備待諸侯變，會疾甚。且番禺負山險阻，[11]南北東西數千里，頗有中國人相輔，此亦一州之主，可爲國。郡中長吏亡足與謀者，故召公告之。”即被佗書，行南海尉事。[12]囂死，佗即移檄告橫浦、陽山、湟谿關[13]曰：“盜兵且至，急絕道聚兵自守。”因稍以法誅秦所置吏，以其黨爲守假。[14]秦已滅，佗即擊并桂林、象郡，自立爲南粵武王。

[1]【顏注】師古曰：真定，本趙國之縣也。佗，音徒何反。【今注】真定：縣名。治所在今河北石家莊市長安區東古城村一帶。案，其地本名東垣，戰國時期初屬中山國，後屬趙國。秦時仍稱東恒，屬恒山郡。漢初屬趙國，高祖十一年（前196）始更名爲真定。趙佗生於戰國末（約公元前240年），其出生地的準確名稱當爲東垣。

　　[2]【顏注】師古曰：本楊州之分（楊，殿本作“揚”），故云揚粵（揚，蔡琪本作“楊”）。【今注】揚粵：《尚書·禹貢》九州、《周禮·職方》十二州皆有揚州，居處於揚州地域的越人泛稱揚越。《史記》卷六《秦始皇本紀》記“三十三年，發諸嘗逋亡人、贅壻、賈人略取陸梁地，爲桂林、象郡、南海，以適遣戍”知秦定揚粵之地而置三郡，時在秦始皇三十三年（前214）。案，揚，蔡琪本作“楊”。“揚”同“楊”，“粵”同“越”，故亦作“楊粵”“楊越”“揚越”。

　　[3]【今注】桂林：郡名。治布山縣（今廣西桂平市西）。南海：郡名。治番禺縣（今廣東廣州市番禺區）。　象郡：治臨塵縣（今廣西崇左市）。

　　[4]【顏注】師古曰：“適”讀曰“讁”。讁有罪者，徙之於越地，與其土人雜居。【今注】適：同“讁”“讁”。因有罪過而被貶職外遷或流放發配。

　　[5]【今注】十三歲：此當指從“秦並天下”至“陳勝等作亂”的年數。秦始皇二十六年（前221）秦統一全國，秦二世元年（前209）陳勝、吳廣發動大澤鄉起義，前後恰爲十三年。

　　[6]【顏注】師古曰：囂，音“敖”（殿本此注在“病且死”後）。【今注】南海尉：掌管南海郡兵政的最高武官。秦制，郡設尉一人，爲郡守佐官，掌一郡武備盜賊之事。秩比二千石。西漢沿置，景帝時改稱都尉。南海等三郡屬新開邊郡，可能衹設郡尉而不置郡守，即如郭嵩燾《史記劄記》所言，秦時“蓋凡蠻夷屬部置尉，典兵以鎮守之，不設守。初定桂林、南海、象郡，而任囂爲南海尉，即其例”。

　　[7]【顏注】師古曰：龍川，南海之縣也，即今之循州。【今注】龍川：縣名。治所在今廣東龍川縣西。

　　[8]【今注】陳勝：傳見本書卷三一。

　　[9]【顏注】師古曰：“辟”讀曰“僻”。【今注】盜兵：意同

"匪軍"，是秦朝官方對反秦武裝的蔑稱。

[10]【顏注】師古曰：秦所開越道也。【今注】新道：秦軍攻入揚粵之地時開通的道路。

[11]【顏注】師古曰：負，偝也（偝，殿本作"背"）。【今注】案，《史記》卷一一三《南越列傳》作"且番禺負山險，阻南海，東西數千里"，文義通暢，故周壽昌《漢書注校補》以爲當從《史記》。後文所云"東南西北數千萬里"，乃是趙佗上書自夸之辭，於此無涉，不足爲據。

[12]【顏注】師古曰：被，加也（加，蔡琪本作"知"），音皮義反。【今注】被：同"賊"。給予。楊樹達《漢書窺管》據《説文》六篇下《具部》"賊，遂予也"，以爲"賊佗書謂予佗書，被乃同音假字"。　行：官制術語。指官闕未補，暫由他官兼攝其事。秦漢時期，下級官員往往攝行上級官員職事，邊郡尤爲常見。

[13]【顏注】師古曰：湟，音"皇"。【今注】檄：官文書的一種，多用於急事。文氣急切，説理透徹，具有較強的勸説、訓誡與警示作用（參見李均明《簡牘文書學》，廣西教育出版社 1999 年版，第 260 頁）。　橫浦：橫浦關，即今廣東南雄市東北、江西大餘縣西南大庾嶺上的梅關，秦漢時期爲禁扼五嶺南北通道的重要關隘之一。秦代攻取嶺南之地時鑿通，故又稱"秦關"。據顧祖禹《讀史方輿紀要》卷八八《南安府·大庾縣》，章江自西而東流，橫繞郡城南側，故名橫浦。自秦代延用至唐初，後張九齡修通庾嶺，此道遂廢。一説約當今之小梅關，在江西大餘縣西南、廣東南雄市西北小庾嶺上。　陽山：陽山關，秦漢時期禁扼五嶺南北通道的重要關隘之一。在今廣東陽山縣東北銅鑼寨嶺上。《元和郡縣志》卷二九《陽山縣》："故關在縣西北四十里茂溪口……北當騎田嶺路。"　湟谿關：秦漢時期禁扼五嶺南北通道的重要關隘之一。在今廣東連州市西北。

[14]【顏注】師古曰：令爲郡縣之職，或守或假也。【今注】

守假：當依《史記·南越列傳》作"假守"，意即兼攝郡守。

　　高帝已定天下，[1]爲中國勞苦，故釋佗不誅。[2]十一年，遣陸賈立佗爲南粵王，[3]與剖符通使，[4]使和輯百粵，[5]毋爲南邊害，與長沙接境。

　　[1]【今注】高帝：即漢高祖劉邦。紀見本書卷一。

　　[2]【顏注】師古曰：釋，置也。

　　[3]【今注】陸賈：傳見本書卷四三。

　　[4]【今注】剖符：古代帝王分封功臣與諸侯，將竹製符節剖分爲二，君臣各執一半，以表守信。

　　[5]【顏注】師古曰："輯"與"集"同也（蔡琪本、殿本無"也"字）。【今注】和輯：使和睦團結。　百粵：亦作"百越"。古代南方越人的總稱。分布在今浙、閩、粵、桂等地，因部落衆多，故總稱"百粵"。

　　高后時，[1]有司請禁粵關市鐵器。[2]佗曰："高皇帝立我，通使物。今高后聽讒臣，別異蠻夷，隔絕器物。[3]此必長沙王計，[4]欲倚中國，[5]擊滅南海并王之，自爲功也。"於是佗乃自尊號爲南武帝，[6]發兵攻長沙邊，敗數縣焉。高后遣將軍隆慮侯竈擊之，[7]會暑溼，士卒大疫，兵不能隃領。[8]歲餘，高后崩，即罷兵。佗因此以兵威財物賂遺閩粵、西甌駱，役屬焉，[9]東西萬餘里。迺乘黃屋左纛，稱制，[10]與中國侔。[11]

　　[1]【今注】高后：漢惠帝母呂太后。紀見本書卷三。

　　[2]【今注】關市：漢朝在邊境關口所設與少數民族進行貿易

活動的集市。案，此處"市"字兼有買賣交易之意。

［3］【顏注】師古曰："鬲"與"隔"同。

［4］【今注】長沙王：此指長沙恭（一作"共"）王吴若，公元前186年至前178年在位。

［5］【顏注】師古曰：倚，音於綺反。

［6］【今注】案，"南"後當脱一"越"字。《史記》卷一一三《南越列傳》正作"南越武帝"。

［7］【顏注】師古曰：周竈也。慮，音"盧"。【今注】隆慮侯：侯國治所在今河南林州市。 竈：周竈，西漢開國功臣。初爲兵卒，在碭縣（今河南永城市北）追隨劉邦起兵反秦。秦亡之後，在漢王劉邦屬下擔任連敖，在楚漢戰爭中任長鈹都尉。高祖六年（前201）封爲隆慮侯。吕太后七年（前181）率軍協助長沙國抗擊南越國入侵。文帝十四年（前166）拜爲隴西將軍，與諸將軍合力將匈奴逐出塞外。文帝後元二年（前162）卒。

［8］【顏注】師古曰："隃"與"踰"同。下皆類此。【今注】領：同"嶺"。指五嶺。案，越地暑濕不利用兵之情形，可參本書卷六四上《嚴助傳》所載淮南王劉安上書："南方暑濕，近夏癉熱，暴露水居，蝮蛇蠚生，疾癘多作，兵未血刃而病死者什二三。"

［9］【顏注】師古曰：西甌即駱越也。言西者，以别東甌也。【今注】閩粵：即閩越。古代越人族群之一，主要分布在今福建北部及浙江南部。 西甌：古代越人族群之一，主要分布在今兩廣嶺南地區，包括南越、駱越、滇越、夷越等分支，爲與東部越人——東甌區别，故稱西甌。一説西甌即駱越。 駱：駱越，又作"雒越"。古代越人族群之一，主要分布在漢之交趾郡，即以今河内爲中心的越南北部及中國廣西南部地區。 役：同"役"。役使。大德本、殿本作"役"。

［10］【今注】稱制：以皇帝名義發號施令。

［11］【顏注】師古曰：侔，等也。

文帝元年，[1]初鎮撫天下，使告諸侯、四夷從代來即位意，[2]諭盛德焉。[3]迺爲佗親家在真定置守邑，[4]歲時奉祀。召其從昆弟，尊官厚賜寵之。詔丞相平舉可使粵者，[5]平言陸賈先帝時使粵。上召賈爲太中大夫，謁者一人爲副使，[6]賜佗書曰："皇帝謹問南粵王。[7]甚苦心勞意。[8]朕，高皇帝側室之子，[9]棄外奉北藩于代，道里遼遠，壅蔽樸愚，未嘗致書。[10]高皇帝棄群臣，孝惠皇帝即世，[11]高后自臨事，[12]不幸有疾，日進不衰，[13]以故誖暴乎治。[14]諸呂爲變故亂法，[15]不能獨制，迺取它姓子爲孝惠皇帝嗣。賴宗廟之靈、功臣之力，誅之已畢。朕以王侯吏不釋之故，[16]不得不立，今即位。乃者聞王遺將軍隆慮侯書，求親昆弟，請罷長沙兩將軍。[17]朕以王書罷將軍博陽侯。[18]親昆弟在真定者，已遣人存問，脩治先人冢。前日聞王發兵於邊，爲寇災不止。當其時，長沙苦之，南郡尤甚，雖王之國，庸獨利乎！[19]必多殺士卒，傷良將吏，寡人之妻，孤人之子，獨人父母，得一亡十，朕不忍爲也。朕欲定地犬牙相入者，[20]以問吏，吏曰高皇帝所以介長沙土也，[21]朕不得擅變焉。吏曰得王之地不足以爲大，得王之財不足以爲富。服領以南，王自治之。[22]雖然，王之號爲帝，兩帝並立，亡一乘之使以通其道，是爭也；爭而不讓，仁者不爲也。願與王分棄前患，[23]終今以來，通使如故。[24]故使賈馳諭告王朕意，王亦受之，毋爲寇災矣。上褚五十衣，中褚三十衣，下褚二十衣，遺王。[25]願王聽樂娛憂，存問鄰國。"[26]

[1]【今注】文帝元年：公元前 179 年。文帝，即漢文帝劉恒。紀見本書卷四。

[2]【今注】從代來：劉恒由代王入即帝位，故云"從代來"。代，代國。劉恒代國轄四郡五十三縣，約當今山西中北部、河北西北部及内蒙古東南部。王國治晉陽（今山西太原市西南）。

[3]【顏注】師古曰：言不以威武加於遠方也。

[4]【顏注】師古曰：親謂父母也。【今注】置守邑：設置守陵民户，負責灑掃祭祀。

[5]【今注】平：即陳平。傳見本書卷四〇。

[6]【今注】謁者：官名。掌賓贊受事，常充任皇帝使者。屬郎中令（光禄勳）。秩比六百石。

[7]【今注】皇帝謹問南粤王："皇帝問某官"是漢代詔書習用格式，與"制詔某官""告某官"相比，更有尊重或榮寵的意味（詳見馬怡《漢代詔書之三品》，《田餘慶先生九十華誕頌壽論文集》，中華書局 2014 年版，第 65—83 頁）。此處用"謹問"一辭，更顯尊榮。文帝六年（前 174）致匈奴單于詔書，起首爲"皇帝敬問匈奴大單于"，尊重程度更甚。

[8]【今注】苦心勞意：漢代書信中習用問候語，意即"辛苦"。或可省作"勞苦"，如甘肅敦煌懸泉漢簡編號Ⅱ0114③：630簡，簡文是一封書信，一個名叫"建"的人寫信給"中公"，起首爲"建伏地請中公、夫人足下。勞苦臨事善毋恙"。

[9]【顏注】師古曰：言非正嫡所生也。【今注】側室：妾的別稱。文帝之母薄夫人爲漢高祖諸妾之一，故文帝以"側室之子"自稱。

[10]【顏注】師古曰：言未得通使於越。

[11]【今注】孝惠皇帝：漢惠帝劉盈。紀見本書卷二。　即

世：猶去世。

[12]【今注】自臨事：處理政事。

[13]【顔注】師古曰：言疾病益甚也。

[14]【顔注】師古曰：誖，乖也，音布内反。

[15]【今注】諸呂：泛指呂太后親屬。　變故：改變成規。漢高祖生前與群臣盟約，非劉氏宗室子弟不得稱王，非劉氏而稱王，天下共擊之。呂氏執政之後，違背高祖盟約，大封諸呂爲王。

[16]【顔注】孟康曰：辭讓帝位不見置也。

[17]【顔注】師古曰：佗之昆弟在故鄉者求訪之（訪，殿本作“親”），而兩將軍將兵擊越者請罷之，以賓附於漢也。言親昆弟者，謂有服屬者也。【今注】親昆弟：未出五服的同宗兄弟。
長沙兩將軍：漢廷派駐長沙國抵禦南越的兩位將軍，當指隆慮侯周竈與下文之博陽侯陳濞。

[18]【今注】博陽侯：據本書《高惠高后文功臣表》及《史記·高祖功臣侯者年表》，當指博陽壯侯陳濞。陳濞初以舍人追隨劉邦在碭縣（今河南永城市北）起兵反秦。秦亡，在漢王劉邦屬下擔任刺客將，以都尉身份參加楚漢戰爭，多建功勳，漢高祖六年（前201）十二月封爲博陽侯（侯國治所在當在濟南郡）。漢文帝後元二年（前162）卒。

[19]【顔注】師古曰：言越兵寇邊，長沙、南郡皆厭苦之。而漢軍亦當相拒，方有戰鬬，於越亦非利也。【今注】南郡：治江陵縣（今湖北江陵縣）。南郡爲長沙國北鄰，雖不與南越接壤，但地當南北孔道，漢軍往來，糧草轉輸，必然擾動當地吏民。

[20]【今注】地犬牙相入者：漢與南越邊界犬牙交錯之處，容易引發糾紛衝突。本書卷九四《匈奴傳》記武帝元朔二年（前127），漢廷將孤懸塞外、易擾難守的上谷郡造陽之地棄予匈奴，以暫時減輕來自匈奴的侵擾壓力。王先謙《漢書補注》以爲此處言文帝言“朕欲定地犬牙相入者”，猶如《匈奴傳》“漢亦棄上谷之斗

辟縣造陽地以予胡”，棄地以求平息紛爭。楊樹達《漢書窺管》以爲：“定地兼指兩方，不專謂漢與粵。下文吏言兩事，‘朕不得擅變’，言不得予粵也。‘得王之地不足以爲大’，言不欲得粵地也。王知其一，未知其二。”此説甚是。

［21］【顔注】師古曰：介，隔也。

［22］【顔注】蘇林曰：山領名也（山領，殿本作“領山”）。如淳曰：長沙南界也。【今注】服領：地名。諸解不一。顔師古注引蘇林、如淳之説，以爲是山嶺名，在長沙南界。《資治通鑑》胡三省注以爲“自五嶺以南，荒服之外，因以稱之”。

［23］【顔注】師古曰：彼此共棄，故云分。

［24］【顔注】師古曰：從今通使至於終久，故云終今以來也。

［25］【顔注】師古曰：以綿裝衣曰褚。上中下者，綿之多少薄厚之差也。褚，音竹吕反。【今注】褚：夾有絲綿的衣服，即棉衣。

［26］【顔注】師古曰：謂東越及甌駱等。

陸賈至，南粵王恐，乃頓首謝，願奉明詔，長爲藩臣，奉貢職。於是下令國中曰：“吾聞兩雄不俱立，兩賢不並世。漢皇帝賢天子。自今以來，去帝制黄屋左纛。”因爲書稱：“蠻夷大長老夫臣佗昧死再拜上書皇帝陛下。[1]老夫故粵吏也。高皇帝幸賜臣佗璽，以爲南粵王，使爲外臣，時内貢職。[2]孝惠皇帝即位，義不忍絕，所以賜老夫者厚甚。高后自臨用事，近細士，信讒臣，[3]別異蠻夷，出令曰：‘毋予蠻夷外粵金鐵田器；馬牛羊[4]即予，予牡，毋與牝。’[5]老夫處辟，馬牛羊齒已長，[6]自以祭祀不脩，有死罪，使内史藩、中尉高、御史平凡三輩上書謝過，[7]皆不反。[8]又風聞老夫父母墳墓已壞削，兄弟宗族已誅論。[9]吏相與議曰：‘今内不得振於漢，外亡以自高異。’[10]故更號爲帝，自帝其國，非敢有害於天下。[11]高皇后聞之大怒，[12]削去南粤之籍，[13]使使不通。老夫竊疑長沙王讒臣，故敢發兵以伐其邊。且南方卑溼，蠻夷中西有西甌，其衆半臝，[14]南面稱王；東有閩粤，其衆數千人，亦稱王；西北有長沙，其半蠻夷，亦稱王。[15]老夫故敢妄竊帝號，聊以自娛。老夫身定百邑之地，東西南北數千萬里，[16]帶甲百萬有餘，[17]然北面而臣事漢，何也？不敢背先人之故。老夫處粤四十九年，[18]于今抱孫焉。然夙興夜寐，寢不安席，食不甘味，目不視靡曼之色，[19]耳不聽鍾鼓之音者，以不得事漢也。今陛下幸哀憐，復故號，[20]通使漢如故，老夫死骨不腐，改號不敢爲帝矣！謹北面因使者獻白璧一雙，[21]翠鳥千，[22]犀角十，[23]紫貝五百，[24]桂蠹一器，[25]生翠四十雙，[26]孔雀二雙。昧死再拜以聞皇帝陛下。”

[1]【今注】蠻夷大長老夫臣佗昧死再拜上書皇帝陛下：秦漢時期吏民上書皇帝，必須嚴格遵守公文格式，即官爵+臣+名+昧死上書皇帝陛下，既要準確表明上書人的身份，又要卑辭抑己以突出皇帝的權威。蔡邕《獨斷》：“漢承秦法，群臣上書皆言‘昧死言’。王莽盜位，慕古法，去‘昧死’曰‘稽首’。光武因而不改。朝臣曰‘稽首頓首’，非朝臣曰‘稽首再拜’。”甘肅武威所出漢代《王杖詔令書》記錄了長安縣一個名叫“廣”的老人給皇帝的上書，起首即爲“長安敬上里公乘臣廣昧死上書皇帝陛下”。

[2]【顏注】師古曰：言以時輸入貢職。【今注】内：同"納"。

[3]【顏注】師古曰：細士猶言小人也。

[4]【顏注】師古曰：言非中國，故云外越。【今注】毋予蠻夷外粵金鐵田器：漢初嚴禁將黃金、銅等金屬器物運出境外或關外。吕后時期的張家山漢簡《二年律令·津關令》規定："扞關、鄖關、武關、函谷關、臨晉關，及諸其塞之河津，禁毋出黃金，諸奠黃金器及銅。"《二年律令·盜律》規定："盜出黃金邊關徼，吏、卒、徒部主者智（知）而出及弗索，與同罪；弗智（知），弗索得，戍邊二歲。"私自携帶金銅財物至境外，等同於偷盜，當依盜出物品之多少及犯罪情節量刑。南越國屬徼外之地，自然屬於金銅器物禁運範圍。鐵器是比金、銅更爲重要的戰略資源。當時嶺南地區已經較多使用鐵製兵器、農具及其他用品，但是由於當地缺乏鐵礦，鐵器主要從中原輸入，故吕后時期南北關係不睦，漢廷即以中斷鐵器輸出來扼制南越，南越以此爲理由北侵長沙國。田器，即農具。1976年，廣西貴縣羅泊灣漢墓一號墓（南越國時期）出土《東陽田器志》木牘，記錄了大量農具的名稱和數量（詳見廣西壯族自治區博物館編《廣西貴縣羅泊灣漢墓》，文物出版社1988年版）。東陽是秦代設置的縣，在今江蘇盱眙縣，這是南越從中原地區輸入鐵製農具的直接例證。　馬牛羊：楊樹達《漢書窺管》以爲顏師古斷句誤，"馬牛羊"當與下句連讀。甚是。

[5]【顏注】師古曰：恐其蕃息。【今注】牡：雄性。　牝：雌性。予雄而不予雌，意謂不得繁殖興旺。

[6]【顏注】師古曰："辟"讀曰"僻"。齒已長，謂老也。【今注】馬牛羊齒已長：自謙之辭。猶言"犬馬齒衰"，意謂衰老。

[7]【今注】内史藩：諸侯王國設内史，掌治王國民政，秩二千石。漢成帝綏和元年（前8）省罷。藩，人名，姓氏不詳。　中尉高：諸侯王國設中尉，掌治王國武事，維持治安。秩二千石。

高，人名，姓氏不詳。　御史平：諸侯王國設御史大夫，負責督察王國官吏。漢景帝中元三年（前147）罷。王國御史大夫屬吏有侍御史等，此處之“御史”是指御史，抑或是“御史大夫”“侍御史”的省稱，不詳。平，人名，姓氏不詳。　三輩：三批。

[8]【今注】反：同“返”。

[9]【顏注】師古曰：風聞，聞風聲。【今注】風聞：聽到傳言。

[10]【顏注】師古曰：振，起也。

[11]【今注】案，蔡琪本、大德本、殿本句末有“也”字。

[12]【今注】高皇后：前文已稱“高后”，則此處似不當稱“高皇后”，“皇”字疑衍。

[13]【今注】籍：此謂著録諸侯王信息的簿册。

[14]【顏注】師古曰：羸謂劣弱也。【今注】羸：《史記》卷一一三《南越列傳》記爲“西甌駱裸國”，何焯《義門讀書記》卷二〇《前漢書》據此以爲顏師古注誤，“羸”當爲“臝”之訛，意同“裸”。案，西甌駱越人有斷髮裸身之俗，如廣西左江花山壁畫、越南北部東山文化靴形銅鉞中的越人圖像多有剪髮髡頭裸體者（參見謝崇安《泛北部灣地區秦漢時代的古族社會文明》，科學出版社2014年版，第68—69頁）。

[15]【顏注】師古曰：言長沙之國半雜蠻夷之人。

[16]【今注】東西南北數千萬里：此爲趙佗自大之辭，並非南越國土實況。

[17]【今注】帶甲百萬有餘：帶甲，指戰士。此亦趙佗自大之辭。

[18]【今注】案，四十九年，《史記·南越列傳》作“三十九年”。趙佗通過陸賈致書漢文帝，時在文帝元年（前179），倒推四十九年，則爲公元前227年，當時正是秦掃滅東方六國的關鍵時刻，不可能出兵嶺南。倒推三十九年，則爲公元前217年，正是秦

始皇三十年。與史書所記基本契合。又古文"卅"（三十）與
"卌"（四十）僅一筆之差，形近易混，故當以《史記》所記"三
十九年"爲是。

［19］【今注】靡曼之色：美色。

［20］【顏注】師古曰：復，音扶目反。

［21］【今注】白璧：質地純白的玉璧。玉璧是古代重要的禮
器，廣泛用於朝聘、祭祀、喪葬及日常佩飾。廣州南越王墓出土大
量玉器，僅玉璧就有七十一枚。南越王國的玉雕工藝源自中原，不
過古玉學家對包括五枚玉璧在内的十八個玉料樣品予以鑒定研究，
認爲它們與中原、長沙等地同時期玉料不是同一産地，説明南越王
宫廷中有規模不小的玉雕作坊。（參見黄展岳《論南越王墓出土的
玉璧》，《先秦兩漢考古論叢》，科學出版社 2008 年版，第 355—
362 頁）

［22］【今注】翠鳥：水鳥名。背部羽毛光澤幽藍深緑，稱作
"翠羽"，是極爲華貴的裝飾用品，如司馬相如《上林賦》："建翠華
之旗，樹靈鼉之鼓。"張衡《東京賦》："結飛雲之袷輅，樹翠羽之
高蓋。"漢代有將金屬工藝與羽毛工藝結合的裝飾技藝，其方法是
先用金或鎏金的金屬做成不同圖案的底座，再把翠鳥背部亮麗的藍
色羽毛鑲嵌在座上。

［23］【今注】犀角：犀牛之角，是珍罕的雕刻原料，可加工
成高級酒器（如觥）、劍飾、犀簪導（將頭髮引入冠幘内）等奢侈
品。又是珍貴藥材，可研磨入藥，有解毒、清熱之效。秦漢時期，
嶺南是犀牛的重要分布區域。（參見王子今《西漢南越的犀象——
以廣州南越王墓出土資料爲中心》，《廣東社會科學》2004 年第 5
期）

［24］【今注】紫貝：産於熱帶海中的一種貝類，質白而有紫
色紋理，大者可用作杯盤器皿。沈欽韓《漢書疏證》引王志堅
《表異録》曰："紫貝即研螺也，儋振夷黎海畔采以爲貨。"

［25］【顏注】應劭曰：桂樹中蝎蟲也。蘇林曰：漢舊常以獻

陵廟，載以赤轂小車。師古曰：此蠹食桂，故味辛，而漬之以蜜食之也。蠹，音丁故反。【今注】桂蠹：取桂樹寄生蟲形成的食材，可蜜漬食用，亦可入藥。《神農本草經》卷二《上品》："箘桂，味辛，溫，無毒。治百病，養精神，和顏色，爲諸藥先聘通使。久服輕身，不老，面生光華，媚好常如童子。"

［26］【今注】生翠：未經塗蠟的翡翠。

　　陸賈還報，文帝大説。[1]遂至孝景時稱臣，[2]遣使入朝請。[3]然其居國，竊如故號；[4]其使天子，稱王朝命如諸侯。

　　［1］【顏注】師古曰："説"讀曰"悦"。

　　［2］【今注】孝景：即漢景帝劉啓。紀見本書卷五。

　　［3］【顏注】師古曰：請，音才性反。【今注】朝請：春季朝會稱"朝"，秋季朝見稱"請"。

　　［4］【今注】居國竊如故號：楊樹達《漢書窺管》以爲"竊如故號"當作"竊號如故"。意謂在南越國內仍用帝號。廣州南越王墓出土的"文帝行璽""帝印"是第二代南越王越眜（趙胡）的璽印，可證南越對漢朝稱藩國，在其國內仍僭用皇帝名號。

　　至武帝建元四年，[1]佗孫胡爲南粵王。[2]立三年，閩粵王郢興兵南擊邊邑。粵使人上書曰："兩粵俱爲藩臣，毋擅興兵相攻擊。今東粵擅興兵侵臣，臣不敢興兵，唯天子詔之。"於是天子多南粵義，[3]守職約，[4]爲興師，遣兩將軍往討閩粵。[5]兵未踰領，閩粵王弟餘善殺郢以降，於是罷兵。

[1]【今注】案，《史記》卷一一三《南越列傳》記趙佗卒於武帝建元四年。裴駰《史記集解》徐廣引皇甫謐曰："越王趙佗以建元四年卒，爾時漢興七十年，佗蓋百歲矣。"關於趙佗的歲數，史家多有推測。王鳴盛《十七史商榷》卷二七"趙佗年"條曰："佗於文帝元年已自稱'老夫處粵四十九年'，歷文帝二十三年、景帝十六年，至武帝建元四年，凡四十三年。即以二十餘歲爲龍川令，亦一百十餘歲矣。"黃展岳以爲"老夫處粵四十九年"之"四十九"，當爲"三十九"之訛誤，據此，假定趙佗二十歲時入南越，卒時年壽應是一百零二歲。（《論南越王墓出土的玉璧》，《先秦兩漢考古論叢》，科學出版社 2008 年版，第 387 頁）

[2]【今注】胡：趙胡。南越文帝。案，趙佗死，繼立者乃其孫而非子，史書語焉不詳，史家多有舛疑。《漢書考證》齊召南據後文"嬰齊嗣立，即臧其先武帝、文帝璽"，以爲文帝即趙胡，並推斷趙佗之太子早卒，故以孫趙胡嗣立。吕思勉則將《史記·南越列傳》"自尉佗初王後五世九十三歲而國亡焉"斷句爲"自尉佗初王，後五世九十三歲而國亡焉"，認爲南越王前後六世而非五世，遂認定趙佗之子亦曾爲王，"佗卒子繼之年不可知，其子卒而胡繼則在建元四年。以事理推之，未始不可補'佗卒子繼立'五字。然《史記》不之補者，古人之慎也"（《吕思勉讀史札記》，上海古籍出版社 1982 年版，第 620 頁）。日本學者瀧川資言《史記會注考證》則以爲"《史》《漢》皆不書佗子，蓋外藩事略"。廣州南越王墓出土了"文帝行璽"金印和"趙眜"玉印，證實墓主人是第二代南越王（"文帝"）統治者趙眜，亦即傳世文獻中記載的趙胡。"胡"爲華語標音寫法，"眜"爲方言標音寫法。

[3]【顏注】師古曰：多猶重也。

[4]【顏注】師古曰：守藩臣之職而不踰約制。

[5]【今注】兩將軍：據本書卷六《武紀》，漢武帝建元六年（前 135），遣大行王恢率軍出豫章，大司農韓安國率軍出會稽，兩

路討伐閩越。

天子使嚴助往諭意，[1]南粵王胡頓首曰："天子迺
興兵誅閩粵，死亡以報德。"[2]遣太子嬰齊入宿衛。[3]
謂助曰："國新被寇，使者行矣。胡方日夜裝入見天
子。"[4]助去後，其大臣諫胡曰："漢興兵誅郢，亦行以
驚動南粵。且先王言事天子期毋失禮，要之不可以怵
好語入見，[5]入見則不得復歸，亡國之勢也。"於是胡
稱病，竟不入見。後十餘歲，胡實病甚，太子嬰齊請
歸。胡薨，謚曰文王。

[1]【今注】嚴助：傳見本書卷六四上。本姓莊，東漢避明帝
劉莊名諱而改爲"嚴"。

[2]【今注】亡：同"無"。

[3]【今注】嬰齊：趙嬰齊。後嗣位爲南越明王。　入宿衛：
至長安城入宮值宿，護衛皇帝。漢代少數民族藩國派遣嗣子宿衛天
子，既屬禮制，也有以人質效誠之意。

[4]【今注】裝：整理行裝。

[5]【顏注】師古曰：怵，誘也。不可被誘怵以好語而入漢
朝也。怵，音先聿反。【今注】案，怵，《史記》卷一一三《南越
列傳》作"悦"。

嬰齊嗣立，即臧其先武帝、文帝璽。[1]嬰齊在長安
時，取邯鄲樛氏女，[2]生子興。[3]及即位，上書請立樛
氏女爲后，興爲嗣。漢數使使者風諭，[4]嬰齊猶尚樂擅
殺生自恣，懼入見，要以用漢法，比內諸侯，[5]固稱
病，遂不入見。遣子次公入宿衛。嬰齊薨，謚爲明王。

　[1]【顏注】李奇曰：去其僭號。【今注】文帝璽：廣州南越王墓出土的"文帝行璽"金印，通高 1.8 釐米，邊長 3.1 釐米，重 148.5 克，含金量 98%。印面呈田字格狀，陰刻篆體"文帝行璽"四字，鈕作一龍蜷曲狀，龍首尾及兩足分置四角上，似騰飛疾走。金印鑄後局部又用利刃鑿刻而成，出土時印面槽溝內及印臺四周壁面都有碰痕和劃傷，並遺留有暗紅色印泥，顯係長期使用所致，是墓主生前的實用之物，死後隨葬。秦始皇創"乘輿六璽"之制，六璽包括"皇帝行璽""皇帝之璽""皇帝信璽""天子行璽""天子之璽""天子信璽"。"文帝行璽"即承秦制。

　[2]【顏注】師古曰：摎，音居虬反。【今注】邯鄲：縣名。治所在今河北邯鄲市。時爲趙國國都。　摎（jiū）：姓氏。《史記》卷一一三《南越列傳》作"樛"。司馬貞《索隱》曰："摎姓出邯鄲。"《雙劍誃吉金圖錄》有秦國戟文"四年相邦樛斿之造，櫟陽□上造□"，秦國相邦（可能是秦王嬴政時期）樛斿爲樛姓之例。陳直《史記新證》推斷《史記》卷五《秦本紀》所記秦昭王五十一年攻取韓國陽城、負黍的"將軍摎"，即是後來的相邦樛斿。"摎""樛"二字通用。

　[3]【今注】興：即趙興。

　[4]【顏注】師古曰："風"讀曰"諷"。諷諭令入朝。

　[5]【今注】懼入見要以用漢法比內諸侯：擔心入見之後，會像內地諸侯王一樣受到漢朝法制約束。要，約束。

　　太子興嗣立，其母爲太后。太后自未爲嬰齊妻時，嘗與霸陵人安國少季通。[1]及嬰齊薨後，元鼎四年，[2]漢使安國少季諭王、王太后入朝，令辯士諫大夫終軍等宣其辭，[3]勇士魏臣等輔其決，[4]衛尉路博德將兵屯桂陽，[5]待使者。王年少，太后中國人，安國少季往，復與私通，國人頗知之，多不附太后。太后恐亂起，亦欲倚漢威，[6]勸王及幸臣求内屬。即因使者上書，請比内諸侯，三歲壹朝，除邊關。於是天子許之，賜其丞相吕嘉銀印，及内史、中尉、太傅印，餘得自置。[7]除其故黥劓刑，[8]用漢法。諸使者皆留填撫之。[9]王、王太后飭治行裝重資，爲入朝具。

[1]【顔注】師古曰：姓安國，字少季。【今注】案，嘗，大德本、殿本作“曾”。 霸陵：縣名。治所在今陝西西安市東北。本爲漢文帝劉恒陵園（遺址在今陝西西安市東南白鹿原上），因陵名縣。

[2]【今注】元鼎四年：公元前 113 年。元鼎，漢武帝年號（前 116—前 111）。

[3]【今注】辯士：機敏善辯之士。 諫大夫：官名。漢武帝置。掌諫争、顧問應對，議論朝政。屬光禄勳，無定員，秩比八百石。 終軍：傳見本書卷六四下。

[4]【顔注】師古曰：助令決策也。

[5]【今注】衛尉：掌管統率衛士，警衛宮門之内。位列九卿，秩中二千石。 路博德：事見本書卷五五《衛青霍去病傳》。桂陽：郡名。治彬縣（今湖南郴州市）。

[6]【顔注】師古曰：倚，音於綺反。

[7]【顔注】師古曰：丞相、内史、中尉、大傅之外，皆任其國自選置，不受漢之印綬。【今注】丞相：西漢諸侯王國最高行政長官，由漢廷任命。初名“相國”，惠帝時更爲“丞相”，景帝時又改稱“相”。秩二千石。 太傅：諸侯王師傅，職在匡輔教導。由朝廷選派，秩二千石。初稱“太傅”，漢成帝時改爲“傅”。

[8]【今注】黥劓：俱爲肉刑名。黥謂在臉部刺字並塗墨。劓謂割鼻。漢朝在文帝時即已廢除包括黥、劓在内的肉刑，代以笞刑。

[9]【顏注】師古曰：填，音竹刃反。【今注】填：同"鎮"。

　　相呂嘉年長矣，相三王，宗族官貴爲長吏七十餘人，男盡尚王女，女盡嫁王子弟宗室，及蒼梧秦王有連。[1]其居國中甚重，粵人信之，多爲耳目者，得衆心愈於王。[2]王之上書，數諫止王，王不聽。有畔心，數稱病不見漢使者。使者注意嘉，執未能誅王。王太后亦恐嘉等先事發，欲介使者權謀誅嘉等。[3]置酒請使者，大臣皆侍坐飲。嘉弟爲將，將卒居宮外。酒行，太后謂嘉："南粵內屬，國之利，而相君苦不便者，何也？"以激怒使者。使者狐疑相杖，遂不敢發。[4]嘉見耳目非是，[5]即趨出。太后怒，欲鏦嘉以矛，[6]王止太后。嘉遂出，介弟兵就舍，[7]稱病，不肯見王及使者，迺陰謀作亂。王素亡意誅嘉，嘉知之，以故數月不發。太后獨欲誅嘉等，力又不能。

　　[1]【顏注】孟康曰：蒼梧，越中王，自名爲秦王。連，親婚也。晉灼曰：秦王即下趙光也。趙本與秦同姓，故曰秦王。

　　[2]【顏注】師古曰：愈，勝也。

　　[3]【顏注】師古曰：介，恃也。

　　[4]【顏注】師古曰：杖，音直亮反。

　　[5]【顏注】師古曰：異於常也。

　　[6]【顏注】師古曰：鏦謂撞刺之也，音"窻"。【今注】案，蔡琪本、大德本無"欲"字。　鏦：音 cōng。

　　[7]【顏注】李奇曰：介，被也。師古曰：介，甲也，被甲而自衞也，弟兵即上所云弟將卒居外者。【今注】案，介弟兵就

舍，《史記》卷一一三《南越列傳》作"分其弟兵就舍"。司馬貞《索隱》釋爲"分取其兵"。王念孫《讀書雜志·漢書第十四》以爲李、顔二解皆不成義，當依《史記》及《索隱》。楊樹達《漢書窺管》以爲"介"字當訓爲"恃"。案，楊説似近理。

天子聞之，罪使者怯亡決。又以爲王、王太后已附漢，獨吕嘉爲亂，不足以興兵，欲使莊參以二千人往。參曰："以好往，數人足；以武往，二千人亡足以爲也。"辭不可，天子罷參兵。郟壯士故濟北相韓千秋[1]奮曰："以區區粵，又有王應，獨相嘉爲害，[2]願得勇士三百人，[3]必斬嘉以報。"於是天子遣千秋與王太后弟摎樂將二千人往。入粵境，吕嘉迺遂反，下令國中曰："王年少，太后中國人，又與使者亂，專欲内屬，盡持先王寶入獻天子以自媚，多從人，行至長安，虜賣以爲僮。取自脱一時利，[4]亡顧趙氏社稷爲萬世慮之意。"迺與其弟將卒攻殺太后、王，盡殺漢使者。遣人告蒼梧秦王及其諸郡縣，立明王長男粵妻子術陽侯建德爲王。[5]而韓千秋兵之入也，破數小邑。其後粵直開道給食，[6]未至番禺四十里，粵以兵擊千秋等，滅之。使人函封漢使節置塞上，好爲謾辭謝罪，[7]發兵守要害處。於是天子曰："韓千秋雖亡成功，亦軍鋒之冠。[8]封其子延年爲成安侯。[9]摎樂，其姊爲王太后，首願屬漢，封其子廣德爲龒侯。"[10]乃赦天下，曰："'天子微弱，諸侯力政'，譏臣不討賊。[11]吕嘉、建德等反，自立晏如。[12]令粵人及江淮以南樓船十萬師往討之。"[13]

[1]【顏注】師古曰：潁川郟縣人也。郟，音"夾"。【今注】郟（jiá）：縣名。治所在今河南郟縣。　濟北相：濟北國，漢文帝十六年（前164）置，治盧縣（今山東濟南市長清區西南）。武帝後元二年（前87）濟北王劉寬謀反自殺，國除。案，本書卷五四《李廣傳》作"濟南相"。濟南國，文帝十六年置，治東平陵縣（今山東濟南市章丘區西北），景帝三年（前154）濟南王劉辟光參與"七國之亂"，國除。韓千秋請纓奮擊南越，時在武帝元鼎五年（前112），距離濟南國廢除已逾四十餘年，故可判斷其當初所任爲濟北相而非濟南相。

[2]【今注】案，相，蔡琪本、大德本、殿本作"呂"。

[3]【今注】案，三百人，《史記》卷一一三《南越列傳》作"二百人"。

[4]【今注】案，取，蔡琪本、大德本、殿本作"奴"。

[5]【今注】術陽侯：侯國治下邳縣（今江蘇睢寧縣）。　建德：即趙建德，南越武王趙佗玄孫，南越王嬰齊庶長子，母爲土著越人。初爲南越國高昌侯。父嬰齊死，弟趙興繼位爲王，南越國內屬，武帝元鼎四年（前113）以歸義有功被漢廷封爲術陽侯，食邑三千戶。次年，被起兵反漢的南越國相呂嘉扶立爲南越王，國破被誅。

[6]【顏注】師古曰：縱之令深入，然後誅滅之。

[7]【顏注】師古曰：謾，誑也，音"慢"，又音莫連反。

[8]【顏注】師古曰：言最爲首也。

[9]【今注】延年：韓延年，潁川郡郟縣（今河南郟縣）人，西漢濟北相韓千秋之子，武帝元鼎四年因父討伐南越爲國死難而封成安侯。元封五年（前106）任太常，爲官二年，犯法免。天漢二年（前99）以校尉隨將軍李陵北征匈奴，軍敗身死。　成安侯：侯國治所在今河南臨汝縣東南。

[10]【顏注】晉灼曰：龑，古龍字。【今注】廣德：即摎廣

德。西漢趙國邯鄲人。校尉摎樂之子。武帝元鼎五年因父討伐南越爲國死難而封龓侯（一説爲龍亢侯），元封六年（前 105）有罪被誅。　龓（lóng）侯：侯國治所在今山東泰安市東南。案，本書《景武昭宣元成功臣表》作“龍侯”，《史記·建元以來王子侯者年表》及《南越列傳》皆作“龍亢侯”。沈欽韓《漢書疏證》據此以爲當以“龍亢侯”爲是。本書《景武昭宣元成功臣表》“龍”後脱一“亢”字。“龓”字係“龍”“亢”二字誤併爲一字，晉灼以爲古字，實謬。

［11］【顏注】師古曰：力政謂以兵力相加也。譏臣不討賊者，《春秋》之義。【今注】案，董仲舒《春秋繁露·王道》：“周衰，天子微弱，諸侯力政，大夫專國，士專邑，不能行度制法文之禮。諸侯背叛，莫修貢聘，奉獻天子。”

［12］【顏注】師古曰：言自相置立，而心安泰無恐懼。【今注】晏如：楊樹達《漢書窺管》曰：“晏如謂爵位安然無恙。立非謂置立，晏然亦不謂心也。”

［13］【今注】樓船：建有高層木樓的戰船。此處代指以樓船爲基本裝備的兵種，文獻中常稱作“樓船士”“樓船卒”。《史記·平準書》記載，漢武帝時，以越人欲與漢軍以船隻角逐作戰爲由，在長安西郊修昆明池，演練水軍，專門建造樓船，“高十餘丈，旗幟加其上，甚壯”。《通典·兵十三·水戰具》描述樓船的形制爲“船上建樓三重，列女墻戰格，樹幡幟，開弩牎、矛穴，置抛車、礨石、鐵汁，狀如城壘”。可知樓船以高大堅固、裝備精良取勝，具有很强的水戰能力。然從文獻所載戰例來看，樓船軍的主要參戰形式仍然是士卒登陸作戰，樓船的主要功能仍然是運輸軍隊及軍需物資。案，舩，殿本作“船”。

元鼎五年秋，衛尉路博德爲伏波將軍，[1]出桂陽，下湟水；[2]主爵都尉楊僕爲樓船將軍，[3]出豫章，下横

浦；故歸義粵侯二人爲戈船、下瀨將軍，[4]出零陵，[5]
或下離水，[6]或抵蒼梧；使馳義侯因巴蜀罪人，發夜郎
兵，下牂柯江：咸會番禺。

［1］【今注】伏波將軍：漢代雜號將軍之一。

［2］【顏注】師古曰：湟，音"皇"。【今注】湟水：又名
"洭水"。即今廣東境内北江支流連江。

［3］【今注】主爵都尉：官名。本名"主爵中尉"，秦置，漢
初因之，掌列侯之事。景帝中元六年（前144）改爲"主爵都尉"。
武帝太初元年（前104）更名"右扶風"，掌治内史右地，與左馮
翊、京兆尹合稱"三輔"。　楊僕：傳見本書卷九〇。　樓船將軍：
漢代雜號將軍之一，以兵種命名，爲水軍統帥。案，殿本"舩"作
"船"。下同不注。

［4］【顏注】師古曰：從粵來歸義，而漢封之。【今注】歸義
粵侯：越人歸順後被漢廷封侯者。　戈船下瀨將軍：戈船將軍，以
兵種命名的雜號將軍。爲水軍統帥。《史記集解》引張晏曰："越人
於水中負人船，又有蛟龍之害，故置戈於船下，因以爲名也。"又
引臣瓚曰："《伍子胥書》有戈船，以載干戈，因謂之戈船也。"下
瀨將軍，西漢雜號將軍之一。下瀨，《史記》卷一一三《南越列
傳》作"下厲"。據本書卷六《武紀》，歸義越侯嚴爲戈船將軍，
出零陵，下離水；甲爲下瀨將軍，下蒼梧。

［5］【今注】零陵：郡名。治零陵縣（今廣西全州縣西南）。

［6］【今注】離水：今名灕江。案，戈船、下瀨二將軍皆從零
陵郡出發，至蒼梧郡後，沿今西江順流東下，直逼番禺。

　　六年冬，樓船將軍將精卒先陷尋陿，[1]破石門，[2]
得粵舩粟，因推而前，挫粵鋒，以粵數萬人待伏波將
軍。[3]伏波將軍將罪人，道遠後期，與樓船會，迺有千

餘人，[4]遂俱進。樓舩居前，至番禺，建德、嘉皆城守。樓舩自擇便處，居東南面，伏波居西北面。會暮，樓舩攻敗粤人，縱火燒城。粤素聞伏波，莫，不知其兵多少。[5]伏波迺爲營，[6]遣使招降者，賜印綬，復縱令相招。[7]樓舩力攻燒敵，[8]反歐而入伏波營中。[9]遲旦，城中皆降伏波。[10]吕嘉、建德以夜與其屬數百人亡入海。伏波又問降者，知嘉所之，遣人追。故其校司馬蘇弘得建德，[11]爲海常侯；[12]粤郎都稽得嘉，爲臨蔡侯。[13]

[1]【今注】案，舩，殿本"船"。本段下同不注。　尋陿：《史記》卷一一三《南越列傳》作"尋陜"。確指何地，説法不一。或即今廣東英德市南。

[2]【今注】石門：在今廣東廣州市西北。裴淵《廣州記》："石門在番禺縣北二十里，昔吕嘉積石於江，名曰石門。"

[3]【今注】案，《史記·南越列傳》無"粤"字。劉攽《漢書考正》、王先謙《漢書補注》皆以爲當以《史記》爲是。

[4]【今注】迺：纔。

[5]【顔注】師古曰："莫"讀曰"暮"也（蔡琪本、大德本、殿本無"也"字）。【今注】莫：同"暮"。

[6]【顔注】師古曰：設營壘以待降者。

[7]【顔注】師古曰：來降者即賜以侯印，而放令還，更相招諭（蔡琪本、大德本、殿本句末有"之也"二字）。

[8]【顔注】師古曰：力，盡力也。

[9]【顔注】師古曰：歐與驅同。

[10]【顔注】師古曰：遲，音丈二反。解在《高紀》。【今注】遲旦：《史記·南越列傳》作"犁旦"，天將明而尚黑之時。

[11]【顏注】師古曰：校之司馬，若今行軍總管司馬也。
【今注】校司馬：武官名。將軍所部軍隊分爲若干校，每校即爲一
部，由校尉統領；不設校尉之部則由司馬統領。《續漢書·百官
志》："大將軍營五部，部校尉一人，比二千石；軍司馬一人，比千
石。……其不置校尉部，但軍司馬一人。"又"故其校司馬"，《史
記·南越列傳》作"其故校尉司馬"，王先謙《漢書補注》引朱一
新曰："未聞有'校司馬'之稱也。此'故''其'二字誤倒，又
脫'尉'字。"據此，"故其校司馬"當爲"其故校尉司馬"，意謂
原先爲校尉而此時爲司馬。案，朱説未聞有"校司馬"之稱，然本
書卷六九《趙充國傳》記充國"召諸校司馬"，適爲將軍部下校司
馬。將軍幕府亦有司馬，負責參謀軍務；此稱部司馬，以區別於將
軍司馬。

[12]【今注】海常侯：侯國在琅邪郡，治所今地無考。漢武
帝元鼎六年（前111）封司馬蘇弘海常侯。太初元年（前104），蘇
弘卒，無後嗣，國除。

[13]【顏注】孟康曰：越中所自置郎也。師古曰：稽，音
"雞"。【今注】都稽：人名。本書《景武昭宣元成功臣表》作"孫
都"。西漢南越國人。初爲南越郎中，爲漢軍捕得南越丞相呂嘉，
因功於武帝元鼎六年獲封臨蔡侯，侯國治所在今湖北棗陽市蔡陽鎮
（《景武昭宣元成功臣表》記在河內郡）。此據馬孟龍《西漢侯國地
理》）。

蒼梧王趙光與粵王同姓，聞漢兵至，降，爲隨桃
侯。[1]及粵揭陽令史定降漢，爲安道侯。[2]粵將畢取以
軍降，爲瞭侯。[3]粵桂林監居翁[4]諭告甌駱四十餘萬口
降，爲湘城侯。[5]戈船、下瀨將軍兵及馳義侯所發夜郎
兵未下，南粵已平。遂以其地爲儋耳、珠崖、南海、
蒼梧、鬱林、合浦、交阯、九真、日南九郡。[6]伏波將

軍益封。[7]樓舩將軍以推鋒陷堅爲將梁侯。[8]

[1]【今注】隨桃侯：漢武帝元鼎六年（前111），封歸降漢朝的南越國蒼梧王趙光爲隨桃侯。侯國在南陽郡。據馬孟龍《西漢侯國地理》，治所當在今湖北隨州市。

[2]【顏注】蘇林曰：揭，音"羯"。南海縣。【今注】揭陽令：南越國所置揭陽縣長官。揭陽縣治所在今廣東揭陽市西北。史定：西漢南越國揭陽縣縣令。武帝時漢軍平定呂嘉之亂，主動歸降，元鼎六年被封爲安道侯（侯國在南陽郡，治所今地無考）。

[3]【顏注】師古曰：越將姓畢名取也。《功臣表》瞭屬南陽，音來彤反。【今注】畢取：西漢南越國將領。武帝時漢軍平定呂嘉之亂，率軍歸降，元鼎六年被封爲瞭侯（侯國在南陽郡，治所今地無考）。

[4]【顏注】服虔曰：桂林部監也。姓居名翁。【今注】桂林監：南越國朝廷派駐桂林郡的監察官員。秦代尚無刺史制度，派遣侍御史監察各郡，稱"郡監"，亦稱"郡長"，與郡守、郡尉並爲一郡長官，各司其職。

[5]【今注】湘城侯：侯國治所在今河南方城縣東。漢武帝元鼎六年封南越國歸義官員居翁爲湘城侯。本書《景武昭宣元成功臣表》作"湘成侯"。

[6]【今注】儋耳：郡名。治儋耳縣（今海南儋州市西北南灘）。 珠崖：郡名。治暉都縣（今海南海口市瓊山區博撫村古城）。 鬱林：郡名。治布山縣（今廣西桂平市西）。 合浦：郡名。治合浦縣（今廣西合浦縣石灣鎮古城頭村大浪古城遺址）。交阯：郡名。治贏陵縣（今越南河内市西北）。 九真：郡名。治胥浦縣（今越南清化省清化市西北）。 日南：郡名。治西捲縣（今越南廣治省東河市）。案，或以爲武帝平南越後共置十郡，除以上九郡之外尚有象郡，轄本書《地理志》鬱林郡西半部及牂柯郡部

分地區（詳見周振鶴等《中國行政區劃通史‧秦漢卷（上）》，復旦大學出版社 2016 年版，第 203—204 頁）。

[7]【今注】伏波將軍益封：據本書《景武昭宣元成功臣表》，邳離侯路博德封地在朱虛縣（今山東臨朐縣東南），食邑本一千六百户。此次因平定南越之功加封食邑之户數不詳。

[8]【今注】將梁侯：漢武帝元鼎六年封樓船將軍楊僕爲將梁侯，侯國治所在今河北蠡縣西。

　　自尉佗王凡五世，九十三歲而亡。

　　閩粤王無諸及粤東海王搖，其先皆粤王句踐之後也，[1]姓騶氏。秦并天下，廢爲君長，以其地爲閩中郡。[2]及諸侯畔秦，無諸、搖率粤歸番陽令吳芮，[3]所謂番君者也，[4]從諸侯滅秦。當是時，項羽主命，[5]不王也，[6]以故不佐楚。漢擊項籍，[7]無諸、搖帥粤人佐漢。漢五年，[8]復立無諸爲閩粤王，王閩中故地，都冶。[9]孝惠三年，[10]舉高帝時粤功，[11]曰閩君搖功多，其民便附，[12]迺立搖爲東海王，都東甌，[13]世號曰東甌王。

　　[1]【今注】句踐：春秋戰國之際越國君主。事迹詳見《史記》卷四一《越王句踐世家》。

　　[2]【顏注】師古曰：即今之泉州建安是也。【今注】閩中郡：治東冶縣（今福建福州市）。案，秦始皇二十六年（前 221）統一六國，時有三十六郡，閩中郡不在其中，當是秦始皇三十三年（前 214）之後與嶺南三郡（南海、桂林、象郡）同時拓置的越地新郡，即如王鳴盛《十七史商榷》卷二七所言：“《地理志》所載秦三十六郡無閩中郡，蓋此郡之置已在始皇晚年，且雖屬秦，而無諸

與搖君其地如故，屬秦未久，旋率兵從諸侯滅秦矣，故不入三十六郡之數。"

[3]【今注】吳芮：傳見本書卷三四。

[4]【顏注】師古曰：吳芮號也。番，音蒲河反。【今注】案，所謂番君者也，楊樹達《漢書窺管》以爲此六字乃是"番陽令吳芮"的注文，竄入正文。

[5]【今注】項羽：傳見本書卷三一。案，蔡琪本、大德本、殿本作"項王"。

[6]【顏注】孟康曰：主號命諸侯，不王無諸、搖等也。【今注】案，吳芮被封爲衡山王。無諸、搖爲吳芮部屬，未得封。

[7]【今注】項籍：即項羽。項羽名籍，羽爲字。

[8]【今注】漢五年：公元前 202 年。

[9]【顏注】師古曰：地名，即候官縣是也。冶，音弋者反。【今注】都冶：《史記》卷一一四《東越列傳》作"都東冶"。冶，即東冶。勞榦以爲"東"是方位詞，"冶在中國之東，故亦稱東冶，亦猶蜀稱西蜀，羌亦稱西羌"（《漢晉閩中建置考》，《"中央研究院"歷史語言研究所集刊》第 5 本，1935 年）。黃展岳以爲"東冶"是正名，"冶"是省稱（《閩越東冶漢冶縣的治所問題》，《先秦兩漢考古論叢》，科學出版社 2008 年版，第 456—461 頁）。今案，位於福建武夷山市興田鎮的城村漢城遺址，建在一座小山丘上，城墻周長 2896 米，面積約 48 萬平方米。城内發現多處大型建築遺址，明顯效仿中原秦漢建築形制，出土了帶"常樂未央""常樂萬歲"等文字的建築材料，及"河内工官"銘文的銅弩機及鐵器。或爲漢閩越王所建的"王城"，是閩越王無諸受封於漢時的都城"東冶"，漢滅閩越之冶縣縣城"冶城"。或以爲漢初可能是閩越的一處軍事據點，武帝立餘善爲東越王後，成爲其王都。（參見福建博物院、福建閩越王城博物館《武夷山城村漢城遺址發掘報告 1980—1996》，福建人民出版社 2004 年版）

[10]【今注】孝惠三年: 公元前 192 年。

[11]【顏注】師古曰: 追論其功。

[12]【今注】便附: 順從歸附。

[13]【今注】東甌: 地名。在今浙江永嘉縣。

后數世,[1]孝景三年,[2]吳王濞反,[3]欲從閩粵,[4]閩粵未肯行, 獨東甌從。及吳破, 東甌受漢購,[5]殺吳王丹徒,[6]以故得不誅。

[1]【顏注】師古曰: "后" 與 "後" 同, 古通用字。

[2]【今注】孝景三年: 公元前 154 年。

[3]【今注】吳王濞: 吳王劉濞。傳見本書卷三五。

[4]【顏注】師古曰: 招粵令從之 (之, 蔡琪本、殿本作 "也")。【今注】案, 本書卷三五《荊燕吳傳·吳王劉濞》記載, 劉濞發動七國之亂, "南使閩、東越, 閩、東越亦發兵從"。

[5]【今注】購: 懸賞購求。

[6]【今注】丹徒: 縣名。治所在今江蘇鎮江市丹徒區東。

吳王子駒亡走閩粵,[1]怨東甌殺其父, 常勸閩粵擊東甌。建元三年, 閩粵發兵圍東甌, 東甌使人告急天子。天子問太尉田蚡,[2]蚡對曰: "粵人相攻擊, 固其常, 不足以煩中國往救也。" 中大夫嚴助詰蚡,[3]言當救。天子遣助發會稽郡兵浮海救之,[4]語具在《助傳》。漢兵未至, 閩粵引兵去。東粵請舉國徙中國,[5]迺悉與眾處江淮之間。[6]

[1]【今注】案,《史記》卷一〇六《吳王濞列傳》作 "吳王

子子華、子駒亡走閩越”；卷一一四《東越列傳》作“吳王子子駒亡走閩越”，則其名當爲子駒。未知孰是。　吳王子駒：吳王劉濞子，名駒。

[2]【今注】太尉：官名。秦始置，西漢沿置，主掌武事，金印紫綬，秩萬石。與丞相、御史大夫並被視爲三公。西漢太尉往往有兵事則置，無兵事則省，至武帝時省太尉而置大司馬，武職事務轉歸加大司馬號的重號將軍。　田蚡：傳見本書卷五二。

[3]【今注】中大夫：官名。掌論議，侍從皇帝左右，無定員，多至數十人。屬郎中令，秩比二千石。漢武帝太初元年（前104）更名光禄大夫。

[4]【今注】會稽郡：治吳縣（今江蘇蘇州市）。

[5]【今注】東粵：《史記·東越列傳》作“東甌”。王念孫《讀書雜志·漢書第十四》曰：“‘東粵’當依上文作‘東甌’。此涉下文‘東粵’而誤。下文‘立餘善爲東粵王’，始有東粵之名，此不當稱東粵也。《史記》及《通典·邊防二》《通鑑·漢紀九》並作‘東甌’。”

[6]【今注】案，《史記·東越列傳》作“乃悉舉衆來處江淮之間”。王先謙《漢書補注》以爲當以《史記》爲是。

六年，閩粵擊南粵，南粵守天子約，不敢擅發兵而以聞。上遣大行王恢出豫章，大司農韓安國出會稽，[1]皆爲將軍。兵未隃領，閩粵王郢發兵距險。其弟餘善與宗族謀曰：“王以擅發兵，不請，故天子兵來誅。漢兵衆强，即幸勝之，後來益多，[2]滅國乃止。今殺王以謝天子，天子罷兵，固國完。不聽迺力戰，不勝即亡入海。”皆曰：“善。”即鏦殺王，[3]使使奉其頭致大行。大行曰：“所爲來者，誅王。王頭至，不戰而

殂，[4]利莫大焉。"迺以便宜案兵告大司農軍，而使使
奉王頭馳報天子。詔罷兩將軍兵，曰："郢等首惡，獨
無諸孫繇君丑不與謀。"[5]乃使郎中將立丑爲粵繇
王，[6]奉閩粵祭祀。

[1]【今注】韓安國：傳見本書卷五二。

[2]【顏注】師古曰：言漢地廣大，兵衆盛強（盛強，蔡琪
本作"彊盛"，殿本作"強盛"），今雖勝之，後更來也（蔡琪
本、大德本、殿本"後"後有"必"字）。

[3]【顏注】師古曰：鏦，音初江反。

[4]【今注】殂：《史記》卷一一四《東越列傳》作"耘"，
意即耘除。

[5]【顏注】張晏曰：繇，邑號也。師古曰：繇，音"搖"。
"與"讀曰"豫"。

[6]【今注】案，郎中將，殿本作"中郎"。

餘善以殺郢，威行國中，民多屬，竊自立爲王，
繇王不能制。上聞之，爲餘善不足復興師，曰："餘善
首誅郢，師得不勞。"因立餘善爲東粵王，與繇王並
處。[1]至元鼎五年，南粵反，餘善上書請以卒八千從樓
舡擊呂嘉等。[2]兵至揭陽，以海風波爲解，[3]不行，持
兩端，陰使南粵。[4]及漢破番禺，樓舡將軍僕上書願請
引兵擊東粵。上以士卒勞倦，不許。罷兵，令諸校留
屯豫章梅領待命。[5]

[1]【今注】案，東粵王與粵繇王共處，不可能同處一城。粵
繇王既"奉閩粵祭祀"，爲閩粵正統，都城必定在無諸舊都東冶。

東粵王應該在武夷山附近，或即崇安縣城村古城（參見黄展岳《閩越、南越和夷洲的比較研究》，載《先秦兩漢考古論叢》，科學出版社 2008 年版，第 467—477 頁）。

[2]【今注】案，舩，殿本作"船"。本段下同不注。

[3]【顔注】師古曰：解者，自解説，若今言分疏。

[4]【顔注】師古曰：遣使與相和。

[5]【顔注】師古曰：聽詔命也。【今注】梅領：即大庾嶺，在今廣東、江西二省交界處。

　　明年秋，餘善聞樓舩請誅之，[1]漢兵留境且往，[2]迺遂發兵距漢道，號將軍驄力等爲"吞漢將軍"，入白砂、武林、梅領，[3]殺漢三校尉。是時，漢使大司農張成、故山州侯齒將屯，[4]不敢擊，卻就便處，[5]皆坐畏懦誅。[6]餘善刻"武帝"璽自立，詐其民，爲妄言。[7]上遣橫海將軍韓説出句章，[8]浮海從東方往；樓舩將軍僕出武林，[9]中尉王温舒出梅領，[10]粵侯爲戈舩、下瀨將軍出如邪、白砂，[11]元封元年冬，[12]咸入東粵。東粵素發兵距嶮，使徇北將軍守武林，[13]敗樓舩軍數校尉，殺長史。[14]樓舩軍卒錢唐榬終古斬徇北將軍，[15]爲語兒侯。[16]自兵未往。

[1]【今注】案，舩，殿本作"船"。本段下同不注。

[2]【顔注】師古曰：言兵在境首，恐將來討之。

[3]【今注】白砂：地名。或以爲在今浙江開化縣西、江西德興縣東的白沙鎮、白沙關一帶。或以爲在今江西南昌市東北鄱陽湖附近。司馬貞《史記索隱》："今豫章北二百里，接鄱陽界，地名白沙，有小水入湖，名曰白沙阬。東南八十里有武陽亭，亭東南三十

里地名武林。此白沙、武林，今當閩越入京道。"砂，殿本作
"沙"。 武林：即今江西餘干縣東北武陵山。《太平寰宇記》卷一
〇七《江南西道五‧餘干縣》："武陵山，在縣東北三十里，臨大
湖。《漢書》作'武林'。"

[4]【顏注】師古曰：齒，城陽恭王子也，舊封山州侯。【今
注】大司農："大農令"改稱"大司農"，時在漢武帝太初元年
（前104），本書《百官公卿表》繫"大農令張成"於武帝元鼎六年
（前111），甚確。故此處"大司農"當爲"大農令"（參見周壽昌
《漢書注校補》）。 齒：劉齒，西漢城陽共王劉喜之子，武帝元
朔四年（前125）封爲山州侯（侯國治所今地無考），元鼎五年
（前112）因所獻酎金成色不足而獲罪失爵，從軍駐防豫章前綫，
時在元鼎六年，故稱"故山州侯"。

[5]【顏注】師古曰：卻，退也，音丘略反。

[6]【今注】畏懦：畏懼軟弱，停留不前。漢代軍法規定，軍
行而畏懦逗遛者皆斬。

[7]【顏注】師古曰：妄自尊大也。【今注】妄言：狂妄無稽
之語。

[8]【顏注】師古曰："說"讀曰"悅"。句章，會稽之縣。
【今注】橫海將軍：西漢雜號將軍。 韓說：字少卿。漢初異姓諸
侯王韓王信後裔，弓高侯韓頹當之孫，武帝寵臣韓嫣之弟。初以校
尉（一說爲都尉）隨大將軍衛青北擊匈奴，因功於元朔五年（前
124）封龍領侯。元鼎五年因酎金獲罪，免去爵位。元封元年（前
110）以橫海將軍征討東越，因功封案道侯。太初三年（前102）
以游擊將軍率軍駐屯五原郡邊塞城障，後入爲光祿勳。征和二年
（前91）奉詔調查"巫蠱"之事，被戾太子殺死。事迹詳見本書卷
三三《韓王信傳》。 句（gōu）章：縣名。治所在今浙江餘姚市
東南。

[9]【顏注】師古曰：楊僕也。

[10]【今注】中尉：官名。戰國始置。秦、西漢沿置。漢武帝太初元年更名爲“執金吾”。職掌宫殿之外、京城之内的警備事務，天子出行時充任儀衛導行。位列諸卿，秩中二千石。　王温舒：傳見本書卷九〇。

[11]【今注】粤侯爲戈舩下瀨將軍：或即參與平定南粤的歸義粤侯嚴、甲二人。　如邪：《史記》卷一一四《東越列傳》作“若邪”。張守節《正義》説“越州有若耶山、若耶溪”，在今浙江紹興市東。一説爲浙江新昌縣之鹽溪，又稱“若邪溪”。案，本書《漢興以來將相名臣年表》記漢軍分兵出擊之事爲：“故龍頟侯韓説爲橫海將軍出會稽，樓船將軍楊僕出豫章，中尉王温舒出會稽。皆破東越。”不見戈船、下瀨二將軍，諸將出兵地點亦與本傳稍異。

[12]【今注】元封元年：公元前 110 年。元封，漢武帝年號（前 110—前 105）。

[13]【今注】徇北將軍：東粤將軍名號。猶後世之“平北將軍”。

[14]【今注】長史：此指將軍長史，爲將軍幕府諸掾史之長，甚或可代表將軍行事。

[15]【顔注】師古曰：錢唐，會稽縣也。榬，姓；終古，名也。榬，音“袁”。　【今注】案，卒，《史記·東越列傳》作“率”。　錢唐：縣名。治所在今浙江杭州市西。爲會稽郡西部都尉治所。　榬終古：西漢時人。會稽郡錢唐縣人。武帝時爲樓船將軍麾下軍卒，元封元年因斬東越徇北將軍功封爲語兒侯，太初元年卒，無後嗣，國除。陳直《漢書新證》曰：“榬終古《史記》及《漢書》侯表均作‘轅終古’，本文作‘榬’是也。‘榬’字不見於《説文》，此《漢書》古字之僅存者。《漢印文字徵》第六、十一頁，有‘榬子儀’‘榬勝’等五印。榬氏在兩漢爲通常習見之姓，後人因見榬姓少轅姓多，故改爲‘轅’。”安徽天長市安樂鎮紀莊村 2004 年出土的西漢木牘（編號 17）中，有數人爲榬姓，如榬中

翁、梌卿、梌中君、梌翁中、梌少君，皆屬臨淮郡東陽縣（今江蘇盱眙縣東縣鎮）人。梌爲漢姓，出現在東南會稽郡錢唐縣（如梌終古），當與武帝時期向會稽郡大量移民一事有關（參見蔡萬進《天長紀莊木牘所見梌姓考》，《文獻》2014 年第 5 期）。

[16]【顏注】孟康曰：越中地也。今吳南亭是。師古曰："語"字或作"籲"，或作"籥"，其音同。【今注】語兒侯：侯國治所在今浙江桐鄉縣西南。語，一作"籥"，又作"禦"。

故粵衍侯吳陽前在漢，[1]漢使歸諭餘善，不聽。及橫海軍至，陽以其邑七百人反，攻粵軍於漢陽。[2]及故粵建成侯敖與繇王居服謀，[3]俱殺餘善，以其眾降橫海軍。封居股爲東成侯，[4]萬戶；封敖爲開陵侯；[5]封陽爲卯石侯，[6]橫海將軍説爲按道侯，[7]橫海校尉福爲繚嫈侯。[8]福者，城陽王子，[9]故爲海常侯，[10]坐法失爵，從軍亡功，以宗室故侯。及東粵將多軍，[11]漢兵至，棄軍降，封爲無錫侯。[12]故甌駱將左黃同斬西于王，[13]封爲下鄜侯。[14]

[1]【今注】吳陽：當爲越族人，初以歸義封爲粵衍侯，漢武帝元封元年（前110）因平定東越之功封卯石侯，故此處稱"故粵衍侯"。

[2]【今注】漢陽：城名。在今福建浦城縣北。一説爲東越王都城。

[3]【今注】敖：越族人。初以歸義封爲粵建成侯，漢武帝元封元年因殺東越王餘善封開陵侯，故此處稱"故粵建成侯"。　居服：當作"居股"。粵繇王丑子嗣，繼位爲繇王。漢武帝元封元年因殺東越王餘善而封爲東成侯。征和三年（前90）因卷入戾太子

謀反事件而被腰斬。案，居服，本傳下文及蔡琪本、大德本、殿本皆作“居股”，《史記·建元以來侯者年表》作“居服”，“服”爲“股”之形誤。

[4]【今注】東成侯：侯國治所在今安徽定遠縣東南。案，《史記》卷一一四《東越列傳》作“東城侯”。

[5]【顏注】師古曰：《功臣表》云開陵侯建成以故東粵建成侯斬餘善侯，二千户。而此傳云名敖，疑表誤。【今注】開陵侯：侯國地在臨淮郡（今江蘇泗洪縣東南），治所今地無考。漢武帝元封元年封，征和三年國除。

[6]【顏注】師古曰：《功臣表》作外石，與此不同，疑表誤。【今注】卯石侯：治所今地無考。案，卯石，蔡琪本、殿本作“印石”，本書《景武昭宣元成功臣表》作“外石”，《史記·建元以來侯者年表》及《東越列傳》作“北石”，王先謙《漢書補注》以爲皆誤。吳陽封國可能與《左傳》成公二年所載之“石窌”有關，其地正在西漢濟南郡境內（參見馬孟龍《西漢侯國地理》，上海古籍出版社 2013 年版，第 292 頁）。

[7]【今注】按道侯：侯國治所今地無考。按，一作“案”，又作“桉”。

[8]【顏注】師古曰：繚，音“遼”。嫈，音於耕反。【今注】繚嫈（yīng）侯：侯國治所今地無考。漢武帝元封元年封劉福爲繚嫈侯，次年有罪被免。

[9]【今注】城陽王：《史記·東越列傳》作“城陽共王”。城陽國治所在莒縣（今山東莒縣）。共王劉喜爲第二代城陽王。

[10]【今注】海常侯：侯國地在琅邪、東萊二郡之間，治所今地無考。漢武帝元朔四年（前 125）封城陽共王子劉福爲海常侯，元鼎五年（前 112）因所獻酎金成色不足而獲罪失爵。

[11]【顏注】李奇曰：多軍，名。

[12]【今注】無錫侯：侯國治所在今江蘇無錫市。漢武帝元

封元年封多軍爲無錫侯, 征和三年國除。

[13]【今注】將左黃同: 當爲 “左將黃同”。本書《景武昭宣
元成功臣表》記 “下酈侯左將黃同, 以故甌駱左將斬西于王功
侯”。《史記·建元以來侯者年表》記 “左將軍黃同”。王念孫《讀
書雜志·漢書第十四》據此以爲 “左將” 爲官名, “黃同” 爲人
名, “將左黃同” 當作 “左將黃同”。甚是。　西于王: 或爲東越
小王。梁玉繩《史記志疑》以爲 “西于” 乃 “西干” 之訛, “西
干” 屬交趾郡, 在今越南永福省福安縣南。

[14]【顏注】師古曰: 酈, 音 “郭”。【今注】下酈 (fū)
侯: 漢武帝元封元年封黃同爲下酈侯, 食邑七百户。武帝後元二年
(前 87) 國除。《史記·建元以來侯者年表》作 “下酈”。梁玉繩
《史記志疑》以爲下酈即南陽郡之酈縣 (今河南内鄉縣西北)。

於是天子曰 “東粵陿多阻, 閩粵悍, 數反覆”,[1]
詔軍吏皆將其民徙處江淮之閒。東粵地遂虚。

[1]【顏注】師古曰: 悍, 勇也。

朝鮮王滿,[1] 燕人。自始燕時嘗略屬真番、朝
鮮,[2] 爲置吏築障。[3] 秦滅燕, 屬遼東外徼。[4] 漢興,
爲遠難守, 復脩遼東故塞,[5] 至浿水爲界,[6] 屬燕。燕
王盧綰反,[7] 入匈奴, 滿亡命,[8] 聚黨千餘人, 椎結蠻
夷服而東走出塞, 度浿水, 居秦故空地上下障,[9] 稍役
屬真番、朝鮮蠻夷及故燕、齊亡在者王之,[10] 都
王險。[11]

[1]【今注】朝鮮: 古國名。在今朝鮮半島北部及遼寧東部一

帶。史載商周之際箕子率領殷商遺民東遷至朝鮮半島大同江流域，與土著東夷諸部落結合，形成類似於部落聯盟的政權組織形式，習慣上稱爲“箕氏朝鮮”，存續時間大約自公元前 1045 年至前 195 年。其後燕人衞滿取代朝鮮王準而建立衞氏朝鮮，存續時間大約在公元前 195 年至前 108 年。朝鮮李朝時期的士大夫更傾向於認爲，古朝鮮始祖爲檀君，以箕子爲代表的華夏移民則改變了其地的文化風貌。如權近（1352—1409）即言：“惟我海東之有國也，肇自檀君朝鮮。時方鴻荒，民俗淳樸，箕子受封，以行八條之教，文物禮義之美，實其於此。”（《陽東先生文集》卷一九《三國史略序》）

滿：衞滿。《後漢書》卷八五《東夷列傳》：“陳涉起兵，天下崩潰，燕人衞滿避地朝鮮，因王其國。”司馬貞《史記索隱》：“案《漢書》，滿，燕人，姓衞，擊破朝鮮而自王之。”據此知朝鮮王滿姓衞。今本《漢書》無“姓衞”兩字，可見司馬貞著《史記索隱》時所見《漢書》版本異於今本（參見王先謙《漢書補注》）。

[2]【顏注】師古曰：戰國時燕國略得此地。【今注】自始燕時：《史記》卷一一五《朝鮮列傳》“燕”前有“全”字，“全燕”意指戰國時處於全盛時期的燕國，以區別於秦末漢初韓廣、臧荼、盧綰等諸侯先後爲王的燕國。

[3]【顏注】師古曰：障，所以自障蔽也，音之亮反。【今注】障：邊境險要之處修建的城堡。本書卷五九《張湯傳》顏師古注：“障謂塞上要險之處別築爲城，因置吏士而爲障蔽以捍寇也。”1984 年在朝鮮境內發現的大寧江長城，當爲戰國時期燕國修築的塞防工程（參見鄭君雷《大寧江長城相關問題》，《史學集刊》1997 年第 1 期）。

[4]【今注】遼東：郡名。治襄平縣（今遼寧遼陽市）。秦遼東郡東南逾今鴨綠江而有朝鮮半島東北隅之地，南近平壤大同江。

[5]【今注】塞：邊防設施的總稱。本書卷九四下《匈奴傳下》：“起塞以來，百有餘年，非皆以土垣也，或因山巖石，木柴僵

落，溪谷水門，稍稍平之，卒徒築治，功費久遠，不可勝計。"可知秦漢時期的邊防設施皆因地制宜，或倚高山峽谷，稍作整治；或臨河流，興築木柵、水門；或就地取材，壘砌墙垣，構築籬笆，設置"僵落"，這些設施總稱爲"塞"（參見吳礽驤《河西漢塞調查與研究》，文物出版社 2005 年版，第 182—183 頁）。

[6]【顏注】師古曰：浿水在樂浪縣，音普蓋反。【今注】浿（pèi）水：今朝鮮清川江（參見周振鶴《中國行政區劃通史·秦漢卷上》，第 213—219 頁）。

[7]【今注】盧綰：傳見本書卷三四。燕王盧綰叛漢逃入匈奴，時在高祖十二年（前 195）春。

[8]【今注】亡命：當指已經確定罪名而逃亡。《史記》卷八九《張耳陳餘列傳》司馬貞《索隱》引崔浩曰："……逃匿則削除名籍，故以逃爲亡命。"魏文侯時，李悝制《法經》六篇，第四篇爲《捕法》，其中規定"諸征名已定及從軍征討而亡者，一日徒一年，一日加一等，十五日絞"（《黄氏逸書考·子史鈎沈》輯本）。嶽麓秦簡《亡律》中有對已論罪而逃亡者的規定（參見周海鋒《嶽麓書院藏秦簡〈亡律〉研究》，《簡帛研究》2016 年春夏卷）。日本學者保科季子認爲，"命"爲確定罪名的司法手續（《亡命小考——兼論秦漢的確定罪名手續"命"》，《簡帛》第 3 輯，上海古籍出版社 2008 年版）。

[9]【今注】上下障：當爲緣邊障塞。或以爲戰國時期燕國始築、漢初修復的大寧江長城在北，故稱"上障"；秦統一後修築的碣石長城在南，故稱"下障"。秦末漢初均無暇顧及原來的"遼東外激"地區，箕氏朝鮮也並未完全控制，當時這裏主要居住一些燕、齊、趙舊民，所以稱爲"秦故空地上下障"（參見鄭君雷《大寧江長城相關問題》，《史學集刊》1997 年第 1 期）。本書《地理志》樂浪郡有雲鄣。

[10]【顏注】師古曰：燕、齊之人亡居此地，及真番、朝鮮

蠻夷皆屬滿也。【今注】役屬：奴役並使之成爲部屬。役，同
"役"。

[11]【顏注】李奇曰：地名也。【今注】王險：衞滿朝鮮都
城。在今朝鮮平壤市。案，衞滿統治朝鮮前後史事，詳見《後漢
書·東夷列傳》："昔武王封箕子於朝鮮，箕子教以禮義田蠶，又制
八條之教。其人終不相盜，無門户之閉。婦人貞信。飲食以籩豆。
其後四十餘世，至朝鮮侯準，自稱王。漢初大亂，燕、齊、趙人往
避地者數萬口，而燕人衞滿擊破準而自王朝鮮，傳國至孫右渠。"
《三國志》卷三〇《烏丸鮮卑東夷傳》注引《魏略》亦記其事曰：
"昔箕子之後朝鮮侯，見周衰，燕自尊爲王，欲東略地，朝鮮侯亦
自稱爲王，欲興兵逆擊燕以尊周室。其大夫禮諫之，乃止。使禮西
説燕，燕止之，不攻。後子孫稍驕虐，燕乃遣將秦開攻其西方，取
地二千餘里，至滿番汗爲界，朝鮮遂弱。及秦并天下，使蒙恬築長
城，到遼東。時朝鮮王否立，畏秦襲之，略服屬秦，不肯朝會。否
死，其子準立。二十餘年而陳、項起，天下亂，燕、齊、趙民愁
苦，稍稍亡往準，準乃置之於西方。及漢以盧綰爲燕王，朝鮮與燕
界於浿水。及綰反，入匈奴，燕人衞滿亡命，爲胡服，東度浿水，
詣準降，説準求居西界，收中國亡命爲朝鮮藩屏。準信寵之，拜爲
博士，賜以圭，封之百里，令守西邊。滿誘亡黨，衆稍多，乃詐遣
人告準，言漢兵十道至，求入宿衞，遂還攻準。準與滿戰，不
敵也。"

會孝惠、高后天下初定，遼東太守即約滿爲外臣，
保塞外蠻夷，毋使盜邊；蠻夷君長欲入見天子，勿得
禁止。[1]以聞，上許之，以故滿得以兵威財物侵降其旁
小邑，真番、臨屯皆來服屬，[2]方數千里。傳子至孫右
渠，[3]所誘漢亡人滋多，[4]又未嘗入見。[5]真番、辰國
欲上書見天子，又雍閼弗通。[6]元封二年，漢使涉何譙

諭右渠，終不肯奉詔。[7]何去至界，臨浿水，使馭刺殺送何者朝鮮裨王長，[8]即度水，馳入塞，遂歸報天子曰"殺朝鮮將"。上爲其名美，弗詰，拜何爲遼東東部都尉。[9]朝鮮怨何，發兵襲攻，[10]殺何。

[1]【今注】案，漢制，藩臣、諸侯不得擅自阻礙外夷朝見天子。文帝時，南海王織上書向天子貢獻璧帛等物，途經淮南國時被截留扣押，淮南中尉蘭忌"擅燔其書，不以聞"（詳本書卷四四《淮南王傳》），淮南王劉長包庇蘭忌，被漢廷問責。

[2]【今注】真番：本爲古朝鮮半島小國，大致在今朝鮮半島中部偏西。漢初附屬於衛滿朝鮮，武帝元封三年（前108）置爲漢郡，轄十五縣，治霅縣（當在今韓國首爾市）。昭帝始元五年（前82）罷郡，部分屬縣改隸樂浪郡。　臨屯：古代朝鮮半島以濊人爲主的小國，大致在今朝鮮半島嶺東地區。漢初附屬於衛滿朝鮮，武帝元封三年置爲漢郡，轄十五縣，治東暆縣（今朝鮮咸鏡南道北部）。昭帝始元五年罷郡，部分屬縣改隸樂浪郡。

[3]【顏注】師古曰：滿死傳子，子死傳孫。右渠者，其孫名也。

[4]【顏注】師古曰：滋，益也。

[5]【顏注】師古曰：不朝見天子也。

[6]【顏注】師古曰：辰謂辰韓之國也。"雍"讀曰"甕"。【今注】辰國：古代朝鮮半島南部小國。即半島南端"三韓"之一的辰韓，後發展爲新羅國。　雍閼：堵塞不通。雍，同"甕"。

[7]【顏注】師古曰：譙，責讓也，音才笑反。【今注】譙諭：責問以使曉諭聖意。

[8]【顏注】師古曰：長者，裨王名也。送何至浿水，何因刺殺之。

[9]【今注】遼東東部都尉：據本書《地理志》，遼東郡設東、

中、西三部都尉，分掌所轄地區軍事及治安。東部都尉治武次縣
(今遼寧鳳城市東北)。

[10]【今注】案，襲攻，大德本、殿本作“攻襲”。

天子募罪人擊朝鮮。其秋，遣樓舩將軍楊僕從齊
浮勃海，[1]兵五萬，左將軍荀彘出遼東，[2]誅右渠。[3]
右渠發兵距險。左將軍卒多率遼東士，[4]兵先縱，敗
散，多還走，坐法斬。[5]樓舩將齊兵七千人先至王險。
右渠城守，窺知樓舩軍少，即出擊樓舩，樓舩軍敗走。
將軍僕失其衆，遁山中十餘日，稍求收散卒，復聚。
左將軍擊朝鮮浿水西軍，未能破。

[1]【今注】案，舩，蔡琪本、殿本作“船”。下同不注。
勃海：即今渤海。

[2]【今注】左將軍：西漢重號將軍之一，與前將軍、後將
軍、右將軍皆位上卿，金印紫綬。地位僅次於大將軍及驃騎將軍、
車騎將軍、衞將軍。戰時典兵征伐，平時無具體職掌，往往兼任他
官，或加諸吏、散騎、給事中等號，成爲中朝官，宿衞皇帝左右，
參與朝議決策。　荀彘：事迹見本書卷五五《衞青霍去病傳》。

[3]【今注】案，誅，《史記》卷一一五《朝鮮列傳》作
“討”。

[4]【顏注】如淳曰：遼東兵多也。【今注】案，《史記·朝
鮮列傳》作“左將軍卒正多率遼東兵先縱”。王先謙《漢書補注》
以爲“卒正”爲官名，“多”爲人名，下文“坐法斬”者即此人。

[5]【顏注】師古曰：於法合斬。

天子爲兩將未有利，乃使衞山因兵威往諭右渠。[1]

右渠見使者，頓首謝："願降，恐將詐殺臣。今見信節，請服降。"遣太子入謝，獻馬五千疋，及餽軍糧。[2]人衆萬餘持兵，方度浿水，使者及左將軍疑其爲變，謂太子已服降，宜令人毋持兵。太子亦疑使者、左將軍詐之，遂不度浿水，復引歸。山報，天子誅山。

[1]【今注】衞山：使者姓名。案，本書《景武昭宣元成功臣表》記有義陽侯衞山，武帝元狩四年（前119）以北地都尉隨驃騎將軍霍去病北擊匈奴立功封侯，太始四年（前93）病死。當非同一人。

[2]【顏注】師古曰："餽"亦"饋"字（蔡琪本、殿本句末有"也"字）。

左將軍破浿水上軍，迺前至城下，圍其西北。樓舩亦往會，居城南。右渠遂堅城守，數月未能下。

左將軍素侍中幸，[1]將燕代卒悍，[2]乘勝軍多驕。樓舩將齊卒，入海已多敗亡，其先與右渠戰，困辱亡卒，卒皆恐，將心慙，其圍右渠，常持和節。左將軍急擊之，朝鮮大臣迺陰間使人私約降樓舩，[3]往來言，尚未肯決。左將軍數與樓舩期戰，樓舩欲就其約，不會。左將軍亦使人求間隙降下朝鮮，不肯，心附樓舩。[4]以故兩將不相得。左將軍心意樓舩前有失軍罪，[5]今與朝鮮和善而又不降，[6]疑其有反計，未敢發。天子曰："將率不能前，[7]乃使衞山諭降右渠，不能顓決，與左將軍相誤，卒沮約。[8]今兩將圍城又乖異，以故久不決。"使故濟南太守公孫遂往正之，[9]有便宜得以從事。遂至，左將軍曰："朝鮮當下久矣，不下者，樓舩數期不會。" 具以素所意告遂曰：[10] "今如此不取，恐爲大害，非獨樓舩，又且與朝鮮共滅吾軍。" 遂亦以爲然，而以節召樓舩將軍入左將軍軍計事，[11]即令左將軍戲下執縛樓舩將軍，[12]并其軍。以報，天子許遂。[13]

[1]【顏注】師古曰：親幸於天子。【今注】侍中：可在宮禁中侍從皇帝，意謂關係近密。漢武帝之後遂爲加官，列侯、將軍以至諸郎加此職即可出入宮禁，與聞朝政，與公卿大臣論辯，平議尚書奏事，爲中朝要職。

[2]【今注】燕代卒：指從燕、代地區徵募的士卒。戰國至秦漢時期，燕、代之士以悍勇、剽急著稱。《管子·水地》說燕地 "其民愚戇而好貞，輕疾而易死"。

[3]【顏注】師古曰：與樓舩爲要約而請降。

[4]【今注】不肯心附樓舩：王先謙《漢書補注》以爲此 "言左將軍不肯與樓船共功"。案，《史記》卷一一五《朝鮮列傳》記爲 "左將軍亦使人求閒郤降下朝鮮，朝鮮不肯，心附樓船"。意謂朝鮮對左將軍的招降計議不予首肯，有意歸降樓船將軍。據此，"心附樓船" 者是朝鮮而不是左將軍。《漢書》中缺一 "朝鮮"，致生此歧解。

[5]【顏注】師古曰：意，疑也。【今注】失軍罪：指將領打了敗仗，並且損失或丢棄了大部分人馬的犯罪行爲。漢代軍法規定，失軍當斬（參見宋傑《漢代死刑制度研究》，人民出版社2015年版，第286頁）。

[6]【今注】案，和，《史記·朝鮮列傳》作 "私"。王先謙《漢書補注》以爲二字形近易訛，當以 "私" 字爲是。

[7]【今注】案，率，蔡琪本、殿本作 "卒"；前，蔡琪本、

殿本作"制"。

[8]【顏注】師古曰："顓"與"專"同。卒,終也。沮,壞也。

[9]【今注】濟南:郡名。治東平陵縣(今山東濟南市章丘區西北)。

[10]【今注】意:疑。

[11]【今注】節:使者所持,代表皇帝。

[12]【顏注】師古曰:"戲"讀與"麾"同。【今注】戲(huī):同"麾"。軍中主將之旗。

[13]【今注】案,許遂,《史記·朝鮮列傳》作"誅遂"。王先謙《漢書補注》曰:"《史記》贊'荀彘争勞,與遂皆誅',作'誅'無疑。"

左將軍已并兩軍,即急擊朝鮮。朝鮮相路人、相韓陶、尼谿相参、將軍王唊[1]相與謀曰:"始欲降樓舩,樓舩今執,獨左將軍并將,戰益急,恐不能與,[2]王又不肯降。"陶、唊、路人皆亡降漢。路人道死。元封三年夏,尼谿相参迺使人殺朝鮮王右渠來降。王險城未下,故右渠之大臣成已又反,[3]復改吏。[4]左將軍使右渠子長、[5]降相路人子最,[6]告諭其民,誅成已。故遂定朝鮮爲真番、臨屯、樂浪、玄菟四郡。[7]封参爲澅清侯,[8]陶爲秋苴侯,[9]唊爲平州侯,[10]長爲幾侯,[11]最以父死頗有功,爲沮陽侯。[12]

[1]【顏注】應劭曰:凡五人也。戎狄不知官紀,故皆稱相。師古曰:相路人一也,相韓陶二也,尼谿相参三也,將軍王唊四也。應氏乃云五人,誤讀爲句,謂尼谿人名,失之矣。不當尋下文乎?唊,音"頰"。【今注】路人:人名。司馬貞《史記索隱》

引應劭曰："路人，漁陽縣人。" 案，韓陶，《史記》卷一一五《朝鮮列傳》作"韓陰"。 尼谿：當是朝鮮小國名。李瀷《星湖先生僿説》卷一九《經史門》"右渠"條曰："尼谿與朝鮮並稱，則尼谿恐是當時與國名。東方何曾有此乎？必是'濊'之音訛也。參非臣，故言'殺'，載事之書，不可不審。" 王唊（jiá）：案，朝鮮平壤市大同江南岸樂浪郡故址附近漢墓所出文字資料中，姓氏以王姓最多，王姓和韓姓是樂浪郡漢民中的豪族（參見［日］三上次男《古代東北亞史研究》，吉川弘文館1966年版。轉引自王培新《樂浪文化——以墓葬爲中心的考古學研究》，科學出版社2007年版，第99頁）。

　　［2］【顏注】如淳曰：不能與左將軍相持也。師古曰：此説非也。不能與猶言不如也。【今注】與：猶"敵"，對抗。王念孫《讀書雜志·漢書第十四》以爲"古者謂相敵曰與"。

　　［3］【今注】成已：《史記·朝鮮列傳》作"成巳"。

　　［4］【今注】案，改，大德本作"攻"。蔡琪本、殿本作"政"。《史記·朝鮮列傳》作"攻"。

　　［5］【顏注】師古曰：右渠之子名長。

　　［6］【顏注】師古曰：相路人前已降漢而死於道，故謂之降相。最者，其子名。

　　［7］【今注】樂浪：郡名。治朝鮮縣（今朝鮮平壤市南土城里土城遺址）。 玄菟：郡名。始治沃沮縣（今朝鮮咸鏡南道咸興市），後改治高句驪縣（今遼寧新賓滿族自治縣西）。

　　［8］【顏注】師古曰：澅，音"獲"。【今注】澅清侯：侯國治所在今山東淄博市。漢武帝元封三年（前108），封歸義朝鮮尼谿相參爲澅清侯。天漢二年（前99）因藏匿朝鮮亡虜而被治罪，獄中病死，侯國除。

　　［9］【顏注】晉灼曰：《功臣表》秋苴屬勃海。師古曰：苴，音千餘反（千，殿本作"子"）。【今注】秋苴侯：侯國治所在今

河北慶雲縣東。漢武帝元封三年，封歸義朝鮮相韓陶爲秋苴侯。封終身，不得嗣，征和二年（前 91）卒，侯國除。案，秋，本書《景武昭宣元成功臣表》及《史記·建元以來侯者年表》作"荻"，《史記·朝鮮列傳》作"萩"。

[10]【今注】平州侯：侯國治所在今山東萊蕪市西。漢武帝元封三年，封歸義朝鮮將軍王唊爲平州侯。次年王唊卒，無後嗣，侯國除。

[11]【今注】幾侯：侯國治所在今河北大名縣東。漢武帝元封四年（前 107），封歸義朝鮮王子衛長爲幾侯。元封六年（前 105）出使朝鮮謀反被殺，侯國除。案，本書《景武昭宣元成功臣表》作"幾侯張陷"。

[12]【今注】沮陽侯：王念孫《讀書雜志·漢書第十四》以爲"沮"當爲"涅"。涅陽侯國治所在今河南鄧州市。漢武帝元封四年，封歸義朝鮮相路人之子路最爲涅陽侯。太初元年（前 104）路最卒，無後嗣，侯國除。

左將軍徵至，坐爭功相嫉乖計，棄市。[1]樓舩將軍亦坐兵至列口，當待左將軍，[2]擅先縱，失亡多，當誅，贖爲庶人。[3]

[1]【今注】棄市：在鬧市執行斬刑，並將尸體暴露於街頭，以示爲大衆所棄。

[2]【顏注】蘇林曰：列口，縣名也。度海先得之。【今注】列口：地名。爲洌水（列水，今朝鮮大同江）注入黃海處。

[3]【今注】案，本書《景武昭宣元成功臣表》記楊僕"坐爲將軍擊朝鮮畏懦，入竹二萬箇，贖完爲城旦"。則贖免死罪，尚爲刑徒，異於本文。

贊曰：楚、粤之先，歷世有土。及周之衰，楚地方五千里，而句踐亦以粤伯。[1]秦滅諸侯，唯楚尚有滇王。漢誅西南夷，獨滇復寵。及東粤滅國遷衆，繇王、居股等猶爲萬户侯。三方之開，皆自好事之臣。故西南夷發於唐蒙、司馬相如，兩粤起嚴助、朱買臣，朝鮮由涉何。遭世富盛，動能成功，[2]然已勤矣。[3]追觀太宗填撫尉佗，[4]豈古所謂"招攜以禮，懷遠以德"者哉！[5]

[1]【顏注】師古曰："伯"讀曰"霸"。【今注】伯：同"霸"。意謂爲諸侯盟主。

[2]【今注】動：動輒。

[3]【顏注】師古曰：已，甚也。言其事甚勤勞。

[4]【顏注】師古曰：言文帝以恩德安撫之也（恩，蔡琪本、殿本作"道"）。填，音竹刃反。【今注】太宗：漢文帝劉恒的廟號。

[5]【顏注】師古曰：《春秋左氏傳》僖七年諸侯盟于甯母，管仲言於齊侯曰："臣聞之，招攜以禮，懷遠以德。"攜謂離貳者也。懷，來也。言有離貳者則招集之，恃險遠者則懷來之也。故贊引之。【今注】招攜以禮懷遠以德：意謂以禮來招徠那些懷有貳心不肯合作的人，以德來歸化那些憑恃地形險遠不肯來附的人。楊樹達《漢書窺管》以爲"此班氏之微詞，意謂武帝之興師不如文帝之德化也"。

漢書　卷九六上

西域傳第六十六上[1]

[1]【顏注】師古曰：烏孫國已後分爲下卷（蔡琪本、大德本同，殿本"烏孫國"前有"自"字）。【今注】西域：廣義上的西域泛指玉門關、陽關以西的地區，狹義上的西域指玉門關、陽關以西，帕米爾高原以東，天山以南，昆侖山以北的地區。

西域以孝武時始通，[1]本三十六國，[2]其後稍分至五十餘，[3]皆在匈奴之西，烏孫之南。南北有大山，[4]中央有河，[5]東西六千餘里，南北千餘里。東則接漢，陀以玉門、陽關，[6]西則限以蔥嶺。[7]其南山，東出金城，[8]與漢南山屬焉。[9]其河有兩原：[10]一出蔥嶺山，一出于闐。[11]于闐在南山下，其河北流，與蔥嶺河合，東注蒲昌海。[12]蒲昌海，一名鹽澤者也，去玉門、陽關三百餘里，廣袤三百里。[13]其水亭居，[14]冬夏不增減，皆以爲潛行地下，南出於積石，[15]爲中國河云。[16]

[1]【今注】孝武時始通：當指漢武帝建元二年（前139）張騫奉命出使西域一事。

[2]【今注】三十六國：對漢代一部分西域國家的泛稱。"西

域三十六國”的具體所指，一直存在比較大的爭議，對於這一問題，最新的研究成果是周振鶴 1985 年發表的論文《西漢西域都護所轄諸國考》（《新疆大學學報》1985 年第 2 期）。該文對荀悦《漢紀》所列三十六國做出了若干修正，認爲其分別爲：鄯善（樓蘭）、且末、精絶、扜彌、渠勒、于闐、皮山、莎車、婼羌、小宛、戎盧、烏秅、西夜、子合、蒲犁、依耐、無雷、捐毒、疏勒、尉頭、姑墨、温宿、龜兹、烏壘、渠犁、尉犁、危須、焉耆、車師前國、車師後國、卑陸、卑陸後國、蒲類、蒲類後國、西且彌、東且彌。

[3]【顔注】師古曰：司馬彪《續漢書》云：“至于哀、平，有五十五國也。”

[4]【今注】南北有大山：“北大山”即今天山，“南大山”即今昆侖山。

[5]【今注】河：即今塔里木河。

[6]【顔注】孟康曰：二關皆在燉煌西界（燉，蔡琪本、大德本、殿本作“敦”）。師古曰：阨，塞也。

[7]【顔注】師古曰：《西河舊事》云：“蔥嶺（蔥，蔡琪本、大德本同，殿本作“葱”，本注下同），其山高大，上悉生蔥，故以名焉。”【今注】蔥嶺：今稱帕米爾高原。案，蔥，蔡琪本、大德本同，殿本作“葱”，下同不注。

[8]【今注】金城：郡名。漢昭帝始元六年（前 81）置，始置當在金城縣（今甘肅蘭州市西），後西遷至允吾縣（今甘肅永靖縣西北）。

[9]【顔注】師古曰：屬，聯也，音之欲反。

[10]【今注】案，原，大德本、殿本同，蔡琪本作“源”。

[11]【顔注】師古曰：“闐”字與“寘”同，音徒賢反，又徒見反（大德本、殿本同，蔡琪本“徒”前有“音”字）。【今注】案，出蔥嶺山者爲今葉爾羌河，出于闐者爲今和田河。

［12］【今注】蒲昌海：澤藪名。其地今稱羅布泊。

［13］【顏注】師古曰：袤，長也，音"茂"。

［14］【今注】亭居：水靜止貌。

［15］【今注】積石：山名。今名阿尼瑪卿山，在青海省東南部。

［16］【今注】河：指黃河。

自玉門、陽關出西域有兩道。從鄯善傍南山北，波河西行至莎車，爲南道；[1]南道西踰蔥嶺則出大月氏、安息。[2]自車師前王廷隨北山，[3]波河西行至疏勒，爲北道；[4]北道西踰蔥嶺則出大宛、康居、奄蔡、焉。[5]

［1］【顏注】師古曰：波河，循河也。鄯，音上扇反。傍，音步浪反。波，音彼義反。此下皆同也。【今注】案，王先謙《漢書補注》引段玉裁的觀點認爲"波"爲"陂"的假借字。陂，水岸。

［2］【顏注】師古曰：氏，音"支"。

［3］【今注】案，廷，蔡琪本、大德本同，殿本作"庭"。

［4］【今注】案，王先謙《漢書補注》引徐松《漢書·西域傳補注》："隨北山者，烏什、阿克蘇、庫車、哈喇沙爾諸境之北山，路出山之南也。波河西行至疏勒者，沿塔里木河北岸，過阿克蘇則沿烏蘭烏蘇河以至今喀什噶爾境。案，蔥嶺南北二河，至阿克蘇合爲塔里木河，以注蒲昌海，故此傳於山有傍南山、北山之別，於河則但曰波河，不分南北，明西域中央止一大河。"引《西域圖考》："自鄯善而北至伊吾，爲今哈密地。自北而西，由狐胡至車師前王廷，經山國、危須、尉犁、烏壘、渠犁、焉耆、龜茲、姑墨、溫宿、尉頭至疏勒，所謂隨北山，波河行，此北道也；其自伊吾而

北，至蒲類，又西爲車師後庭，經卑陸、單桓、烏貪訾離至烏孫，又北通郁立師、卑陸後國、劫國，則北道之北，亦不當孔道也。至疏勒之西，爲捐毒、休循，已入蔥嶺，于寘之西，自皮山、西夜、子合至烏秅，又皆蔥嶺之國，爲通西南諸國之孔道。"

　　[5]【今注】案，蔡琪本、大德本、殿本"焉"後有"耆"字。王先謙《漢書補注》引王念孫的觀點認爲"耆"字爲後人妄加。

　　西域諸國大率土著，[1]有城郭田畜，與匈奴、烏孫異俗，故皆役屬匈奴。[2]匈奴西邊日逐王置僮僕都尉，使領西域，常居焉耆、危須、尉黎閒，賦稅諸國，取富給焉。[3]

　　[1]【顏注】師古曰：言著土地而有常居，不隨畜牧移徙也。著，音直略反。
　　[2]【顏注】師古曰：服屬於匈奴，爲其所役使也。
　　[3]【顏注】師古曰：給，足也。【今注】常居焉耆危須尉黎閒：焉耆、危須、尉黎爲天山南麓的三個綠洲國家，其中焉耆在今新疆焉耆回族自治縣，危須在今新疆焉耆東，尉犁在今新疆庫爾勒市東北，由此可知匈奴日逐王屬下的僮僕都尉主要活躍於今博斯騰湖附近的焉耆、庫爾勒一帶。

　　自周衰，戎狄錯居涇渭之北。[1]及秦始皇攘卻戎狄，築長城，界中國，[2]然西不過臨洮。[3]

　　[1]【顏注】師古曰：錯，雜也。
　　[2]【顏注】師古曰：爲中國之竟界也（竟，大德本同，蔡

琪本、殿本作"境")。

    [3]【顏注】師古曰：洮，音土高反。【今注】臨洮：縣名。治所在今甘肅岷縣。

    漢興，至于孝武，事征四夷，廣威德，而張騫始開西域之迹。其後驃騎將軍擊破匈奴右地，[1]降渾邪、休屠王，[2]遂空其地，始築令居以西，[3]初置酒泉郡，[4]後稍發徙民充實之，分置武威、張掖、敦煌，[5]列四郡，據兩關焉。自貳師將軍伐大宛之後，西域震懼，多遣使來貢獻，漢使西域者益得職。[6]於是自敦煌西至鹽澤，往往起亭，而輪臺、渠犂皆有田卒數百人，置使者校尉領護，[7]以給使外國者。[8]

    [1]【今注】驃騎將軍：指霍去病，傳見《史記》卷一一一、本書卷五五。驃，蔡琪本、大德本同，殿本作"票"。軍，白鷺洲本作"車"。

    [2]【顏注】師古曰：屠，音"除"。【今注】案，"降渾邪、休屠王"之事發生於漢武帝元狩二年（前121）。

    [3]【顏注】師古曰：令，音"鈴"。【今注】令居：縣名。治所在今甘肅永登縣西。《漢書考正》宋祁曰："《集韻》'令'音連云。令居，縣名，在金城郡。"

    [4]【今注】酒泉郡：河西四郡之一，漢武帝元狩二年置，治祿福縣（今甘肅酒泉市肅州區）。

    [5]【顏注】師古曰：敦，音徒門反。【今注】武威張掖敦煌：皆爲郡名，三郡與酒泉郡合稱"河西四郡"。武威郡，宣帝地節三年（前67）置，治姑臧縣（今甘肅武威市；一說起初位於今甘肅武威市西北2公里的金羊鄉趙家磨村南鎖陽城，西漢後期至東

漢前期遷至今武威市）。張掖郡，武帝元鼎六年（前111）分酒泉郡東部置，初治當在張掖縣（一般認爲在今甘肅武威市南，具體位置存在爭議，郝樹聲、張德芳所著《懸泉漢簡研究》據1974年出土的"居延里程簡"EPT59.582和20世紀90年代出土的"懸泉里程簡"II90DXT0214①:130，提出其當位於今武威市以南的謝河鄉武家寨子一帶，詳見該書第110—113頁），後徙治觻得縣（今甘肅張掖市甘州區明永鄉下崖村黑水國故城北古城遺址）。敦煌郡，武帝元鼎六年分酒泉郡西部置，治敦煌縣（今甘肅敦煌市七里鎮白馬塔村）。

[6]【顔注】師古曰：賞其勤勞，皆得拜職也。【今注】案，王先謙《漢書補注》引胡三省注："顔説非也。此言漢使入西域諸國，不敢輕忽，爲得其職耳。得職者，不失其職也。"引王念孫云："胡解職字亦未了。職非職事之職，職猶所也。言自大宛王以殺漢使見誅，西域諸國皆不敢輕忽漢使，故漢之使西域者皆得其所也。"

[7]【顔注】師古曰：統領保護營田之事也。【今注】使者校尉：官職名。始置時間及秩級不詳，或以其爲西域都護的前身（參見張維華《西域都護通考》，載《漢史論集》，齊魯書社1980年版，第251頁；余太山《兩漢西域都護考》，載《兩漢魏晉南北朝與西域關係史研究》，中國社會科學出版社1995年版，第233—235頁）。還有學者認爲，此處的"使者校尉"當斷作"使者、校尉"，即並不存在"使者校尉"這樣一個官職（參見李大龍《西漢西域屯田與使者校尉考辨》，《西北史地》1989年第3期）。

[8]【顔注】師古曰：收其所種五穀以供之。

至宣帝時，遣衞司馬使護鄯善以西數國。[1]及破姑師，未盡殄，[2]分以爲車師前後王及山北六國。[3]時漢獨護南道，未能盡并北道也，然匈奴不自安矣。其後日逐王畔單于，將衆來降，護鄯善以西使者鄭吉迎之。

既至漢，封日逐王爲歸德侯，吉爲安遠侯。是歲，神爵三年也。乃因使吉并護北道，故號曰都護。都護之起，自吉置矣。[4]僮僕都尉由此罷，匈奴益弱，不得近西域。於是徙屯田，田於北胥鞬，[5]披莎車之地，[6]屯田校尉始屬都護。都護督察烏孫、康居諸外國，[7]動静有變以聞。可安輯，安輯之；可擊，擊之。[8]都護治烏壘城，[9]去陽關二千七百三十八里，與渠犁田官相近，土地肥饒，於西域爲中，故都護治焉。

[1]【今注】衞司馬：王先謙《漢書補注》引徐松《漢書·西域傳補注》：“《元紀》注：‘衞司馬即衞尉八屯之衞司馬。’”案，西漢時期，在衞尉屬下設有八屯衞士，由衞候、衞司馬統率，駐皇宮外門（即司馬門），負責皇宮的警衛工作。《漢書》卷九《元紀》初元五年“宮司馬”文下引師古注曰：“司馬門者，宮之外門也。衞尉有八屯，衞候、司馬主衞士徼巡宿衞，每面各二司馬，故謂宮之外門爲司馬門。”

[2]【顏注】師古曰：雖破其國，未能滅之。

[3]【今注】山北六國：指東且彌、西且彌、卑陸、卑陸後國、蒲類和蒲類後國。

[4]【顏注】師古曰：都猶總也，言總護南北之道。【今注】都護：即西域都護，漢代西域最高軍政長官。西域都護在西漢時爲加官，多由騎都尉或諫大夫領其職，東漢時期成爲正式的官職，秩比二千石。關於西域都護的始置時間及職掌歷來存在較大的爭議，《漢書》中對於西域都護的始置時間給出了三種説法，分別爲卷八《宣紀》的神爵二年（前60）、《百官公卿表上》的地節二年（前68），以及本卷此處的神爵三年（前59）。20世紀80年代以來，有學者就這一問題提出了新的看法，如張維華認爲西域都護於地節二

年建號，神爵二年開府；余太山認爲“都護”之號始於地節二年鄭吉以侍郎屯田渠犁，但直到神爵三年被封爲安遠侯並在烏壘城立府施政，纔正式成爲西域都護（參見張維華《西域都護通考》，載《漢史論集》，齊魯書社 1980 年版，第 245—308 頁；余太山《兩漢西域都護考》，載《兩漢魏晉南北朝與西域關係史研究》，中國社會科學出版社 1995 年版，第 237—240 頁）。關於這一問題至今未有定論。而關於西域都護的主要職責，從古至今也一直存在争議。有人據本段内容認爲，其主要職責是“並護南北兩道”，亦即保障西域交通的暢通；也有人據《漢書》卷七〇《鄭吉傳》“吉於是中西域而立莫府，治烏壘城，鎮撫諸國，誅伐懷集之”的記載認爲西域都護的主要職責是鎮撫西域諸國；還有人認爲“護道”和“護國”皆爲西域都護的主要職責。（關於西域都護的研究，可以參看洪濤《漢代西域都護府研究述評》，《新疆師範大學學報》2007 年第 2 期）

　　[5]【顏注】師古曰：胥犍，地名也。胥，音先餘反。犍，音居言反。【今注】案，王先謙《漢書補注》引徐松《漢書·西域傳補注》：“下言‘披莎車’，是地近莎車，故《水經注》以爲自輪臺徙莎車。第通檢《漢書》，絶不見莎車屯田之事，且遠於烏壘千餘里，非都護與田官相近之意，疑‘莎車’與‘車師’之訛。”余太山在《兩漢魏晉南北朝正史西域傳要注》中提出“胥犍”和“莎車”當爲同名異譯，“車師”係塞種人的一支 Gasiani 的音譯，但車師國人除 Gasiani 外可能還有包括莎車人在内的其他塞種人部落，“胥犍”可能正是由車師國内的莎車人在此聚居而得名，因此“披莎車之地”之“莎車”未見得是“車師”之訛（商務印書館 2013 年版，第 75 頁）。案，據懸泉漢簡 II90DXT0214③：83A“守府卒人安遠侯遣比胥犍”，此處的“北胥犍”當爲“比胥犍”之誤（參見郝樹聲、張德芳《懸泉漢簡研究》，甘肅文化出版社 2009 年版，第 242 頁）。

[6]【顏注】師古曰：披，分也。

[7]【顏注】師古曰：督，視也。

[8]【顏注】師古曰："輯"與"集"同。

[9]【今注】烏壘：北道諸國之一，其都城烏壘城同時也是漢代西域都護府的治所。關於烏壘城的位置，歷來爭議比較大，主要有四種説法：①今新疆輪臺縣策大雅（參見譚其驤主編《中國歷史地圖集》第 2 册，中國地圖出版社 1982 年版，第 37—38 頁）；②今新疆輪臺縣野雲溝（參見黃文弼《塔里木盆地考古記》，科學出版社 1958 年版，第 10 頁；中國社會科學院考古研究所考古科技實驗研究中心、漢唐考古研究室：《新疆庫爾勒至輪臺間古代城址的遥感探查》，《考古》1997 年第 7 期）；③今新疆庫爾勒市庫爾楚鄉，瑞典考古學家貝格曼主張（參見貝格曼《新疆考古記》，王安洪譯，新疆人民出版社 1997 年版，第 50 頁）；④今新疆輪臺縣奎玉克協海爾古城（參見林梅村《考古學視野下的西域都護府今址研究》，《歷史研究》2013 年第 6 期）。案，《漢書考正》宋祁曰："'烏壘'下監本有'孫'字。"

　　至元帝時，復置戊己校尉，[1]屯田車師前王庭。是時匈奴東蒲類王兹力支將人衆千七百餘人降都護，都護分車師後王之西爲烏貪訾離地以處之。

[1]【今注】戊己校尉：官職名。漢元帝初元二年（前 47）始置，秩級有比六百石和比二千石兩種説法，主要負責屯田，亦協助西域都護安輯西域諸國、抵禦匈奴和保障西域北道的暢通。除戊己校尉外，在傳世文獻和簡牘中還出現了"戊校尉"和"己校尉"，對於二者和戊己校尉的關係，主要有以下幾種觀點：①"戊己校尉"即"戊校尉"和"己校尉"的合稱，有漢一代，"戊己校尉"始終是分設二職（參見黃文弼《羅布淖爾漢簡考釋》，《西北史地論

叢》，上海人民出版社 1981 年版，第 309—354 頁）；②西漢時僅設
"戊己校尉"一職，東漢時分設兩個戊己校尉（參見林劍鳴《西漢
戊己校尉考》，《歷史研究》1990 年第 2 期）；③西漢時僅設"戊己
校尉"一職，東漢時分設"戊己校尉"和"戊校尉"（參見吳仁傑
《西漢刊誤補遺》，台灣商務印書館影印文淵閣本 1983 年版）；④西
漢時僅設"戊己校尉"，東漢時分設"戊校尉"和"己校尉"（參
見勞榦《漢代的西域都護與戊己校尉》，《勞榦學術論文集甲編》，
臺北藝文印書館 1976 年版，第 867—878 頁）；⑤西漢從元帝到哀
帝時期，分設戊、己兩校尉，從平帝至新莽時期合爲"戊己校尉"
一職，東漢明帝時復設戊、己兩校尉，和帝及桓、靈時期則設"戊
己校尉"一職（參見李炳泉《兩漢戊己校尉建制考》，《史學月刊》
2002 年第 6 期）；⑥"戊校尉"和"己校尉"是"戊己校尉"的部
屬（參見張維華《西域都護通考》，載《漢史論集》，齊魯書社
1980 年版，第 245—308 頁；余太山《兩漢戊己校尉考》，《兩漢魏
晉南北朝與西域關係史研究》，中國社會科學出版社 1995 年版，第
258—270 頁）。關於戊己校尉的隸屬、性質和組織結構等，可以參
看王素《高昌戊己校尉的設置——高昌戊己校尉系列研究之一》
（《新疆師範大學學報》2005 年第 3 期）、《高昌戊己校尉的組
織——高昌戊己校尉系列研究之二》（《中國歷史文物》2005 年第
4 期）。

　　自宣、元後，單于稱藩臣，西域服從，其土地山
川王侯户數道里遠近翔實矣。[1]

　　[1]【顏注】師古曰："翔"與"詳"同，假借用耳。

　　出陽關，自近者始，曰婼羌。[1]婼羌國王號去胡來
王。[2]去陽關千八百里，[3]去長安六千三百里，辟在西

南，不當孔道。[4]户四百五十，口千七百五十，勝兵者五百人。[5]西與且末接。[6]隨畜逐水草，不田作，仰鄯善、且末穀。[7]山有鐵，自作兵，兵有弓、予、服刀、劍、甲。[8]西北至鄯善，乃當道云。

[1]【顏注】孟康曰：婼，音"兒"。師古曰：音而遮反。【今注】婼羌：王先謙《漢書補注》認爲，婼羌應爲羌之一種。對於婼羌國王治所在地點，主要有兩種看法：一種認爲在柴達木盆地（參見［日］桑原騭藏《張騫の遠征》，《東西交通史論叢》，弘文堂 1934 年版，第 1—117 頁；［日］白鳥庫吉《西域史上の新研究·大月氏考》，《白鳥庫吉全集》第六卷，巖波書店 1970 年版，第 199—201 頁）；另一種認爲是在今楚拉克阿甘河流域（參見周連寬《漢婼羌國考》，《中亞學刊》第 1 輯，中華書局 1983 年版，第 81—90 頁；余太山《漢晉正史"西域傳"所見西域諸國的地望》，《歐亞學刊》2000 年）。

[2]【顏注】師古曰：言去離胡戎來附漢也。【今注】案，余太山在《兩漢魏晉南北朝正史西域傳要注》中提出"去胡來"應該是塞種部落之一 Tochari 的對譯，並且推測，婼羌國臣民爲婼羌人（可能是羌人和 Asii 的混血），王族爲 Tochari 人（第 80 頁）。余太山還推測，傳文"婼羌條"所載應該僅是婼羌人中"王號去胡來王"的一支，因爲傳文記載，西域諸國中，"與婼羌接"的有且末、小宛、戎盧、渠勒、于闐、難兜六國，似乎地域分布甚廣，不似"户四百五十，口千七百五十"的小國，因此認爲當時西域還有其他婼羌人的國家（本傳注釋中西域諸國地望主要參考余太山《漢晉正史"西域傳"所見西域諸國的地望》一文，下不一一注明）。

[3]【今注】案，《漢書考正》宋祁曰："越本'八'作'六'。"

[4]【顏注】師古曰：辟，讀曰"僻"。孔道者，穿山險而爲道，猶今言穴徑耳。

[5]【今注】案,《漢書考正》劉氏校本云,勝,當音"升"。下並同。

[6]【顏注】師古曰:且,音子餘反。

[7]【顏注】師古曰:賴以自給也。仰,音牛向反。

[8]【顏注】劉德曰:服刀,拍髀也。師古曰:拍,音"貊"。髀,音"俾",又音"陛"。　【今注】案,蔡琪本無"弓"字。

　　鄯善國,[1]本名樓蘭,王治扜泥城,[2]去陽關千六百里,去長安六千一百里。户千五百七十,口萬四千一百,勝兵二千九百十二人。輔國侯、卻胡侯、[3]鄯善都尉、擊車師都尉、左右且渠、擊車師君各一人,譯長二人。西北去都護治所千七百八十五里,至山國千三百六十五里,[4]西北至車師千八百九十里。地沙鹵,少田,寄田仰穀旁國。[5]國出玉,多葭葦、檉柳、胡桐、白草。[6]民隨畜牧逐水草,有驢馬,多橐它。[7]能作兵,與婼羌同。

　　[1]【今注】鄯善:南道緑洲國,位於今塔里木盆地的東南部。鄯善(樓蘭)都城的位置,一直存在比較大的爭議,學界主要有以下幾種觀點:其一,今羅布泊西北岸的 LA 古城。這一觀點最早見於清代新疆地方官員郝永剛所著的《探路記》一書。1901 年瑞典探險家斯文·赫定於該處掘得大量漢文和佉盧文文書,將其交由德國學者卡爾·希姆萊和孔好古整理,從中釋讀出多出帶有"樓蘭"(原音 Kroraina)的内容,1902 年希姆萊在《皮特曼學報》上發表《斯文·赫定在古羅布泊旁的發掘》,對整理成果進行了説明,提出 LA 古城遺址爲古樓蘭國都城的觀點。此後,該處又陸續出土

了一些與樓蘭相關的文書。這一觀點是學界的主流意見。其二，原在今羅布泊西北岸的 LA 古城遺址，樓蘭更名爲鄯善後，遷至今若羌縣政府駐地附近的扜泥城（參見侯燦《論樓蘭城的發展及其衰廢》，穆舜英、張平主編《樓蘭文化研究論集》，新疆人民出版社1995 年版，第 20—55 頁）。其三，在 LA 古城遺址以北的庫魯克河北岸一帶（參見黃文弼《樓蘭國歷史及其在西域交通上之地位》，《西域史地考古論集》1981 年版，第 173—209 頁）。其四，米蘭遺址，即今若羌縣東部農二師 36 團場所在之米蘭鎮附近。由英國探險家斯坦因於 1921 年在《西域考古圖記》中提出。其五，始終位於今若羌縣政府駐地附近。此觀點爲馮承鈞、馬雍、孟凡人、余太山等人主張（參見馮承鈞《樓蘭鄯善問題》，《西域南海史地考證論著彙輯》，中華書局 1957 年版，第 25—35 頁；馬雍《從新疆歷史文物看漢代在西域的政治措施和經濟建設》，《文物》1975 年第 7期；孟凡人《樓蘭新史》，光明日報出版社 1990 年，第 168—232頁；余太山《關於鄯善國王治的位置》，《塞種史研究》，商務印書館 2012 年版，第 295—323 頁）。其六，羅布泊北岸的 LE 古城遺址（參見林梅村《樓蘭國始都考》，《文物》1995 年第 6 期）。其七，元鳳四年（前 77 年）前在今孔雀河下游的鹹水泉古城遺址（參見胡興軍、何麗萍《新疆尉犁縣鹹水泉古城的發現與初步認識》，《西域研究》2017 年第 2 期）。

［2］【顏注】師古曰：扜，音一胡反。

［3］【顏注】師古曰：郤，音丘略反，其字從卩，卩，音"節"。下皆類此。【今注】案，郤，蔡琪本、殿本作"郄"。

［4］【顏注】師古曰：此國山居，故名山國也。【今注】案，山國，王先謙《漢書補注》引王念孫説，認爲當作"墨山國"。

［5］【顏注】師古曰：寄於它國種田（它，大德本、殿本同，蔡琪本作"他"），又羅旁國之穀也。卬，音牛向反。

［6］【顏注】孟康曰：白草，草之白者。胡桐似桑而多曲。

師古曰：檉柳，河柳也，今謂之赤檉。白草似茅而細，無芒，其乾孰時正白色（孰，大德本同，蔡琪本、殿本作"熟"），牛馬所嗜也。胡桐亦似桐，不類桑也。蟲食其樹而沫出下流者，俗名爲胡桐淚，言似眼淚也，可以汗金銀（蔡琪本同，大德本、殿本句末有"也"字），工匠皆用之（蔡琪本、大德本、殿本"工"字前有"今"字）。《漢書考正》宋祁曰："注文'工'字別本作'匠'"）流俗語訛呼"淚"爲"律"。檉，音丑成反。

[7]【顏注】師古曰：它，古"他"字也，音徒何反。

　　初，武帝感張騫之言，甘心欲通大宛諸國，使者相望於道，一歲中多至十餘輩。樓蘭、姑師當道，苦之，[1]攻劫漢使王恢等，又數爲匈奴耳目，令其兵遮漢使。漢使多言其國有城邑，兵弱易擊。於是武帝遣從票侯趙破奴將屬國騎[2]及郡兵數萬擊姑師。王恢數爲樓蘭所苦，上令恢佐破奴將兵。破奴與輕騎七百人先至，虜樓蘭王，遂破姑師，因暴兵威以動烏孫、大宛之屬。[3]還，封破奴爲浞野侯，恢爲浩侯。[4]於是漢列亭障至玉門矣。

[1]【顏注】師古曰：每供給使者受其勞費，故厭苦也。

[2]【顏注】師古曰：屬國謂諸外國屬漢也（蔡琪本、大德本同，殿本此注位於"及郡兵數萬擊姑師"後）。

[3]【顏注】師古曰：暴謂顯揚也。

[4]【顏注】蘇林曰：浩，音"昊"。【今注】案，此事發生在武帝元封三年（前108）。

　　樓蘭既降服貢獻，匈奴聞，發兵擊之。於是樓蘭遣一子質匈奴，一子質漢。後貳師軍擊大宛，匈奴欲遮之，貳師兵盛不敢當，即遣騎因樓蘭候漢使後過者，欲絶勿通。時漢軍正任文將兵屯玉門關，[1]爲貳師後距，[2]捕得生口，知狀以聞。上詔文便道引兵捕樓蘭王。將詣闕，簿責王，[3]對曰："小國，在大國間，不兩屬無以自安。願徙國入居漢地。"上直其言，遣歸國，[4]亦因使候司匈奴。[5]匈奴自是不甚親信樓蘭。

[1]【今注】軍正：軍中的軍法執行官。

[2]【顔注】師古曰：後距者，居後以距敵。

[3]【顔注】師古曰：以文簿一一責之。簿，音步戶反。

[4]【顔注】師古曰：以其言爲直。【今注】案，余太山在《兩漢魏晉南北朝正史西域傳要注》中指出"後貳師軍擊大宛……即遣騎因樓蘭候漢使後過者"發生在太初三年（前102），時李廣利率大軍沿南道還；至於捕樓蘭王、詣闕簿責則應已是次年的事情（第86頁）。在本書卷九四上《匈奴傳上》中也可以找到相應記載："（太初三年秋匈奴）使右賢王入酒泉、張掖，略數千人。會任文擊救，盡復失其所得而去。聞貳師將軍破大宛，斬其王還，單于欲遮之，不敢。"

[5]【今注】案，司，大德本同，蔡琪本、殿本作"伺"。

征和元年，樓蘭王死，國人來請質子在漢者，欲立之。質子常坐漢法，下蠶室宮刑，[1]故不遣。報曰："侍子，天子愛之，不能遣。其更立其次當立者。"樓蘭更立王，漢復責其質子，亦遣一子質匈奴。後王又死，匈奴先聞之，遣質子歸，得立爲王。[2]漢遣使詔新王，令入朝，天子將加厚賞。樓蘭王後妻，故繼母也，謂王曰："先王遣兩子質漢皆不還，奈何欲往朝乎?"王用其計，謝使曰："新立，國未定，願待後年入見天子。"然樓蘭國最在東垂，近漢，當白龍堆，[3]乏水草，常主發導，負水儋糧，送迎漢使，又數爲吏卒所寇，懲艾不便與漢通。[4]後復爲匈奴反間，[5]數遮殺漢使。其弟尉屠耆降漢，具言狀。

[1]【今注】蠶室：古代執行宫刑及受宫刑者所居之獄室。

[2]【顏注】師古曰：匈奴在漢前聞樓蘭王死，故即遣質子還也。

[3]【今注】白龍堆：沙漠名。在今羅布泊東北，是著名的雅丹地貌群。雅丹地貌是一種典型的風蝕性地貌。

[4]【顏注】師古曰：艾，讀曰"乂"。

[5]【顏注】師古曰：間，音居莧反。

元鳳四年，大將軍霍光白遣平樂監傅介子往刺其王。[1]介子輕將勇敢士，齎金幣，[2]揚言以賜外國爲名。既至樓蘭，詐其王欲賜之，王喜，與介子飲，醉，將其王屏語，壯士二人從後刺殺之，貴人左右皆散走。介子告諭以："王負漢罪，天子遣我誅王，當更立王弟尉屠耆在漢者。漢兵方至，毋敢動，自令滅國矣!"介子遂斬王嘗歸首，[3]馳傳詣闕，[4]縣首北闕下。[5]封介子爲義陽侯。乃立尉屠耆爲王，更名其國爲鄯善，爲刻印章，賜以宫女爲夫人，備車騎輜重，[6]丞相、將軍率百官送至横門外，[7]祖而遣之。[8]王自請天子曰："身在漢久，今歸，單弱，而前王有子在，恐爲所殺。國中有伊循城，[9]其地肥美，願漢遣一將屯田積穀，令臣得依其威重。"於是漢遣司馬一人、吏士四十人，田伊循以填撫之。[10]其後更置都尉。[11]伊循官置始此矣。

　　[1]【今注】平樂監：官職名。即平樂厩監。平樂厩應該是漢代的一個皇家馬厩。

　　[2]【今注】齎：携帶。

　　[3]【顏注】師古曰：嘗歸者，其王名也。《昭紀》言"安歸"，今此作"嘗歸"，紀、傳不同，當有誤者。

　　[4]【顏注】師古曰：傳，音張戀反。

　　[5]【今注】北闕：闕是宮殿外門兩旁高出的建築物，西漢未央宮在北宮門和東宮門外兩側有闕，分別稱北闕和東闕。北闕在漢代具有重要的政治功能，統治者於其處設有公車機構，管理吏民上書奏事，因此吏民上書也稱"上書北闕"。西漢將被征服的蠻夷首領斬殺並"縣首北闕"的事情發生過多次，除樓蘭王外，還見於大宛王毋寡（《漢書》卷五四《蘇建傳》："宛王殺漢使者，頭縣北闕"）和南越王趙建德（《史記》卷一一〇《匈奴列傳》："南越王頭已懸於漢北闕"）等。有學者認爲，西漢接待四夷賓客的蠻夷邸位於正對未央宮北闕的橫門大街（藁街），懸首北闕可以對往來長安的四夷賓客起到警示作用（參見王靜《漢代蠻夷邸論考》，《史學月刊》2000年第3期；徐暢《西漢長安城未央宮北闕的地理位置及政治功用》，《四川文物》2012年第4期）。

　　[6]【顏注】師古曰：重，音直用反。

　　[7]【顏注】孟康曰：橫，音"光"。【今注】橫門：漢長安城門名。《三輔黃圖》卷一："長安城北出西頭第一門曰橫門。"《漢書考正》宋祁謂淳化本"百官"後無"將軍"二字，景德監本及浙本作"丞相率百官"，亦無"將軍"二字，今越本作"丞相將軍率百官"。今案，蔡琪本"將軍"後無"率"字。

[8]【顔注】師古曰：爲設祖道之禮也。【今注】祖：設祖道。古代爲出行者祭祀路神、飮宴送行的儀式。

[9]【今注】伊循城：伊循城曾經是漢帝國在西域一處重要的屯田據點，從《漢書》及出土文獻的記載來看，漢帝國在伊循的屯田活動從昭帝時期一直持續到西漢末年（參見李炳泉《西漢西域伊循屯田考論》，《西域研究》2003 年第 2 期；張德芳《從懸泉漢簡看兩漢西域屯田及其意義》，《敦煌研究》2001 年第 3 期）。關於伊循城的位置，一直存在比較大的爭議，學界主要有以下幾種觀點：其一，在今若羌縣所在緑洲。此結論由英國人斯坦因在伯希和、沙畹等對樓蘭出土簡牘文書、敦煌所出《沙州伊州地志殘卷》、《新唐書》和《水經注》等所做的研究成果基礎上得出，藤田豐八、大谷勝真、鬆田壽男、黄文弼、馮承鈞等亦主此説（參見黄文弼《樓蘭國歷史及其在西域交通上之地位》，《西域史地考古論集》1981 年，第 173—209 頁；馮承鈞《樓蘭鄯善問題》，《西域南海史地考證論著彙輯》1957 年，第 25—35 頁）。其二，今若羌縣東部的米蘭遺址，伊藤敏雄、馬雍、陳戈、饒瑞符、侯燦、章巽、余太山、黄盛璋、王守春、張德芳、李炳泉等人持此觀點（參見伊藤敏雄《魏晉朝樓蘭屯戍的基礎整理》，《東洋史論》1983 年；侯燦《論樓蘭城的發展及其衰廢》，穆舜英、張平主編《樓蘭文化研究論集》1995 年，第 20—55 頁；馬雍《從新疆歷史文物看漢代在西域的政治措施和經濟建設》，《文物》1975 年第 7 期；李炳泉《西漢西域伊循屯田考論》，《西域研究》2003 年第 2 期；張德芳《從懸泉漢簡看兩漢西域屯田及其意義》，《敦煌研究》2001 年第 3 期）。其三，今羅布泊西北部的土垠遺址（參見長澤和俊《樓蘭王國史の研究》，雄山閣 1997 年，第 672—673 頁）。其四，今羅布泊西北部的 LK 古城遺址（參見孟凡一《樓蘭新史》，光明日報出版社 1990 年版，第 101—114 頁）。

[10]【顔注】師古曰：填，音竹刃反。

［11］【今注】其後更置都尉：指西漢設置伊循都尉之事。從懸泉漢簡的相關記載來看，伊循都尉由敦煌太守領屬，對其性質學界有著不同的看法，或以其爲屬國都尉（參見黃文弼《羅布淖爾漢簡考釋》，《西北史地論叢》，上海人民出版社 1981 年版，第 309—354 頁），或以其爲部都尉（參見賈叢江《西漢伊循職官考疑》，《西域研究》2008 年第 4 期），或以爲其具有屬國都尉和部都尉的雙重性質（參見李炳泉《西漢西域伊循屯田考論》，《西域研究》2003 年第 2 期）。除伊循都尉及其屬官之外，西漢還在伊循設置了隸屬於大司農的田官。

鄯善當漢道衝，西通且末七百二十里。[1]自且末以往皆種五穀，土地草木，畜產作兵，略與漢同，有異乃記云。

［1】【今注】且末：南道綠洲國。

且末國，王治且末城，[1]去長安六千八百二十里。戶二百三十，口千六百一十，勝兵三百二十人。輔國侯、左右將、譯長各一人。西北至都護治所二千二百五十八里，北接尉犁，南至小宛可三日行。有蒲陶諸果。[2]西通精絕二千里。

［1】【今注】且末城：一般認爲，且末國王治且末城在今且末縣西南的來利勒克古城。余太山認爲，位於且末縣北 80 公里、阿牙克河古道旁的一處古城遺址，也有可能是漢且末城之所在（參見《漢晉正史“西域傳”所見西域諸國的地望》）。
　　［2】【今注】蒲陶：即“葡萄”。

小宛國，王治扜零城，[1]去長安七千二百一十里。戶百五十，口千五十，勝兵二百人。輔國侯、左右都尉各一人。西北至都護治所二千五百五十八里，東與婼羌接，辟南不當道。[2]

[1]【顏注】師古曰：扜，音烏。【今注】扜零城：一般認爲，小宛國王治扜零城當在今新疆和田市安迪爾老河床東岸的安得悅遺址。

[2]【顏注】師古曰：辟，讀曰“僻”。下皆類此。

精絕國，[1]王治精絕城，[2]去長安八千八百二十里。戶四百八十，口三千三百六十，勝兵五百人。精絕都尉、左右將、譯長各一人。北至都護治所二千七百二十三里，南至戎盧國四日行，地阨陝，西通扜彌四百六十里。[3]

[1]【今注】精絕：西域國名。余太山在《兩漢魏晉南北朝正史西域傳要注》中提出，“精絕”與“鄯善”當爲同名異譯，兩者或都爲 Sacarauli 人所建（第92頁）。

[2]【今注】精絕城：一般認爲，精絕國王治精絕城在今新疆民豐縣北的尼雅遺址。

[3]【顏注】師古曰：扜，音“烏”。

戎盧國，王治卑品城，[1]去長安八千三百里。戶二百四十，口千六百一十，勝兵三百人。[2]東北至都護治所二千八百五十八里，東與小宛、南與婼羌、西與渠勒接，辟南不當道。

[1]【今注】卑品城：應在今尼雅河流域、新疆民豐縣附近。

[2]【今注】案，王先謙《漢書補注》引徐松《漢書·西域傳補注》："《漢紀》以爲小國。傳凡無官之國十三。僻遠國小，故所不具。"

扜彌國，[1]王治扜彌城，[2]去長安九千二百八十里。戶三千三百四十，口二萬四十，勝兵三千五百四十。[3]輔國侯、左右將、左右都尉、左右騎君各一人，譯長二人。東北至都護治所三千五百五十三里，南與渠勒、東北與龜茲、西北與姑墨接，[4]西通于闐三百九十里。今名寧彌。

[1]【今注】扜彌：南道綠洲國。

[2]【今注】扜彌城：關於扜彌國王治扜彌城的位置，主要有兩種觀點：一種認爲是在今新疆策勒縣達瑪溝鎮的烏尊塔提遺址處，另一種認爲其在策勒縣城北偏東約 90 公里的丹丹烏里克遺址附近。近年有學者提出，扜彌國的都城起初在今于田縣城北 230 公里、克里雅河古河道尾閭東部的圓沙古城，宣帝時期遷至東南方向 41 公里處的喀拉墩古城，並改國名爲寧彌（參見陳曉露《扜彌國都考》，《考古與文物》2016 年第 3 期）。

[3]【今注】案，大德本、殿本"四十"後有"人"字。

[4]【顏注】師古曰：龜，音"丘"。茲，音"慈"。

渠勒國，[1]王治鞬都城，[2]去長安九千九百五十里。戶三百一十，口二千一百七十，勝兵三百人。東北至都護治所三千八百五十二里，東與戎盧、西與婼羌、北與扜彌接。

[1]【今注】渠勒：西域國名。

[2]【顏注】師古曰：鞬，音居言反。【今注】鞬都城：一般認爲渠勒國王治鞬都城在今新疆策勒縣達瑪溝鎮的烏尊塔提遺址附近。

于闐國，[1]王治西城，[2]去長安九千六百七十里。户三千三百，口萬九千三百，勝兵二千四百人。輔國侯、左右將、左右騎君、東西城長、譯長各一人。東北至都護治所三千九百四十七里，南與婼羌接，北與姑墨接。于闐之西，水皆西流，注西海；[3]其東，水東流，注鹽澤，河原出焉。[4]多玉石。[5]西通皮山三百八十里。

[1]【今注】于闐：南道緑洲國。

[2]【今注】西城：關於漢代于闐國王治西域的位置，學界一直存在比較大的爭議，主要觀點有以下幾種：其一，位於今新疆和田市西 11 公里處的巴格其鄉艾拉曼村的約特干遺址。此觀點最早由法國杜特雷伊考察團成員格倫納提出，斯坦因、白井長助、松田壽男、馮承鈞等皆主此説。其二，位於今新疆洛浦縣城西北 17 公里處的阿克斯皮力古城（參見黃文弼《古代于闐國都之研究》，《史學季刊》1940 年第 1 卷第 1 期）。其三，位於今新疆和田市南 25 公里處工龍喀什河西岸的買里克阿瓦提遺址。黃文弼在 20 世紀 50 年代放棄原有觀點轉而主張此説（參見黃文弼《塔里木盆地考古記》，科學出版社 1958 年版，第 42—53 頁）。其四，位於約特干遺址東南方向的奈加拉·哈奈（參見殷晴《于闐古都研究——和闐緑洲變遷之探索》，載《西域史論叢》第 3 輯，新疆人民出版社 1990 年版，第 133—155 頁）。其五，位於今新疆和田市西的阿拉勒巴格（參見李吟屏《古代于闐國都再研究》，《西北史地》1990 年

第 3 期）。其六，位於今新疆于田縣北約 240 公里處的喀拉墩遺址
（參見譚吳鐵《于闐古都新探》，《西北史地》1992 年第 3 期）。

〔3〕【今注】西海：湖泊名。此當爲今天的裏海。

〔4〕【顏注】蘇林曰：即中國河也。

〔5〕【顏注】師古曰：玉石（大德本同，蔡琪本、殿本注文
無此二字），玉之璞也。一曰石之似玉也。

皮山國，[1]王治皮山城，[2]去長安萬五十里。[3]户
五百，口三千五百，勝兵五百人。左右將、左右都尉、
騎君、譯長各一人。東北至都護治所四千二百九十二
里，西南至烏秅國千三百四十里，[4]南與天篤接，[5]北
至姑墨千四百五十里，西南當罽賓、烏弋山離道，西
北通莎車三百八十里。

〔1〕【今注】皮山：南道緑洲國。

〔2〕【今注】皮山城：一般認爲皮山國王治皮山城在今新疆皮
山縣附近。

〔3〕【今注】案，十，大德本、殿本同，蔡琪本作“千”。

〔4〕【顏注】鄭氏曰：烏秅，音“鷃拏”。師古曰：烏，音一
加反。秅，音直加反。急言之聲如鷃拏耳，非正音也。

〔5〕【今注】天篤：印度的古稱。

烏秅國，[1]王治烏秅城，[2]去長安九千九百五十里。
户四百九十，口二千七百三十三，勝兵七百四十人。
東北至都護治所四千八百九十二里，北與子合、蒲犁，
西與難兜接。山居，田石間。有白草。累石爲室。民
接手飲。[3]出小步馬，[4]有驢無牛。其西則有縣度，[5]

去陽關五千八百八十八里，去都護治所五千二十里。[6]
縣度者，石山也，谿谷不通，以繩索相引而度云。

[1]【今注】烏秅：西域國名。

[2]【今注】烏秅城：現一般認爲烏秅國王治烏秅城應該位於
今巴控克什米爾的罕薩河谷（Hunza）（參見馬雍《巴基斯坦北部
所見"大魏"使者的巖刻題記》，載《西域史地文物叢考》，文物
出版社 1990 年版，第 129—137 頁）。

[3]【顏注】師古曰：自高山下谿澗中飲水，故接連其手，
如蝯之爲（蝯，大德本同，蔡琪本、殿本作"猿"）。

[4]【顏注】孟康曰：種小能步也。師古曰：此説非也。小，
細也。細步，言其能蹀足，即今所謂百步千跡者也。豈謂其小
種乎？

[5]【顏注】師古曰：縣繩而度也。縣，古"懸"字耳。【今
注】縣度：山名。應該在今克什米爾西北達麗爾（Darel）和吉爾
吉特（Gigit）之間的印度河上游河谷地帶。

[6]【今注】案，十，大德本、殿本同，蔡琪本作"百"。

西夜國，[1]王號子合王，治呼犍谷，[2]去長安萬二
百五十里。户三百五十，口四千，勝兵千人。東北到
都護治所五千四十六里，東與皮山、西南與烏秅、北
與莎車、西與蒲犁接。蒲犁及依耐、無雷國[3]皆西夜
類也。西夜與胡異，其種類羌氐，行國，[4]隨畜逐水草
往來。而子合土地出玉石。

[1]【今注】西夜：南道綠洲國。關於"西夜"和"子合"的
關係，一直存在不同的看法，本卷僅爲西夜國立傳，而無子合國

傳，似乎當時祇有西夜國而無子合國，但是在記載其他西域國家時多次提及子合，如記烏秅國"北與子合、蒲犁，西與難兜接"，記依耐國"南與子合接，俗與相同"。《後漢書》卷八八《西域傳》認爲"《漢書》中誤云西夜、子合是一國"；清代學者徐松在《漢書·西域傳補注》中提出《漢書·西域傳》原本是同時爲西夜、子合二國立了傳的，但是因爲原簡殘斷，導致兩傳在傳抄的過程中合在了一起："此《傳》所言地理，證以他書，皆是子合之事。蓋《漢書》西夜國王號子，下有户口兵數及四至之文，傳本奪爛，因以'號子'與'子合'牽連爲一，范氏之論爲不察矣。"現代學者多贊同此説。余太山在《兩漢魏晉南北朝正史西域傳要注》中提出"西夜國，王號子合王"（第 100 頁）。或許意味着西夜國的王族爲子合人，西夜和子合存在某種程度的融合（參見周偉洲《西夜、子合國考》，《民族研究》2010 年第 6 期）。

　　[2]【顏注】師古曰：揵，音鉅言反。【今注】呼揵谷：關於呼揵谷的位置，也一直存在不同的説法：其一，認爲在今新疆葉城縣南的庫克雅爾。此説見於清代編纂的《皇輿西域圖志》卷一八。譚其驤主編《中國歷史地圖集》亦采納此説。其二，認爲在今吉爾吉特河流域的博洛爾。此説見於清代學者李恢垣所著《漢西域圖考》一書。其三，認爲在今新疆葉城縣駐地喀格勒克鎮。此由法國漢學家沙畹提出。其四，認爲在今阿富汗瓦罕走廊一帶（參見岑仲勉《漢書西域傳地里校釋》，中華書局 2004 年版，第 116—119頁）。其五，認爲在今葉城縣西的 Asgan-sal 河谷。由余太山提出。

　　[3]【顏注】師古曰：耐，音奴代反。

　　[4]【顏注】師古曰：言不土著也。

　　蒲犁國，[1]王治蒲犁谷，[2]去長安九千五百五十里。户六百五十，口五千，勝兵二千人。東北至都護治所五千三百九十六里，東至莎車五百四十里，北至疏勒五百五十里，南與西夜子合接，西至無雷五百四十里。侯、都尉各一人。寄田莎車。種俗與子合同。

　　[1]【今注】蒲犁：南道緑洲國。
　　[2]【今注】蒲犁谷：一般認爲蒲犁國王治蒲犁谷在今塔什庫爾干，另有白鳥庫吉等主張在 Rasham Darya 流域。

　　依耐國，[1]王治去長安萬一百五十里。戸一百二十五，口六百七十，勝兵三百五十人。東北至都護治所二千七百三十里，至莎車五百四十里，至無雷五百四十里，北至疏勒六百五十里，南與子合接，俗相與同。[2]少穀，寄田疏勒、莎車。

　　[1]【今注】依耐：西域國名。在帕米爾高原，具體位置有大帕米爾、阿爾楚爾帕米爾和烏兹別里山口等多種説法。
　　[2]【顔注】師古曰：與子合同風俗也。

　　無雷國，[1]王治盧城，[2]去長安九千九百五十里。戸千，口七千，勝兵三千人。東北至都護治所二千四百六十五里，南至蒲犁五百四十里，南與烏秅、北與捐毒、西與大月氏接。[3]衣服類烏孫，俗與子合同。

　　[1]【今注】無雷：西域國名。
　　[2]【今注】盧城：余太山贊同松田壽男的主張，將其王治盧城定位在小帕米爾，“具体而言在形成 Murg-āb 上游、東北流向的 Ak-su 河以及形成 Ab-i-panja 上游、西流的 Ak-su 河這兩河的河谷”。此外還有將盧城定位在大帕米爾、今新疆塔什庫爾干等主張

（參見蘇北海《兩漢在昆侖山、喀喇昆侖山及帕米爾高原的統治疆域》，《新疆師範大學學報》1982 年第 1 期；史念海《中國古都概説（四）》，《陝西師範大學學報》1990 年第 4 期）。

[3]【顏注】師古曰：捐毒即身毒、天篤也，本皆一名，語有輕重耳。

難兜國，[1]王治去長安萬一百五十里。[2]户五千，口三萬一千，勝兵八千人。東北至都護治所二千八百五十里，西至無雷三百四十里，西南至罽賓三百三十里，南與婼羌、北與休循、西與大月氏接。[3]種五穀、蒲陶諸果。有銀、銅、鐵，作兵與諸國同，屬罽賓。

[1]【今注】難兜：南道綠洲國。

[2]【今注】案，其王治一説在今吉爾吉特河流域（參見[日]榎一雄《難兜國に就いての考》，載《加藤博士還歷紀念東洋史集説》，富山房 1941 年版，第 179—199 頁），一説在今瓦罕走廊一帶（參見[日]松田壽男《イラン南道論》，載《東西文化交流史》，雄山閣 1975 年版，第 217—251 頁）。

[3]【今注】案，《漢書刊誤》劉奉世曰："案婼羌小國，最近陽關，去長安六千里耳，在都護之東，而此渠勒、于闐、難兜之類去長安且萬里，東北行數千里乃至，都護安得與婼羌接？必誤。"

罽賓國，[1]王治循鮮城，[2]去長安萬二千二百里。不屬都護。户口勝兵多，大國也。東北至都護治所六千八百四十里，東至烏秅國二千二百五十里，東北至難兜國九日行，西北與大月氏、西南與烏弋山離接。

[1]【今注】罽賓：國名。一般認爲該國在犍陀羅地區。

[2]【今注】循鮮城：其都城循鮮城應該在今巴基斯坦境内的塔克西拉古城（參見余太山《塞種史研究》，中國社會科學出版社 1992 年版，144—167 頁）。余太山《兩漢魏晉南北朝正史西域傳要注》指出，"循鮮"與"鄯善""精絶"當爲同名異譯（第 106 頁）。

　　昔匈奴破大月氏，大月氏西君大夏，而塞王南君罽賓。[1]塞種分散，[2]往往爲數國。[3]自疏勒以西北，休循、捐毒之屬，皆故塞種也。

[1]【顏注】師古曰：君謂爲之君也。塞，音先得反。

[2]【今注】塞種：一般認爲，"塞種"是西史所見 Saka 的對譯，亦即斯基泰人。Saka 是波斯對錫爾河以北游牧部族的泛稱，本傳所謂的"塞種"應該主要包括四個部族：Asii、Gasiani、Tochari、Sacarauli（參見余太山《塞種史研究》，中國社會科學出版社 1992 年版，第 201—215 頁）。

[3]【顏注】師古曰：即所謂釋種者也，亦語有輕重耳。

　　罽賓地平，温和，有目宿，[1]雜草奇木，檀、櫰、梓、竹、漆。[2]種五穀、蒲陶諸果，糞治園田。地下濕，生稻，冬食生菜。其民巧，雕文刻鏤，治宫室，織罽，[3]刺文繡，好治食。有金銀銅錫，以爲器。市列。[4]以金銀爲錢，文爲騎馬，幕爲人面。[5]出封牛、水牛、象、大狗、沐猴、孔爵、[6]珠璣、珊瑚、虎魄、璧流離。[7]它畜與諸國同。

［1］【今注】目宿：植物名。即苜蓿。

［2］【顏注】師古曰：懷，音"懷"。即槐之類也，葉大而黑也。

［3］【今注】罽：毛紡織品。

［4］【顏注】師古曰：市有列肆，亦如中國也。

［5］【顏注】張晏曰：錢文面作騎馬形，漫面作人面目也。如淳曰：幕，音"漫"。師古曰：幕即漫耳，無勞借音。今所呼幕皮者，亦謂其平而無文也。【今注】文：指錢幣的正面。 幕：指錢幣的背面。

［6］【顏注】師古曰：封牛，項上隆起者也。郭義恭《廣志》云："罽賓大狗大如驢，赤色，數里搖靷以呼之。沐猴即彌猴也。"【今注】"封牛"至"孔爵"：皆爲動物名。封牛，即瘤牛；沐猴，即彌猴；孔爵，即孔雀。

［7］【顏注】孟康曰：流離青色如玉。師古曰：《魏略》云："大秦國出赤、白、黑、黄、青、綠、縹、紺、紅、紫十種流離。"孟言青色，不博通也。此蓋自然之物，采澤光潤，踰於衆玉，其色不恒。今俗所用，皆銷冶石汁，加以衆藥，灌而爲之，尤虛脆不貞，實非真物。

　　自武帝始通罽賓，自以絶遠，漢兵不能至，其王烏頭勞數剽殺漢使。[1]烏頭勞死，子代立，遣使奉獻。漢使關都尉文忠送其使。王復欲害忠，忠覺之，迺與容屈王子陰末赴共合謀，攻罽賓，殺其王，立陰末赴爲罽賓王，授印綬。後軍候趙德使罽賓。與陰末赴相失，[2]陰末赴鎖琅當德，[3]殺副已下七十餘人，遣使者上書謝。孝元帝以絶域不録，放其使者於縣度，絶而不通。

[1]【顏注】師古曰：勦，劫也，音頻妙反。

[2]【顏注】師古曰：相失意也。

[3]【顏注】師古曰：琅當，長鎖也，若今之禁繫人鎖矣。琅，音“郎”。【今注】案，王先謙《漢書補注》引王念孫説，認爲原文“琅當”前應該没有“鎖”字。

　　成帝時，復遣使獻謝罪，漢欲遣使者報送其使，[1]杜欽説大將軍王鳳曰：“前罽賓王陰末赴本漢所立，後卒畔逆。[2]夫德莫大於有國子民，罪莫大於執殺使者，所以不報恩，不懼誅者，自知絶遠，兵不至也。有求則卑辭，無欲則驕嫚，終不可懷服。凡中國所以爲通厚蠻夷，愿快其求者，爲壤比而爲寇。[3]今縣度之阨，非罽賓所能越也。其鄉慕，不足以安西域；[4]雖不附，不能危城郭。[5]前親逆節，惡暴西域，[6]故絶而不通；今悔過來，而無親屬貴人，奉獻者皆行賈賤人，欲通貨市買，以獻爲名，故煩使者送至縣度，恐失實見欺。凡遣使送客者，欲爲防護寇害也。起皮山南，更不屬漢之國四五，[7]斥候士百餘人，五分夜擊刀斗自守，[8]尚時爲所侵盜。驢畜負糧，須諸國禀食，得以自贍。[9]國或貧小不能食，或桀黠不肯給，擁彊漢之節，餒山谷之間，[10]乞匄無所得，[11]離一二旬則人畜棄捐曠野而不反。[12]又歷大頭痛、小頭痛之山，[13]赤土、身熱之阪，[14]令人身熱無色，頭痛嘔吐，驢畜盡然。[15]又有三池、盤石阪，[16]道陿者尺六七寸，長者徑三十里。臨崢嶸不測之深，[17]行者騎步相持，繩索相引，二千餘里乃到縣度。畜隊，未半阬谷盡靡碎；[18]人墮，執不得相收視。險阻危害，不可勝言。聖王分九州，制五服，[19]務盛內，不求外。今遣使者承至尊之命，送蠻夷之賈，勞吏士之衆，涉危難之路，罷弊所恃以事無用，[20]非久長計也。使者業已受節，可至皮山而還。"[21]於是鳳白從欽言。罽賓實利賞賜賈市，其使數年而壹至云。

[1]【今注】案，事在漢成帝河平四年（前25）。

[2]【顏注】師古曰：卒，終也。

[3]【顏注】師古曰：比，近也。爲其土壤接近，能爲寇也。愿音苦煩反，比，音頻寐反。【今注】案，蔡琪本、大德本、殿本句末有"也"字。

[4]【顏注】師古曰：鄉，讀曰"嚮"。

[5]【顏注】師古曰：城郭，總謂西域諸國也。

[6]【顏注】師古曰：暴謂章露也。

[7]【顏注】師古曰：言經歷不屬漢者凡四五國也。更，音工衡反。

[8]【顏注】師古曰：夜有五更，故分而持之也。刀斗，解在《李廣傳》。

[9]【顏注】師古曰：稟，給也。贍，足也。食，讀曰"飤"。次下並同（次，殿本作"以"）。

[10]【顏注】師古曰：餒，飢也，音能賄反。

[11]【顏注】師古曰：匄亦乞也，音工大反。

[12]【顏注】師古曰：離亦歷也。曠，空也。

[13]【今注】大頭痛小頭痛：皆山名。在今新疆塔什庫爾干附近。

[14]【今注】阪：通"坂"，山坡。

［15］【顔注】師古曰：嘔，音一口反。

［16］【今注】三池盤石阪：三池阪，當在今巴基斯坦奇特拉爾附近；磐石阪，位置不詳（參見殷晴《古代于闐的南北交通》，《歷史研究》1992 年第 3 期）。

［17］【顔注】師古曰：崝嶸，深險之貌也。崝，音仕耕反。嶸，音"宏"。

［18］【顔注】師古曰：隊亦墮也。靡，散也。隊，音直類反。靡，音"縻"。

［19］【顔注】師古曰：九州：冀、兗、豫、青、徐、荆、揚、梁、雍也。五服：甸、侯、綏、要、荒。

［20］【顔注】師古曰：罷，讀曰"皮"（皮，大德本、蔡琪本、殿本作"疲"）。所恃，謂中國之人也。無用，謂遠方蠻夷之國。

［21］【顔注】師古曰：言已立計遣之，不能即止，可至皮山也。

　　烏弋山離國，^[1]王去長安萬二千二百里。不屬都護。户口勝兵，大國也。東北至都護治所六十日行，東與罽賓，北與撲桃，西與犂軒、條支接。^[2]

　　［1］【今注】烏弋山離：西域國名。一般認爲其統治中心在今阿富汗境内，而所謂"烏弋山離"是 Alexandria（亞歷山大）的音譯，其都城應該是一座名爲"亞歷山大"的城市。關於其都城的位置，主要有四種看法，分別是赫特拉（Alexandria Areion）、坎大哈（Alexandria Arachaton）、法拉（Alexandria Prophthasia）和加尼兹（Alexandria）（參見余太山《安息與烏弋山離考》，《敦煌學輯刊》1991 年第 2 期）。

　　［2］【顔注】師古曰：撲，音布木反。犂，讀與"驪"同。

軒，音鉅連反，又鉅言反（大德本、殿本同，蔡琪本“鉅”字前有“音”字）。【今注】案，撲桃、犁靬、條支，皆爲國名。撲桃，余太山認爲是指位於帕米爾西部的巴克特里亞王國，《後漢書》卷八八《西域傳》中的“濮達”應該和“撲桃”是一國。犁靬，余太山認爲是托勒密埃及，王先謙《漢書補注》引《西域圖考》，認爲是《後漢書》所提的“大秦”，即羅馬；張緒山認爲其指塞琉古。條支，王先謙《漢書補注》引《西域圖考》認爲是“蔥嶺極西北之國”；余太山認爲是統治叙利亞地區的塞琉古王國。案，桃，大德本、殿本同，蔡琪本、白鷺洲本作“挑”。《漢書考正》宋祁曰：“景本‘挑’作‘桃’。”

　　行可百餘日，乃至條支。國臨西海，[1]暑濕，田稻。有大鳥，[2]卵如甕。[3]人衆甚多，往往有小君長，安息役屬之，以爲外國。[4]善眩。[5]安息長老傳聞條支有弱水、西王母。亦未嘗見也。[6]自條支乘水西行，百餘日，[7]近日所入云。

　　[1]【今注】西海：王先謙《漢書補注》引《西域圖考》認爲是今黑海。余太山認爲是今地中海。

　　[2]【今注】大鳥：應指鴕鳥。

　　[3]【顏注】師古曰：甕，汲水缾也，音於龍反。

　　[4]【顏注】師古曰：安息以條支爲外國，如言蕃國也。

　　[5]【顏注】師古曰：眩，讀與“幻”同，解在《張騫傳》。【今注】眩：通“幻”，指類似於今天魔術、戲法之類的事物。

　　[6]【顏注】師古曰：《玄中記》云：“昆侖之弱水，鴻毛不能起也。”《爾雅》曰：“觚竹、北户、西王母、日下，謂之四荒也。”【今注】案，余太山《兩漢魏晉南北朝正史西域傳要注》：“古稱不能勝舟之水爲‘弱水’。但此處所謂‘弱水’其實可能是

'若水'之訛。'若水'之所以被置於西方絕遠之處，可能和某些遷自西方的部族的古老記憶有關。"（第115頁）

　　[7]【今注】案，蔡琪本、大德本、殿本"百"前有"可"字。

　　烏弋地暑熱莽平，[1]其草木、畜產、五穀、果菜、食飲、宮室、市列、錢貨、兵器、金珠之屬皆與罽賓同，而有桃拔、師子、犀牛。[2]俗重妄殺。[3]其錢獨文爲人頭。幕爲騎馬。以金銀飾杖。[4]絕遠，漢使希至。自玉門、陽關出南道，歷鄯善而南行，至烏弋山離，南道極矣。轉北而東得安息。

　　[1]【顏注】師古曰：言有草莽而平坦也。一曰莽莽平野之貌。

　　[2]【顏注】孟康曰：桃拔一名符拔，似鹿，長尾，一角者或爲天鹿，兩角者或爲辟邪。師子似虎，正黃有髯彤，尾端茸毛大如斗。師古曰：師子即《爾雅》所謂狻猊也。狻，音"酸"。猊，音"倪"。拔，音步葛反。彤亦頰旁毛也，音"而"。茸，音人庸反。【今注】桃拔師子：皆動物名。桃拔應該是今天所説的長頸鹿，師子即獅子。

　　[3]【顏注】師古曰：重，難也。言其仁愛不妄殺也。

　　[4]【顏注】師古曰：杖謂所持兵器也，音直亮反。【今注】案，楊樹達《漢書窺管》謂"以金銀飾兵器，於理未宜，顏説非也。以今歐洲風俗證之，杖乃常人所持用耳"。

　　安息國，[1]王治番兜城，[2]去長安萬一千六百里。不屬都護。北與康居、東與烏弋山離、西與條支接。土地風氣，物類所有，民俗與烏弋、罽賓同。亦以銀爲錢，文獨爲王面，幕爲夫人面。王死輒更鑄錢。有大馬爵。[3]其屬小大數百城，地方數千里，最大國也。臨嬀水，[4]商賈車舩行旁國。[5]書革，旁行爲書記。[6]

[1]【今注】安息：國名。即帕提亞波斯。

[2]【顏注】蘇林曰：番，音“盤”。【今注】案，番兜城具體所指存在爭議，詳見余太山《安息與烏弋山離考》（《敦煌學輯刊》1991 年第 2 期）。

[3]【顏注】師古曰：《廣志》云：“大爵，頸及膺身，蹄似橐駝，色蒼，舉頭高八九尺，張翅丈餘（《漢書考正》宋祁曰：“‘張翅’下當有‘舉’字。”），食大麥。”【今注】大馬爵：動物名。應即前文所見“大鳥”。

[4]【今注】嬀水：河流名。即今阿姆河。

[5]【今注】案，舩，大德本同，蔡琪本、殿本作“船”。

[6]【顏注】服虔曰：橫行爲書記也。師古曰：今西方胡國及南方林邑之徒，書皆橫行，不直下也。革謂皮之不柔者。

　　武帝始遣使至安息，王令將將二萬騎迎於東界。東界去王都數千里，行比至，過數十城，人民相屬。[1]因發使隨漢使者來觀漢地，以大鳥卵及犁軒眩人獻於漢，天子大説。[2]安息東則大月氏。

[1]【顏注】師古曰：屬，聯也，音之欲反。

[2]【顏注】師古曰：説，讀曰“悦”。

　　大月氏國，[1]治監氏城，[2]去長安萬一千六百里。不屬都護。户十萬，口四十萬，勝兵十萬人。東至都護治所四千七百四十里，西至安息四十九日行，南與罽賓接。土地風氣，物類所有，民俗錢貨，與安息同。出一封橐駝。[3]

[1]【今注】大月氏：游牧民族。最早居於中國西北部，後遷徙至中亞的阿姆河流域。

[2]【今注】案，蔡琪本、大德本同，殿本"治"前有"王"字。　監氏城：大月氏都城。余太山認爲，監氏城就是《史記》卷一二三《大宛列傳》所記載的大夏國都藍市城，大月氏在征服大夏後將大夏國的都城作爲了自己的都城。藍市城一般被認爲是中亞希臘化國家巴克特里亞王國的首都巴克特拉，即今阿富汗北部的巴赫爾城所在地。此外對監氏城的位置還有幾種認可度較高的觀點，分別是阿姆河北岸坎佩爾（Kampyr Tepe，又譯卡姆皮爾秋別），阿姆河以北約 120 公里的帕永庫爾干（Payonkurgan）和蘇爾漢河上游、阿姆河以北約 120 公里的卡爾恰揚（Khalchayan），三地均在今烏茲別克斯坦境内（參見楊巨平《傳聞還是史實——漢史記載中有關西域希臘化國家與城市的信息》，《西域研究》2019 年第 3 期。另注：此文誤將卡爾恰揚的英文拼寫成 Khalchayang）。

[3]【顏注】師古曰：脊上有一封也，封言其隆高，若封土也。今俗呼爲封牛。封，音"峰"。

大月氏本行國也，隨畜移徙，與匈奴同俗。控弦十餘萬，[1]故彊輕匈奴。[2]本居敦煌、祁連間，[3]至冒頓單于攻破月氏，而老上單于殺月氏，以其頭爲飲器，月氏乃遠去，過大宛，西擊大夏而臣之，[4]都嬀水北爲王庭。其餘小衆不能去者，保南山羌，號小月氏。

[1]【今注】控弦：本意指拉弓、持弓，此處代指士兵。

[2]【顏注】師古曰：自恃其彊盛，而輕易匈奴也。

[3]【今注】敦煌祁連：余太山認爲敦煌、祁連皆爲山名，敦煌指今祁連山，祁連指今天山。

[4]【顏注】師古曰：解在《張騫傳》。【今注】大夏：國名。應指中亞希臘化國家巴克特里亞王國，都城在巴克特拉，即今阿富汗北部的巴赫爾城所在地。

　　大夏本無大君長，城邑往往置小長，[1]民弱畏戰，故月氏徙來，皆臣畜之，共稟漢使者。[2]有五翎侯：[3]一曰休密翎侯，治和墨城，[4]去都護二千八百四十一里，去陽關七千八百二里；二曰雙靡翎侯，治雙靡城，[5]去都護三千七百四十一里，去陽關七千七百八十二里；三曰貴霜翎侯，治護澡城，[6]去都護五千九百四十里，去陽關七千九百八十二里；四曰肸頓翎侯，[7]治薄茅城，[8]去都護五千九百六十二里，去陽關八千二百二里；五曰高附翎侯，治高附城，[9]去都護六千四十一里，去陽關九千二百八十三里。凡五翎侯，皆屬大月氏。

[1]【今注】案，巴克特里亞王國的統治在公元前 2 世紀中葉瓦解，因此出現了文中所描述的這種局面。

[2]【顏注】師古曰：同受節度也。

[3]【顏注】師古曰：翎，即"翁"字。【今注】翎侯：余太山在《兩漢魏晉南北朝正史西域傳要注》中指出："塞種或與塞種有關部落（諸如康居、烏孫等）常見的官職名稱。"（第 123 頁）

[4]【今注】和墨城：余太山認爲，和墨城位於今瓦罕走廊最東端的 Sarik-Chaupan 一帶；姚大力則將其定位在今瓦罕走廊西側、

阿富汗與塔吉克斯坦交界的伊什卡希姆（Ishkashim）地區（參見姚大力《大月氏與吐火羅的關係：一個新假設》，《復旦學報》2019年第2期）。

〔5〕【今注】雙靡城：位於今巴基斯坦、阿富汗和塔吉克斯坦三國交界處，興都庫什山最高峰蒂裹奇米爾山以南的奇特拉爾（Chitral）山區。

〔6〕【顏注】師古曰：澡，音“藻”。【今注】護澡城：余太山認爲此即《大唐西域記》所載達摩悉鐵帝的都城昏馱多，在今瓦罕河谷西部的Khandūd；姚大力則將其定位在今塔吉克斯坦境内的瓦赫希河（Wakhshab）流域（參見姚大力《大月氏與吐火羅的關係：一個新假設》，《復旦學報》2019年第2期）。

〔7〕【顏注】師古曰：肸，音許乙反。

〔8〕【今注】薄茅城：位於今阿富汗西北部的科克恰河（Kokcha）流域。

〔9〕【今注】高附城：位於今阿富汗西北部的科克恰河（Kokcha）流域。

　　康居國，[1] 王冬治樂越匿地。[2] 到卑闐城。[3] 去長安萬二千三百里。不屬都護。至越匿地馬行七日，至王夏所居蕃内九千一百四里。[4] 户十二萬，口六十萬，勝兵十二萬人。東至都護治所五千五百五十里。與大月氏同俗。東羈事匈奴。[5]

　　〔1〕【今注】康居：游牧部族，統治範圍大致在今中亞錫爾河流域。

　　〔2〕【顏注】師古曰：樂，音來各反。【今注】樂越匿地：具體位置不詳，近年有學者據考古發現提出其應位於今錫爾河中游北岸、哈薩克斯坦境内的訛答剌城附近（參見林梅村《中亞錫爾河北

岸的康居王庭》,《西域研究》2017 年第 3 期)。

[3]【顏注】師古曰：闐，音徒千反。【今注】卑闐城：余太
山認爲，“卑闐”可能與托勒密《地理志》所載 Byltae 是同名異
譯，Byltae 原來可能是 Massagetae 之部落名，“康居雖是 Sacarauli 所
建，但其王治卑闐城可能因 Byltae 而得名，蓋錫爾河北岸原是 Mas-
sagetae 之故土”，並將其定位在 “Kara-tau 之南、錫爾河北岸 Tur-
kestan 一帶”。林梅村則認爲其在今烏兹別克斯坦塔什乾市西南 80
公里處的康卡古城（參見林梅村《中亞錫爾河北岸的康居王庭》,
《西域研究》2017 年第 3 期）。

[4]【顏注】師古曰：王每冬寒夏暑，則徒別居不一處。【今
注】蕃内：地名。康居王庭夏天所在的地方。具體位置不詳，林梅
村認爲其在錫爾河支流阿雷西河畔的庫勒塔佩遺址（參見林梅村
《中亞錫爾河北岸的康居王庭》,《西域研究》2017 年第 3 期）。

[5]【顏注】師古曰：爲匈奴所羈牽也。

宣帝時，匈奴乖亂，五單于並爭，漢擁立呼韓邪
單于，而郅支單于怨望，殺漢使者，西阻康居。[1]其後
都護甘延壽、副校尉陳湯發戊己校尉西域諸國兵至康
居，誅滅郅支單于，語在《甘延壽陳湯傳》。是歲，
元帝建昭三年也。[2]

[1]【顏注】師古曰：依其險阻，以自保固也。
[2]【今注】建昭三年：公元前 36 年。建昭，漢元帝年號
（前 38—前 34）。

至成帝時，康居遣子侍漢，貢獻，[1]然自以絕遠，
獨驕嫚，不肯與諸國相望。都護郭舜數上言：“本匈奴

盛時，非以兼有烏孫、康居故也；及其稱臣妾，非以失二國也。漢雖皆受其質子，然三國內相輸遺，交通如故，亦相候司，[2]見便則發；合不能相親信，離不能相臣役。以今言之，結配烏孫竟未有益，反爲中國生事。然烏孫既結在前，今與匈奴俱稱臣，義不可距。而康居驕黠，訖不肯拜使者。[3]都護吏至其國，坐之烏孫諸使下，王及貴人先飲食已，乃飲啗都護吏，[4]故爲無所省以夸旁國。[5]以此度之，何故遣子入侍？其欲賈市爲好，辭之詐也。匈奴百蠻大國，[6]今事漢甚備，聞康居不拜，且使單于有自下之意，[7]宜歸其侍子，絕勿復使，[8]以章漢家不通無禮之國。敦煌、酒泉小郡及南道八國，給使者往來人馬驢橐駝食，皆苦之。[9]空罷耗所過，送迎驕黠絕遠之國。[10]非至計也。”漢爲其新通，重致遠人，[11]終羈縻而未絕。

[1]【今注】案，據懸泉漢簡，康居和漢朝至少在宣帝甘露年間（前53—前50）就已有了貢使關係：“甘露二年正月庚戌，敦煌大守千秋、庫令賀兼行丞事，敢告酒泉大☐罷軍候丞趙千秋上書：送康居王使者二人、貴人十人、從者☐九匹、驢卅一匹、橐他廿五匹、牛一。戊申入玉門關。已閣☐ II90DXT0213③：6”（參見張德芳《懸泉漢簡中若干西域資料考論》，收榮新江、李孝聰編《中外關係史：新史料與新問題》，科學出版社2004年版，第146頁）。

[2]【今注】案，司，蔡琪本、白鷺洲本、大德本作“伺”。

[3]【顏注】師古曰：訖，竟也。

[4]【顏注】師古曰：飲，音於禁反，啗，音徒濫反。

[5]【顏注】師古曰：言故不省視漢使也。【今注】省：省事，理睬。 夸：誇耀。

［6］【顔注】師古曰：於百蠻之中，最大國也。

［7］【顔注】師古曰：言單于見康居不事漢，以之爲高（爲，大德本、殿本同，蔡琪本作“自”），自以事漢爲太卑，而欲改志也。

［8］【顔注】師古曰：不通使於其國也。

［9］【顔注】師古曰：言二郡八國皆以此事爲困苦。

［10］【顔注】師古曰：所過，所經過之處。驕黠謂康居使也。罷，讀曰“疲”。耗，音呼到反。

［11］【顔注】師古曰：以此聲名爲重也。

其康居西北可二千里，有奄蔡國。[1]控弦者十餘萬，大與康居同俗。[2]臨大澤，無崖，蓋北海云。[3]

［1］【今注】奄蔡：中亞游牧部族。其活動範圍有黑海東北、裏海北、鹹海周圍、鹹海和裏海北、北海和裏海之北五種説法（參見洪濤《關於奄蔡研究的幾個問題》，《中央民族學院學報》1991年第5期）。王先謙《漢書補注》曰：“《後書》有傳，改名阿蘭聊，屬康居。《魏志》注稱阿蘭，《後魏·西域傳》‘粟特國在蔥嶺之西，古之奄蔡，一名温邪沙’。”

［2］【今注】案，大，蔡琪本、大德本同，殿本作“人”。

［3］【今注】北海：秦漢時期凡塞北大湖往往被稱作北海。此“北海”具體所指不明，從奄蔡的活動範圍來看，指鹹海、裏海、巴爾喀什湖和黑海等均有可能。

康居有小王五：[1]一曰蘇䪏王，治蘇䪏城，[2]去都護五千七百七十六里，去陽關八千二十五里；二曰附墨王，治附墨城，[3]去都護五千七百六十七里，去陽關八千二十五里；三曰窳匿王，[4]治窳匿城，[5]去都護五千二百六十六里，去陽關七千五百二十五里；四曰罽王，治罽城，[6] 去都護六千二百九十六里，去陽關八千五百五十五里；五曰奧鞬王，[7] 治奧鞬城，[8] 去都護六千九百六里，去陽關八千三百五十五里。凡五王，屬康居。

[1]【今注】案，本傳注釋對康居五小王的地望主要參考了余太山《大宛和康居綜考》（《西北民族研究》1991 年第 1 期）和郝樹聲、張德芳《懸泉漢簡研究》（甘肅文化出版社 2009 年版，第 213—214 頁）。《新唐書》卷二二一《西域傳》的記載對康居五小王的地望均有涉及，現代學者在探討這一問題時常以之爲重要參考。懸泉漢簡中有一份關於康居使者的册書，共有七枚簡，編號爲 II90DXT0216②：877—883，被整理者命名爲《康居王使者册》，記述了元帝永光年間康居使者在敦煌、酒泉等地與地方官府發生的糾紛，從簡文内容來看，康居王和“五小王”之一的蘇䵮王同時派出了使者出使漢朝，這似乎表明，“五小王”和康居王之間既有隸屬關係，又有一定的獨立性，可以直接和漢帝國使節往來（詳見郝樹聲、張德芳《懸泉漢簡研究》，第 195—200、210—224 頁）。

[2]【顏注】師古曰：䵮，音下戒反。【今注】蘇䵮城：當在今烏兹別克斯坦卡什卡達里亞省的薩赫裏薩布兹。

[3]【今注】附墨城：當在今烏兹別克斯坦納沃伊東部。

[4]【顏注】師古曰：疢，音“庚”。

[5]【今注】疢匿城：當在今烏兹別克斯坦塔什乾附近。

[6]【今注】罽城：當在今烏兹別克斯坦的布哈拉。

[7]【顏注】師古曰：奧，音於六反。鞬，音居言反。

[8]【今注】奧鞬城：當在今烏兹別克斯坦西部阿姆河下游的烏爾根奇附近。

　　大宛國，[1]王治貴山城，[2]去長安萬二千五百五十里。户六萬，口三十萬，勝兵六萬人。副王，輔國王各一人。東至都護治所四千三十一里，北至康居卑闐城千五百一十里，西南至大月氏六百九十里。北與康居、南與大月氏接，土地風氣物類民俗與大月氏、安息同。大宛左右以蒲陶爲酒，富人藏酒至萬餘石，久者至數十歲不敗。俗耆酒，馬耆目宿。[3]

　　[1]【今注】大宛：西域國名。在今中亞費爾乾納盆地一帶。
　　[2]【今注】貴山城：其都城貴山城一般認爲在今塔吉克斯坦的苦盞，也有觀點認爲其在今烏兹別克斯坦的卡桑賽（參見余太山《大宛和康居綜考》，《西北民族研究》1991年第1期）。
　　[3]【顏注】師古曰：耆，讀“嗜”（蔡琪本、大德本同，殿本“讀”後有“曰”字）。

　　宛別邑七十餘城，多善馬。馬汗血，言其先天馬子也。[1]

　　[1]【顏注】孟康曰：言大宛國有高山，其上有馬，不可得，因取五色母馬置其下與集，生駒，皆汗血，因號曰天馬子云。

　　張騫始爲武帝言之，上遣使者持千金及金馬，以請宛善馬。宛王以漢絶遠，大兵不能至，愛其寶馬不肯與。漢使妄言，[1]宛遂攻殺漢使，取其財物。於是天子遣貳師將軍李廣利將兵前後十餘萬人伐宛，連四年。宛人斬其王毋寡首，[2]獻馬三千匹，漢軍乃還，語在

《張騫傳》。貳師既斬宛王，更立貴人素遇漢善者名昧蔡爲宛王。[3]後歲餘，宛貴人以爲昧蔡諂，使我國遇屠，[4]相與共殺昧蔡，立毋寡弟蟬封爲王，遣子入侍，質於漢，漢因使使賂賜鎮撫之。又發使十餘輩，抵宛西諸國[5]求奇物，因風諭以伐宛之威。[6]宛王蟬封與漢約，歲獻天馬二匹。漢使采蒲陶、目宿種歸。天子以天馬多，又外國使來衆，益種蒲陶、目宿離宮館旁，極望焉。[7]

[1]【顏注】師古曰：謂詈辱宛王。

[2]【今注】案，王先謙《漢書補注》引徐松《漢書・西域傳補注》謂“《陳湯傳》作‘毋鼓’。寡，古音讀如‘鼓’”。

[3]【顏注】師古曰：昧，音“秣”。蔡，音于曷反（于，蔡琪本、大德本、殿本作“千”；曷，大德本、殿本同，蔡琪本作“葛”）。

[4]【顏注】師古曰：諝，古“諂”字。

[5]【顏注】師古曰：抵，至也。

[6]【顏注】師古曰：風，讀曰“諷”。

[7]【顏注】師古曰：今北道諸州舊安定、北地之境往往有目宿者，皆漢時所種也。

自宛以西至安息國，雖頗異言，然大同，自相曉知也。其人皆深目，多須髯。善賈市，爭分銖。貴女子；女子所言，丈夫乃決正。其地皆絲漆，不知鑄鐵器。[1]及漢使亡卒降，教鑄作它兵器。[2]得漢黃白金，輒以爲器，不用爲幣。

[1]【今注】案，鐵，《史記》卷一二三《大宛列傳》作
"錢"，王先謙《漢書補注》引吳仁傑《兩漢刊誤補遺》認爲當從
《史記》爲正。

[2]【顏注】師古曰：漢使至其國及有亡卒降其國者，皆教
之也。

自烏孫以西至安息，近匈奴。匈奴嘗困月氏，[1]故
匈奴使持單于一信到國，國傳送食，[2]不敢留苦。[3]及
至漢使，非出幣物不得食，不市畜不得騎，所以然者，
以漢遠，[4]而漢多財物，[5]故必市乃得所欲。及呼韓邪
單于朝漢，[6]後咸尊漢矣。

[1]【顏注】師古曰：困，苦也。

[2]【顏注】師古曰：言畏之甚也。食，讀曰"飤"。

[3]【顏注】師古曰：不敢留連及困苦之也。

[4]【今注】案，漢遠，蔡琪本、大德本、殿本作"遠漢"。

[5]【顏注】師古曰：遠，音于萬反。

[6]【今注】呼韓邪單于朝漢：事在宣帝黃龍元年（前49）。

桃槐國，王去長安萬一千八十里。[1]户七百，口五
千，勝兵千人。

[1]【顏注】師古曰：槐，音"回"。【今注】桃槐：西域國
名。地望無考。

休循國，[1]王治鳥飛谷，[2]在蔥領西，[3]去長安萬
二百一十里。户三百五十八，口千三十，勝兵四百八

十人。東至都護治所三千一百二十一里，至捐毒衍敦谷二百六十里，西北至大宛國九百二十里，西至大月氏千六百一十里。民俗衣服類烏孫，因畜隨水草，本故塞種也。

[1]【今注】休循：西域國名。

[2]【今注】鳥飛谷：一般認爲在今吉爾吉斯斯坦境内的薩雷塔什。

[3]【今注】案，蔥，蔡琪本、殿本作"蔥"；領，大德本、殿本同，蔡琪本作"嶺"。下同不注。

捐毒國，[1]王治衍敦谷，[2]去長安九千八百六十里。户三百八十，口千一百，勝兵五百人。東至都護治所二千八百六十一里。至疏勒。南與蔥領屬，[3]無人民。西上蔥領，則休循也。西北至大宛千三十里，北與烏孫接。衣服類烏孫，隨水草，依蔥領，本塞種也。

[1]【今注】捐毒：西域國名。

[2]【今注】衍敦谷：一般認爲在今新疆伊爾克什坦。

[3]【顔注】師古曰：屬，聯也，音之欲反。

莎車國，[1]王治莎車城，[2]去長安九千九百五十里。户二千三百三十九，口萬六千三百七十三，勝兵三千四十九人。輔國侯、左右將、左右騎君、備西夜君各一人，都尉二人，譯長四人。東北至都護治所四千七百四十六里，西至疏勒五百六十里，西南至蒲犁七百四十里。有鐵山，出青玉。

[1]【今注】莎車：南道緑洲國。
[2]【今注】莎車城：一般認爲在今新疆莎車縣附近。

　　宣帝時，烏孫公主小子萬年，莎車王愛之。莎車王無子死，死時萬年在漢。莎車國人計欲自託於漢，又欲得烏孫心，即上書請萬年爲莎車王。漢許之，遣使者奚充國送萬年。萬年初立，暴惡，國人不説。[1] 莎車王弟呼屠徵殺萬年，并殺漢使者，自立爲王，約諸國背漢。會衛候馮奉世使送大宛客，[2] 即以便宜發諸國兵擊殺之，更立它昆弟子爲莎車王。還，拜奉世爲光禄大夫。是歲，元康元年也。[3]

[1]【顏注】師古曰：説，讀曰“悦”。
[2]【今注】衛候：衛尉屬官。詳見本卷注釋“衛司馬”條。
[3]【今注】元康元年：公元前 65 年。元康，漢宣帝年號（前 65—前 61）。

　　疏勒國，[1] 王治疏勒城，[2] 去長安九千三百五十里。户千五百一十，口萬八千六百四十七，勝兵二千人。疏勒侯、擊胡侯、輔國侯、都尉、左右將、左右騎君、左右譯長各一人。東至都護治所二千二百一十里，南至莎車五百六十里。有市列，西當大月氏、大宛、康居道也。

［1］【今注】疏勒：北道绿洲國。

［2］【今注】疏勒城：一般認爲在今新疆喀什附近。另外，漢代西域還有另外一個疏勒城，《後漢書》卷一九《耿恭傳》中耿恭所堅守的疏勒城就是後者，一般認爲其在今新疆奇臺縣半截溝子鎮古城子遺址。

尉頭國，[1]王治尉頭谷，[2]去長安八千六百五十里。户三百，口二千三百，勝兵八百人。左右都尉各一人，左右騎君各一人。東至都護治所千四百一十一里，南與疏勒接，山道不通，西至捐毒千三百一十四里，徑道馬行二日。田畜隨水草，衣服類烏孫。

［1］【今注】尉頭：西域國名。

［2］【今注】尉頭谷：一般認爲在今新疆巴楚縣的脱庫孜薩來遺址附近（參見榮新江《所謂"Tumshuqese"文書中的"gyāżdi"》，《内陸アジア言語研究》Ⅶ，1991 年，第 1—12 頁），也有觀點認爲其在今新疆阿合奇縣境内（參見林梅村《疏勒語考》，《傳統文化與現代化》1995 年第 4 期）。

漢書　卷九六下

西域傳第六十六下

　　烏孫國，大昆彌治赤谷城，[1]去長安八千九百里。戶十二萬，口六十三萬，勝兵十八萬八千八百人。相，大禄，大將二人，[2]侯三人，大夫將、都尉各一人，[3]大監二人，大吏一人，舍中大吏二人，騎君一人。東至都護治所千七百二十一里，西至康居蕃内地五千里。地莽平。多雨，寒。山多松樠。[4]不田作種樹，[5]隨畜逐水草，[6]與匈奴同俗。國多馬，富人至四五千匹。民剛惡，[7]貪狼無信，多寇盜，最爲彊國。故服匈奴，[8]後盛大，取羈屬，不肯往朝會。[9]東與匈奴、西北與康居、西與大宛、南與城郭諸國相接。本塞地也，大月氏西破走塞王，塞王南越縣度，大月氏居其地。[10]後烏孫昆莫擊破大月氏，大月氏徙西臣大夏，而烏孫昆莫居之，[11]故烏孫民有塞種、大月氏種云。

　　[1]【顔注】師古曰：烏孫於西域諸戎其形最異。今之胡人青眼、赤須，狀類彌猴者，本其種（蔡琪本、大德本、殿本句末有“也”字）。【今注】烏孫：游牧部族。西漢中期以後主要活動在今哈薩克斯坦東南部、吉爾吉斯斯坦東部和中國新疆的伊

犁地區。　昆彌：烏孫最高首領的稱號。宣帝甘露元年（前53），漢立元貴靡爲大昆彌，烏就屠爲小昆彌，昆彌始有大小之分。

赤谷城：烏孫大昆彌的政治中心。關於其地望主要有三種觀點：其一，在納林河谷或納倫河上游，具體來説是在今吉爾吉斯斯坦的伊什提克附近〔參見譚其驤主編《中國歷史地圖集》（第二冊），中國地圖出版社1982年版，第37—38頁〕。其二，在今新疆伊犁的特克斯河南岸，具體來説，是在“夏臺與清代的沙圖阿滿臺和伊克哈布哈克卡倫三角地帶附近”（參見孟凡人《烏孫的活動地域和赤谷城的方位》，《西北師大學報》1978年第1期）。其三，在今伊塞克湖附近（參見内田吟風《月氏のバクトリア遷移に關する地理的年代的考證（下）》，《東洋史研究》1938年第3卷第6號；劉國防《漢代烏孫赤谷城地望蠡測》，《中國邊疆史地研究》2016年第1期）。

　　[2]【今注】案，蔡琪本、大德本、殿本“大將”前有“左右”二字。

　　[3]【今注】案，大夫將，蔡琪本、大德本、殿本作“大將”。

　　[4]【顏注】師古曰：莽平謂有草莽而平坦也。一曰莽莽平野之貌。榆（榆，蔡琪本、大德本、殿本作“𣗥”），木名，其心似松，音武元反。

　　[5]【顏注】師古曰：樹，殖也（底本此條注文殘缺，據蔡琪本、大德本、殿本補）。

　　[6]【今注】案，“隨畜逐”三字底本殘缺，據蔡琪本、大德本、殿本補。

　　[7]【今注】案，“五千匹民剛”五字底本殘缺，據蔡琪本、白鷺洲本、大德本、殿本補。

　　[8]【顏注】師古曰：故謂舊時也。服，屬於匈奴也。

　　[9]【顏注】師古曰：言纏羈縻屬之而已。【今注】案，據

本書卷九四《匈奴傳》記載，每年正月"諸長少會單于庭，祠"；五月"大會龍城"，祭祀祖先、天地和鬼神；秋天則"大會蹛林"，統計人口和畜產。烏孫原役屬匈奴，按規定應按時參加朝會。

[10]【今注】案，余太山《兩漢魏晉南北朝正史西域傳要注》認爲，其事在公元前 177 或前 176 年（第 153—154 頁）。

[11]【今注】案，余太山《兩漢魏晉南北朝正史西域傳要注》認爲，其事在公元前 130 年前後（第 154 頁）。本書卷六一《張騫傳》對這段歷史有更爲詳盡的記載："烏孫王號昆莫。昆莫父難兜靡本與大月氏俱在祁連、燉煌間，小國也。大月氏攻殺難兜靡，奪其地，人民亡走匈奴。子昆莫新生，傅父布就翎侯抱亡置草中，爲求食，還，見狼乳之，又烏銜肉翔其旁，以爲神，遂持歸匈奴，單于愛養之。及壯，以其父民衆與昆莫，使將兵，數有功。時，月氏已爲匈奴所破，西擊塞王。塞王南走遠徙，月氏居其地。昆莫既健，自請單于報父怨，遂西攻破大月氏。大月氏復西走，徙大夏地。昆莫略其衆，因留居，兵稍彊，會單于死，不肯復朝事匈奴。匈奴遣兵擊之，不勝，益以爲神而遠之。"《史記》卷一二三《大宛列傳》對這段歷史的記載則同《漢書》存在明顯差別："烏孫王號昆莫，昆莫之父，匈奴西邊小國也。匈奴攻殺其父，而昆莫生，棄於野。烏嗛肉蜚其上，狼往乳之。單于怪以爲神，而收長之。及壯，使將兵，數有功，單于復以其父之民予昆莫，令長守於西域。昆莫收養其民，攻旁小邑，控弦數萬，習攻戰。單于死，昆莫乃率其衆遠徙，中立，不肯朝會匈奴。匈奴遣奇兵擊，不勝，以爲神而遠之，因羈屬之，不大攻。"與《史記·大宛列傳》相比，《漢書》的記載不僅多出了烏孫與大月氏、大月氏與塞王之間的衝突，攻殺昆莫之父的部族也由匈奴變成了大月氏。余太山主編的《西域通史》對烏孫的早期歷史做了這樣的總結："烏孫原來是游牧於哈密附近的一個小部落，一度役屬於月氏。前 177 或前 176 年匈奴大舉進攻月氏時，西嚮潰

逃的月氏人衝擊烏孫的牧地，殺死了烏孫昆莫（王）難兜靡。烏孫餘衆帶著新生的難兜靡之子獵驕靡投奔匈奴，冒頓單于收養了獵驕靡，獵驕靡成年後，匈奴人讓他統率烏孫舊部，鎮守故地，也參加一些匈奴的軍事活動。約前130年，匈奴軍臣單于（前161—前126年）指使獵驕靡率所部烏孫人征伐大月氏。烏孫大獲全勝，佔領了伊犁河、楚河流域；並在後來逐步向東方擴張，終於成爲西域大國。雖然自軍臣單于去世後，烏孫便'不肯復朝事匈奴'，但在一個很長時期内一直羈屬匈奴，故不妨認爲匈奴假手烏孫實現了向伊犁以遠發展的目的……通過烏孫，匈奴間接控制了從伊犁河流域西抵伊朗高原的交通綫：'自烏孫以西至安息，以近匈奴，匈奴困月氏也，匈奴使持單于一信，則國國傳送食，不敢留苦。'這種形勢對匈奴的强盛自然是十分有利的。"（余太山主編：《西域通史》，中州古籍出版社1996年版，第49—50頁）

　　始張騫言烏孫本與大月氏共在燉煌間，[1]今烏孫雖彊大，可厚賂招，令東居故地，[2]妻以公主，與爲昆弟，以制匈奴。語在《張騫傳》。武帝即位，[3]令騫齎金幣往。昆莫見騫如單于禮，[4]騫大慙，謂曰："天子致賜，王不拜，則還賜。"[5]昆莫起拜，其它如故。

　　[1]【今注】案，白鳥庫吉認爲："一説'敦煌'後奪'祁連'二字。"（參見《烏孫に就いての考》，《白鳥庫吉全集・西域史研究（上）》卷六，岩波書店1970年版，第1—55頁）燉，蔡琪本、大德本、殿本作"敦"。

　　[2]【今注】案，王先謙《漢書補注》引徐松《漢書・西域傳補注》："《史記》作招以益東，居故渾邪地。"

　　[3]【今注】案，《漢書考正》劉敞曰："衍'位'字。"

［4］【顏注】師古曰：昆莫自比於單于。

［5］【顏注】師古曰：還賜，謂將賜物還歸漢也。

　　初，昆莫有十餘子，中子大祿彊，[1]善將，[2]將衆萬餘騎別居。大祿兄太子，太子有子曰岑陬。[3]太子蚤死，[4]謂昆莫曰：“必以岑陬爲太子。”昆莫哀許之。大祿怒，迺收其昆弟，將衆畔，謀攻岑陬。[5]昆莫與岑陬萬餘騎，令別居，昆莫亦自有萬餘騎以自備。國分爲三，大總羈屬昆莫。騫既致賜，諭指曰：“烏孫能東居故地，則漢遣公主爲夫人，結爲昆弟，共距匈奴，[6]不足破也。”烏孫遠漢，未知其大小，[7]又近匈奴，服屬日久，其大臣皆不欲徙。昆莫年老國分，不能專制，迺發使送騫，因獻馬數十匹報謝。其使見漢人衆富厚，歸其國，其國後迺益重漢。

　　［1］【今注】中子：次子。　大祿：烏孫官職。余太山《兩漢魏晉南北朝正史西域傳要注》謂：“昆莫中子官居大祿，史徑以官號稱之。”（第 156 頁）

　　［2］【顏注】師古曰：言其材力優彊，能爲將。

　　［3］【顏注】師古曰：岑，音仕林反。陬，音子侯反。

　　［4］【顏注】師古曰：蚤，古“早”字。

　　［5］【今注】案，王先謙《漢書補注》引徐松《漢書·西域傳補注》：“《史記》作“謀攻岑娶及昆莫。”

　　［6］【今注】案，“共距匈奴”四字底本殘缺，據蔡琪本、大德本、殿本補。

　　［7］【顏注】師古曰：遠，音于萬反（底本“遠”“于”“反”三字殘缺，據蔡琪本、大德本、殿本補）。

　　匈奴聞其與漢通，怒欲擊之。又漢使烏孫，乃出其南，抵大宛、月氏，相屬不絕。[1]烏孫於是恐，使使獻馬，願得尚漢公主，爲昆弟。天子問群臣，議許，曰：“必先內聘，然後遣女。”烏孫以馬千匹聘。[2]漢元封中，[3]遣江都王建女細君爲公主，以妻焉。[4]賜乘輿服御物，爲備官屬宦官侍御數百人，[5]贈送甚盛。烏孫昆莫以爲右夫人。匈奴亦遣女妻昆莫，昆莫以爲左夫人。[6]

[1]【顏注】師古曰：抵，至也。屬，音之欲反。

[2]【顏注】師古曰：入聘財。

[3]【今注】元封：漢武帝年號（前110—前105）。

[4]【今注】案，余太山《兩漢魏晉南北朝正史西域傳要注》指出，據本書卷九四上《匈奴傳上》：“漢使楊信使於匈奴……又西通月氏、大夏，以翁主妻烏孫王，以分匈奴西方之援國”，可知“以翁主妻烏孫王”在楊信使匈奴前，本書卷六《武紀》：“（元封四年）秋，以匈奴弱，可遂臣服，乃遣使說之”，所遣之使即楊信，因此江都公主遠嫁烏孫不會遲於武帝元封四年（前107）秋。（第157頁）

[5]【今注】案，王先謙《漢書補注》引徐松《漢書·西域傳補注》：“劉昭《百官志》：‘諸公主每主家令一人，丞一人’，注又引《漢官》曰‘主簿一人、僕一人、私府長一人、家丞一人、直吏三人、從官二人’。此有宦官侍御數百人者，皆特置，異於常制。”

[6]【今注】案，王先謙《漢書補注》引徐松《漢書·西域傳補注》：“《匈奴傳》常以太子爲左屠耆王，是匈奴尚左，昆莫先匈奴女者，仍畏匈奴也。”

公主至其國，自治宮室居，歲時一再與昆莫會，置酒飲食，以幣帛賜王左右貴人。昆莫年老，言語不通，[1]公主悲愁，自爲作歌曰："吾家嫁我兮天一方，遠託異國兮烏孫王。穹廬爲室兮旃爲牆，[2]以肉爲食兮酪爲漿。[3]居常土思兮心內傷，[4]願爲黃鵠兮歸故鄉。"[5]天子聞而憐之，間歲遣使者持帷帳錦繡給遺焉。[6]

[1]【今注】案，言語，蔡琪本、大德本、殿本作"語言"。

[2]【今注】穹廬：古代游牧民族居住的氈帳。

[3]【顏注】師古曰：食謂飯，音"飤"。

[4]【顏注】師古曰：土思，謂憂思而懷本土（懷，大德本、殿本同，蔡琪本作"還"）。

[5]【顏注】師古曰：鵠，音下篤反。

[6]【顏注】師古曰：間歲者，謂每隔一歲而往也。

昆莫年老，欲使其孫岑陬尚公主。公主不聽，上書言狀，天子報曰："從其國俗，欲與烏孫共滅胡。"岑陬遂妻公主。昆莫死，岑陬代立。岑陬者，官號也，名軍須靡。昆莫，王號也，名獵驕靡。後書"昆彌"云。[1]岑陬尚江都公主，生一女少夫。[2]公主死，漢復以楚王戊之孫解憂爲公主，妻岑陬。[3]岑陬胡婦子泥靡尚小，岑陬且死，以國與季父大祿子翁歸靡，曰："泥靡大，以國歸之。"

[1]【顏注】師古曰：昆莫本是王號，而其人名獵驕靡，故

書云"昆彌"。昆取昆莫,彌取驕靡。"彌""靡"音有輕重耳,蓋本一也。後遂以昆彌爲王號也(大德本、殿本"王"前有"其"字)。【今注】案,錢大昕《廿二史考異·漢書三》曰:"顔説非也。昆彌即昆莫,'彌''莫'聲相轉,猶宛王'毋寡'一作'毋鼓','鼓''寡'聲相轉其實一耳。'莫'之爲'彌',譯音有輕重,而名號未改,非取王名之一字而沿以爲號也。"

[2]【顔注】師古曰:名少夫。

[3]【今注】案,余太山《兩漢魏晉南北朝正史西域傳要注》指出:"昆莫獵驕靡死,軍須靡代立,可能在元封六年(前105),而軍須靡尚江都公主還在'代立'之前。同傳既稱江都公主在妻獵驕靡後,'歲時一再與昆莫會',細君之死則在元封六年或太初元年(前104),這應該便是岑陬尚解憂之年。"(第159頁)

翁歸靡既立,號肥王,復尚楚主解憂,生三男兩女:長男曰元貴靡;次曰萬年,爲莎車王;次曰大樂,爲左大將;長女弟史爲龜兹王絳賓妻;小女素光爲若呼翎侯妻。[1]

[1]【顔注】師古曰:弟史、素光皆女名。

昭帝時,公主上書,言:"匈奴發騎田車師,車師與匈奴爲一,共侵烏孫,唯天子幸救之!"漢養士馬,議欲擊匈奴。會昭帝崩,宣帝初即位,公主及昆彌皆遣使上書,言:"匈奴復連發大兵侵擊烏孫,取車延、惡師地,[1]收人民去,使使謂烏孫趣持公主來,[2]欲隔絶漢。昆彌願發國半精兵,自給人馬五萬騎,盡力擊匈奴。唯天子出兵以救公主、昆彌。"漢兵大發十五萬騎，五將軍分道並出。語在《匈奴傳》。[3]遣校尉常惠使持節護烏孫兵，昆彌自將翖侯以下五萬騎從西方入，至右谷蠡王庭，獲單于父行及嫂、居次、名王、犁汙都尉、千長、騎將以下四萬級，[4]馬牛羊驢橐駝七十餘萬頭，烏孫皆自取所虜獲。還，封惠爲長羅侯。是歲，本始三年也。[5]漢遣惠持金幣賜烏孫貴人有功者。

[1]【今注】車延惡師：皆地名。位置不詳。

[2]【顏注】師古曰：趣，讀曰“促”。

[3]【今注】案，王先謙《漢書補注》引徐松《漢書·西域傳補注》謂：“案，《宣紀》本始二年秋，調兵。三年春，乃出兵。”

[4]【今注】案，王先謙《漢書補注》引徐松《漢書·西域傳補注》謂：“《常惠傳》作‘三萬九千人’。《匈奴傳》作‘三萬九千餘級’。”

[5]【今注】本始三年：公元前71年。本始，漢宣帝年號（前73—前20）。

元康二年，[1]烏孫昆彌因惠上書：“願以漢外孫元貴靡爲嗣，得令復尚漢公主，結婚重親，畔絕匈奴，願聘馬贏各千匹。”詔下公卿議，大鴻臚蕭望之以爲：“烏孫絕域，變故難保，不可許。”上美烏孫新立大功，又重絕故業，[2]遣使者至烏孫，先迎取聘。昆彌及太子、左右大將、都尉皆遣使，[3]凡三百餘人，入漢迎取少主。上迺以烏孫主解憂弟相夫爲公主，[4]置官屬侍御百餘人，舍上林中，學烏孫言。[5]天子自臨平樂觀，[6]會匈奴使者、外國君長大角抵，設樂而遣之。使長羅侯光禄大夫爲副，[7]凡持節者四人，送少主至燉煌。[8]未出塞，聞烏孫昆彌翁歸靡死，烏孫貴人共從本約，立岑陬子泥靡代爲昆彌，號狂王。惠上書："願留少主燉煌，惠馳至烏孫責讓不立元貴靡爲昆彌，還迎少主。"事下公卿，望之復以爲："烏孫持兩端，難約結。[9]前公主在烏孫四十餘年，恩愛不親密，邊竟未得安，[10]此已事之驗也。今少主以元貴靡不立而還，信無負於夷狄，中國之福也。少主不止，繇役將興，其原起此。"天子從之，徵還少主。

[1]【今注】元康二年：公元前 64 年。元康，漢宣帝年號（前 65—前 61）。余太山《兩漢魏晉南北朝正史西域傳要注》指出："蕭望之自少府遷左馮翊，非大鴻臚"（第 163 頁）。《資治通鑑》將此事繫於神爵二年（前 60）。《通鑑考異》卷二六《漢紀》孝宣皇帝神爵二年謂："元康二年，望之未爲鴻臚。蓋誤以神爵爲元康也。"郝樹聲、張德芳所著《懸泉漢簡研究》則認爲"烏孫請婚在前，時當元康二年（前 64）；送配公主在後，時在神爵二年（前 60），前後經過四年時間"。漢代懸泉置遺址出土有《懸泉置元康五年正月過長羅侯費用簿》，共計十八枚簡，編號 I90DXT0112③：61—78，其中的"元康五年"即神爵元年，從時間來看，這份簿書大概是長羅侯常惠奉命使烏孫迎取聘禮路過懸泉置時，懸泉置招待常惠屬吏的開支賬目（詳見郝樹聲、張德芳《懸泉漢簡研究》，甘肅文化出版社 2009 年版，第 225—231 頁）。

[2]【顏注】師古曰：重，難也。故業，謂先與烏孫婚親也。

[3]【今注】案，大德本、殿本同，蔡琪本"左右大將"後有"軍"字。

[4]【今注】案，蔡琪本、大德本、殿本"弟"後有"子"

字。《漢書考正》宋祁曰："越本'弟'字下無'子'字。"

[5]【顏注】師古曰：舍，止也。

[6]【今注】平樂觀：在上林苑中。余太山《兩漢魏晉南北朝正史西域傳要注》認爲"據《漢書‧武帝紀》，元封六年（前105），'夏，京師民觀角抵於上林平樂館'"（第164頁）。

[7]【今注】案，蔡琪本、大德本、殿本"大夫"後有"惠"字，當據補。

[8]【今注】案，燉，蔡琪本、大德本、殿本作"敦"。

[9]【今注】案，約結，大德本、殿本同，蔡琪本作"結約"。

[10]【顏注】師古曰：竟，讀曰"境"。

　　狂王復尚楚主解憂，生一男鴟靡，不與主和，又暴惡失衆。漢使衛司馬魏和意、副候任昌送侍子，公主言狂王爲烏孫所患苦，易誅也。遂謀置酒會，罷，使士拔劍擊之。劍旁下，[1]狂王傷，上馬馳去。其子細沈瘦[2]會兵圍和意、昌及公主於赤谷城。數月，都護鄭吉發諸國兵救之，迺解去。[3]漢遣中郎將張遵持醫藥治狂王，賜金二十斤，采繒。因收和意、昌係瑣，從尉犁檻車至長安，斬之。車騎將軍長史張翁留驗公主與使者謀殺狂王狀，主不服，叩頭謝，張翁捽主頭罵詈。[4]主上書，翁還，坐死。副使季都別將醫養視狂王，狂王從十餘騎送之。都還，坐知狂王當誅，見便不發，下蠶室。

[1]【顏注】師古曰：不正下（大德本同，蔡琪本、殿本句末有"也"字）。

[2]【顏注】師古曰：瘦，音"搜"。

[3]【今注】案，余太山《兩漢魏晉南北朝正史西域傳要注》謂"事當在五鳳中（前57—前54）"（第167頁）。

[4]【顏注】師古曰：捽，持其頭，音材兀反。

初，肥王翁歸靡胡婦子烏就屠，狂王傷時驚，與諸翎侯俱去，居北山中，[1]揚言母家匈奴兵來，故衆歸之。後遂襲殺狂王，自立爲昆彌。漢遣破羌將軍辛武賢將兵萬五千人至燉煌，[2]遣使者案行表，穿卑鞮侯井以西，[3]欲通渠轉穀，[4]積居盧倉以討之。[5]

[1]【今注】北山：山名。即今天山。

[2]【今注】案，燉，蔡琪本、大德本、殿本作"敦"。

[3]【顏注】孟康曰：大井六通渠也，下泉流湧出（蔡琪本、大德本、殿本無"泉"字），在白龍堆東土山下。【今注】案，西，蔡琪本、殿本作"面"。

[4]【今注】通渠：開鑿運河。余太山《兩漢魏晉南北朝正史西域傳要注》認爲："據懸泉漢簡，時有'穿渠校尉'專司其事"（第168頁）。案，"穿渠校尉"見懸泉漢簡 V92DXT1311④：82："甘露二年四月庚申朔丁丑，樂官令充敢言之：詔書以騎馬助傳馬，送破羌將軍、穿渠校尉、使者馮夫人。軍吏遠者至敦煌郡。軍吏晨夜行，吏御逐馬前後不相及，馬罷亟，或道棄，逐索未得，謹遣騎士張世等以物色逐各如牒，唯府告部、縣、官、旁郡，有得此馬以與世等。敢言之。"（參見張德芳、胡平生：《敦煌懸泉漢簡釋粹》，上海古籍出版社2001年版，第140—141頁）

[5]【今注】居盧倉：倉庫名。余太山《兩漢魏晉南北朝正史西域傳要注》謂："居盧倉，位於白龍堆之東、白龍堆與三壠沙之間。'居盧'，一說乃'居盧訾'之略，後者見諸羅布淖爾所出漢簡。"（第168頁）另，余太山據《漢書·宣帝紀》和《漢書·趙

充國辛慶忌傳》認爲，烏就屠襲殺狂王及漢討烏就屠事在甘露元年（前 53）。

　　初，楚主侍者馮嫽[1]能史書，[2]習事，嘗持漢節爲公主使，行賞賜於城郭諸國，敬信之，號曰馮夫人。爲烏孫右大將妻，右大將與烏就屠相愛，都護鄭吉使馮夫人說烏就屠，以漢兵方出，必見滅，不如降。烏就屠恐，曰：“願得小號。”宣帝徵馮夫人，自問狀。遣謁者竺次、期門甘廷壽爲副，送馮夫人。馮夫人錦車持節，[3]詔烏就屠詣長羅侯赤谷城，立元貴靡爲大昆彌，烏就屠爲小昆彌，皆賜印綬。[4]破羌將軍不出塞還。後烏就屠不盡歸諸翎侯民衆，漢復遣長羅侯惠將三校屯赤谷，因爲分別其人民地界，大昆彌戶六萬餘，小昆彌戶四萬餘，然衆心皆附小昆彌。

　　[1]【顏注】師古曰：音“了”。嫽者，慧也，故以爲名。【今注】案，王先謙《漢書補注》引徐松《漢書·西域傳補注》：“《詩·陳風》：‘佼人僚兮’，傳：‘佼，好貌。’《釋文》：‘僚本亦作嫽。’《說文》：‘嫽，女字也。’‘僚，女子貌。’《方言》：‘釥嫽，好也。’蓋僚、嫽通，婦人以爲美稱，顏訓慧，未知所出。”

　　[2]【今注】能史書：秦漢時期，官府中處理行政文書的書記官被稱作“史”，“能史書”當指可以閱讀並處理官府的行政文書（參見［日］富谷至著，劉恒武、孔李波譯《文書行政的漢帝國》，江蘇人民出版社 2013 年版，第 91—99 頁）。

　　[3]【顏注】服虔曰：錦車，以錦衣車也。

　　[4]【今注】案，事在甘露元年（前 53）。

　　元貴靡、鴟靡皆病死，公主上書言年老土思，願得歸骸骨，葬漢地。天子閔而迎之，公主與烏孫男女三人俱來至京師。[1] 是歲，甘露三年也。[2] 時年且七十，賜以公主田宅奴婢，[3] 奉養甚厚，朝見儀比公主。後二歲卒，三孫因留守墳墓云。[4]

　　[1]【今注】案，王先謙《漢書補注》引王念孫的觀點認為"烏"字為衍文。

　　[2]【今注】甘露三年：公元前 51 年。甘露，漢宣帝年號（前 53—前 50）。

　　[3]【今注】案，《漢書考正》宋祁曰："舊本'主'作'第'。"

　　[4]【今注】案，王先謙《漢書補注》引徐松《漢書·西域傳補注》："劉昭《百官志》云：'公主子孫奉墳墓於京都者，亦隨時見會，位在博士議郎下。'"

　　元貴靡子星靡代為大昆彌，弱，[1] 馮夫人上書，願使烏孫鎮撫星靡。漢遣之，卒百人送焉。[2] 都護韓宣奏，[3] 烏孫大吏、大祿、大監皆可以賜金印紫綬，以尊輔大昆彌，漢許之。後都護韓宣復奏，星靡怯弱，可免，更以季父左代將樂大為昆彌，[4] 漢不許。後段會宗為都護，[5] 招還亡畔，安定之。[6]

　　[1]【顏注】師古曰：言其尚幼少。【今注】案，錢大昭《漢書辨疑》指出，"弱"與"健"相對，當指其怯弱難以服眾，而非指幼少。

　　[2]【今注】案，蔡琪本、大德本、殿本"送"後有"烏孫"

二字。

[3]【今注】韓宣：西漢第二任西域都護，任期自元帝初元元年（前48）至初元四年。

[4]【今注】案，左代將樂大，蔡琪本、大德本、殿本作“左大將樂代”。

[5]【今注】段會宗：西漢第七任西域都護，任期自元帝竟寧元年（前33）至成帝建始三年（前30）。

[6]【顏注】師古曰：有人衆亡畔者，皆招而還之，故安定也。

　　星靡死，子雌栗靡代。小昆彌烏就屠死，子拊離代立，[1]爲弟日貳所殺。漢遣使者立拊離子安日爲小昆彌。日貳亡，阻康居。[2]漢徙己校屯姑墨，[3]欲候便討焉。安日使貴人姑莫匿等三人詐亡從日貳，刺殺之。[4]都護廉褒賜姑莫匿等金人二十斤，[5]繒三百匹。

[1]【顏注】師古曰：拊，讀與“撫”同。【今注】案，事在元帝末年或成帝初年。

[2]【今注】案，王先謙《漢書補注》引徐松《漢書·西域傳補注》指出本書卷七〇《陳湯傳》中“西域都護段會宗爲烏孫兵所圍”即日貳攻圍之事，並根據段會宗任西域都護的時間，將此事斷於建始二年（前31）。不過，余太山《兩漢魏晉南北朝正史西域傳要注》指出《陳湯傳》在述及此事時有“丞相王商、大將軍王鳳及百僚議數日不決”的記載，而據本書《百官公卿表》王商任丞相在建始四年至河平四年（前25），因此段會宗被烏孫兵所圍發生在前29年至前25年，其時他已不再擔任西域都護，《陳湯傳》仍稱其爲西域都護應該是撰者的疏忽（第172—173頁）。

[3]【顏注】師古曰：有戊己兩校兵，此直徙己校也。

［4］【顏注】師古曰：詐畔亡而投之，因得以刺殺。

［5］【今注】廉褒：西漢第八任西域都護，任期自建始三年至河平二年。

　　後安日爲降民所殺，漢立其弟末振將代。[1]時大昆彌雌栗靡健，翎侯皆畏服之，告民牧馬畜無使入牧，[2]國中大安和翁歸靡時。[3]小昆彌末振將恐爲所并，使貴人烏日領詐降刺殺雌栗靡。[4]漢欲以兵討之而未能，遣中郎將段會宗持金幣與都護圖方略，[5]立雌栗靡季父公主孫伊秩靡爲大昆彌。漢没入小昆彌侍子在京師者。久之，大昆彌翎侯難栖殺末振將，末振將兄安日子安犁靡代爲小昆彌。[6]漢恨不自誅末振將，[7]復使段會宗即斬其太子番丘。[8]還，賜爵關内侯。是歲，元延二年也。

［1］【今注】案，余太山《兩漢魏晉南北朝正史西域傳要注》據本書卷七〇《段會宗傳》考證，安日之死當在鴻嘉四年（前17）或永始元年（前16），末振將之立當在永始元年或二年（第173—174頁）。

［2］【顏注】師古曰：勿入昆彌牧中，恐其相擾也。

［3］【顏注】師古曰：勝於翁歸靡時也。

［4］【今注】案，余太山《兩漢魏晉南北朝正史西域傳要注》據本書《段會宗傳》，認爲事在永始二年或三年（第174頁）。

［5］【今注】案，時西域都護當爲郭舜。

［6］【顏注】師古曰：末振將之兄名安日，安日之子名安犁靡。【今注】案，余太山《兩漢魏晉南北朝正史西域傳要注》據本書《段會宗傳》考證，末振將死、安犁靡代爲小昆彌在元延元年

（前 12）（第 174 頁）。

[7]【今注】案，蔡琪本、大德本、殿本"自"後有"責"字。

[8]【顏注】師古曰：番，音"盤"。

會宗以翎侯難栖殺末振將，雖不指爲漢，合於討賊，奏以爲堅守都尉。責大禄、大吏、大監以雌栗靡見殺狀，奪金印紫綬，更與銅墨云。末振將弟卑爰疐[1]本共謀殺大昆彌，將衆八萬餘口北附康居，謀欲藉兵[2]兼并兩昆彌。兩昆彌畏之，親倚都護。[3]

[1]【顏注】師古曰：疐，音竹二反。

[2]【顏注】師古曰：藉，借也。

[3]【顏注】師古曰：倚，依附也，音於綺反。

哀帝元壽二年，[1]大昆彌伊秩靡與單于並入朝，漢以爲榮。至元始中，[2]卑爰疐殺烏日領以自效，漢封爲歸義侯。兩昆彌皆弱，卑爰疐侵陵，都護孫建襲殺之。自烏孫分立兩昆彌後，漢用憂勞，且無寧歲。[3]

[1]【今注】元壽二年：公元前 1 年。元壽，漢哀帝年號（前 2—前 1）。

[2]【今注】元始：平帝年號（1—5）。

[3]【顏注】師古曰：言或鎮撫，或威制之，故多事也。

姑墨國，[1]王治南城，[2]去長安八千一百五十里。户三千五百，口二萬四千五百，勝兵四千五百人。姑墨侯、輔國侯、都尉、左右將、左右騎君各一人，譯長二人。東至都護治所二千二十一里，[3]南至于闐馬行十五日，北與烏孫接。出銅、鐵、雌黃。[4]東通龜兹六百七十里。王莽時，姑墨王丞殺溫宿王，并其國。

[1]【今注】姑墨：北道綠洲國。余太山認爲"姑墨"或與"且末"爲同名異譯。

[2]【今注】王治南城：一般認爲其王治在今新疆阿克蘇市附近，也有觀點認爲在今新疆溫宿縣的哈拉玉爾滾附近。

[3]【今注】案，《漢書考正》宋祁曰："監本作'千二十里'，晏本作'二千二十里'"。

[4]【今注】雌黃：礦物名。主要成分是三硫化二砷。

溫宿國，王治溫宿城，[1]去長安八千三百五十里。戶二千二百，口八千四百，勝兵千五百人。輔國侯、左右將、左右都尉、左右騎君、譯長各二人。東至都護治所二千三百八十里，西至尉頭三百里，北至烏孫赤谷六百一十里。土地物類所有與鄯善諸國同。東通姑墨二百七十里。

[1]【顏注】師古曰：今雍州醴泉縣北有山名溫宿領者，本因漢時得溫宿國人令居此地田牧，因以爲名。【今注】溫宿國：北道綠洲國。　溫宿城：一般認爲在今新疆烏什縣境內。

龜兹國，[1]王治延城，[2]去長安七千四百八十里。戶六千九百七十，口八萬一千三百一十七，勝兵二萬一千七十六人。大都尉丞、輔國侯、安國侯、擊胡侯、卻胡都尉、擊車師都尉、左右將、左右都尉、左右騎君、左右力輔君各一人，東西南北部千長各二人，[3]卻胡君三人，譯長四人。南與精絕、東南與且末、西南與扜彌、北與烏孫、西與姑墨接。[4]能鑄冶，有鈆。東至都護治所烏壘城三百五十里。

[1]【今注】龜兹：北道綠洲國。余太山認爲"龜兹"是塞種部落名之一 Gasiani 的對譯。
[2]【今注】王治延城：一般認爲在今新疆庫車縣的皮郎古城。
[3]【今注】案，二人，蔡琪本、大德本同，殿本作"一人"。
[4]【顔注】師古曰：扜，音"烏"。

烏壘，戶百一十，口千二百，勝兵三百人。城都尉、譯長各一人。與都護同治。其南三百三十里至渠犂。

渠犂，[1]城都尉一人，戶百三十，口千四百八十，勝兵百五十人。東北與尉犂、東南與且末、南與精絕接。西有河，至龜兹五百八十里。

[1]【今注】渠犂：北道綠洲國。具體位置不詳，余太山認爲其在今新疆庫爾勒以西、孔雀河以東的範圍内。近年有學者根據考古發現提出今尉犂縣西的克亞孜庫勒古城（參見林梅村《考古學視野下的西域都護府今址研究》，《歷史研究》2013 年第 6 期）、今庫爾勒市南的夏哈勒墩古城（參見達吾力江·葉爾哈力克《漢武邊塞與西域屯田——輪臺、渠犂屯田考古發現初論》，《歷史研究》2018年第 6 期）等猜測。渠犂是西漢在西域一處重要的屯田據點，屯田

士卒大多是免刑罪人，基層軍官則主要來自北軍。懸泉漢簡中有多處關於渠犁屯田活動的記錄，如："□渠犁□丞王常（忠更終罷給（詣）北軍。甘露□年……詔賦爲一封軺傳，一人共載。有請。謂……（II90DXT0214③:67）將渠犁校尉史移安漢⊠⊠⊠送武，軍司令史田承⊠⊠⊠⊠謹長至罷詣北軍，以傳詔爲駕一封軺傳，傳乘爲載"（91DXC:59）（參見郝樹聲、張德芳《懸泉漢簡研究》，甘肅文化出版社 2009 年版，第 239—242 頁）。

　　自武帝初通西域，置校尉，屯田渠犁。是時軍旅連出，師行三十二年，海内虛耗。征和中，貳師將軍李廣利以軍降匈奴。[1]上既悔遠征伐，而搜粟都尉桑弘羊與丞相御史奏言："故輪臺東捷枝、渠犁皆故國，[2]地廣，饒水草，有溉田五千頃以上，處溫和，田美，可益通溝渠，種五穀，與中國同時孰。[3]其旁國少錐刀，貴黃金采繒，可以易穀食，宜給足不可乏。[4]臣愚以爲可遣屯田卒詣故輪臺以東，置校尉三人分護，各舉圖地形，通利溝渠，務使以時益種五穀。張掖、酒泉[5]遣騎假司馬爲斥候，屬校尉，事有便宜，因騎置以聞。[6]田一歲，有積穀，募民壯健有累重敢徙者詣田所，[7]就畜積爲本業，[8]益墾溉田，稍築列亭，連城而西，以威西國，輔烏孫，爲便。臣謹遣徵事臣昌分部行邊，[9]嚴敕太守都尉明烽火，選士馬，謹斥候，蓄茭草。願陛下遣使使西國，以安其意。臣昧死請。"

　　[1]【今注】案，事在漢武帝征和三年（前90）。
　　[2]【今注】輪臺：西域國名。一般認爲即《史記》卷一二三《大宛列傳》中的"侖頭"，位於今新疆輪臺縣境内。漢輪臺城的

位置，一説爲今奎玉克協海爾古城（參見黄文弼《塔里木盆地考古記》，科學出版社 1958 年版，第 10—11 頁），一説在今卓爾庫特古城（參見林梅村《考古學視野下的西域都護府今址研究》，《歷史研究》2013 年第 6 期）。案，蔡琪本、大德本、殿本“東”前有“以”字。　捷枝：西域國名。具體位置不詳。

　　[3]【今注】孰：通“熟”。大德本同，蔡琪本、殿本作“熟”。

　　[4]【顏注】師古曰：言以錐刀及黄金綵繒與此旁國易穀食，可以給田卒，不憂乏糧（糧，大德本、殿本同，蔡琪本作“種”；蔡琪本、大德本、殿本句末有“也”字）。

　　[5]【顏注】師古曰：益，多也（蔡琪本、大德本同，殿本此注位於“務使以時益種五穀”後）。

　　[6]【顏注】師古曰：騎置即今之驛馬也。

　　[7]【顏注】師古曰：累重謂妻子家屬也。累，音力瑞反。重，音直用反。

　　[8]【顏注】師古曰：畜，讀曰“蓄”。

　　[9]【顏注】師古曰：分，音扶問反。行，音下更反。【今注】徵事：官職名。丞相屬吏。關於徵事的性質和來源有兩種説法，一種認爲其屬於“待詔”性質；一種認爲其由“故吏二千石不以臧罪免者”擔任，秩比六百石（詳見本書卷七《昭紀》“丞相徵事任宫手捕斬桀”條顏注）。

　　上迺下詔，深陳既往之悔，曰：“前有司奏，欲益民賦三十助邊用，[1]是重困老弱孤獨也。[2]而今又請遣卒田輪臺。輪臺西於車師千餘里，前開陵侯擊車師時，[3]危須、尉犁、樓蘭六國子弟在京師者皆先歸，發畜食迎漢軍，[4]又自發兵，凡數萬人，王各自將，共圍車師，降其王。諸國兵便罷，力不能復至道上食漢軍。[5]漢軍破城，食至多，然士自載不足以竟師，[6]彊者盡食畜產，羸者道死數千人。朕發酒泉驢橐駝負食，出玉門迎軍。吏卒起張掖，不甚遠，然尚廝留甚眾。[7]曩者，朕之不明，以軍候弘上書言‘匈奴縛馬前後足，置城下，馳言“秦人，我匄若馬”’，[8]又漢使者久留不還，故興遣貳師將軍，[9]欲以爲使者威重也。古者卿大夫與謀，[10]參以蓍龜，不吉不行。[11]迺者以縛馬書徧視丞相御史二千石諸大夫郎爲文學者，[12]迺至郡屬國都尉成忠、趙破奴等，[13]皆以‘虜自縛其馬，不祥甚哉’！爲‘欲以見彊，[14]夫不足者視人有餘’。[15]易之，卦得大過，爻在九五，[16]匈奴困敗。公車、方士、大史治星望氣，[17]及大卜龜蓍，[18]皆以爲吉，匈奴必破，時不可再得也。[19]又曰：‘北伐行將，於鬴山必克。’[20]卦諸將，貳師最吉。[21]故朕親發貳師下鬴山，詔之必毋深入。今計謀卦兆皆反繆。[22]重合侯得虜候者，言：‘聞漢軍當來，匈奴使巫埋羊牛所出諸道及水上以詛軍。[23]單于遺天子馬裘，常使巫祝之。縛馬者，詛軍事也。’又卜‘漢軍一將不吉’。匈奴常言：‘漢極大，然不能飢渴，[24]失一狼，走千羊。’迺者貳師敗，軍士死略離散，[25]悲痛常在朕心。今請遠田輪臺，欲起亭隧，[26]是擾勞天下，非所以優民也。今朕不忍聞。大鴻臚等又議，欲募囚徒送匈奴使者，明封侯之賞以報忿，五伯所弗能爲也。[27]且匈奴得漢降者，常提掖搜索，問以所聞。[28]今邊塞未正，闌出不禁，障候長吏使卒獵獸，以皮肉爲利，卒苦而烽火乏，失亦上集不得，[29]後降者來，若捕生口虜，迺知之。[30]當今務在禁苛暴，止擅賦，力本農，脩馬復令，[31]以補缺，毋乏武備而已。郡國二千石各上進畜馬方略補邊狀，與計對。"[32]由是不復出軍。而封丞相車千秋爲富民侯，以明休息，思富養民也。[33]

[1]【顏注】師古曰：三十者，每口轉增三十錢也。

[2]【顏注】師古曰：重，音直用反。

[3]【顏注】晉灼曰：開陵侯，匈奴介和王來降者。

[4]【顏注】師古曰：畜謂馬牛羊等也。

[5]【顏注】師古曰：食，讀曰"飤"。

[6]【顏注】師古曰：士雖各自載粮（粮，蔡琪本、大德本同，殿本作"糧"），而在道已盡。至於歸塗，尚苦乏食不足，不能終師旅之事也。

[7]【顏注】師古曰：廝留，言其前後離廝，不相逮及也。廝，音"斯"。

[8]【顏注】師古曰：謂中國人爲秦人，習故言也。匃，乞與也。若，汝也。乞，音"氣"。【今注】案，王先謙《漢書補注》引徐松《漢書·西域傳補注》謂馳言者，馳馬來言也。

[9]【顏注】師古曰：興軍而遣之。【今注】案，蔡琪本、大德本、殿本"興"後有"師"字。

[10]【顏注】師古曰：與，讀曰"豫"。

[11]【顏注】師古曰：謂共卿大夫謀事，尚不專決，猶雜問蓍龜也。

[12]【顏注】師古曰：視，讀曰"示"。爲文學，謂學經書之人。

[13]【今注】案，王先謙《漢書補注》引徐松《漢書·西域

傳補注》指出其時浞野侯趙破奴已因巫蠱之禍被殺，此處的"趙破奴"是另一個人。

[14]【顏注】師古曰：見，顯示。【今注】案，蔡琪本、大德本、殿本作"爲"前有"或以"二字。《漢書考正》宋祁曰："別本'欲'字下有'式'字，劉蹟《考異》無'式'字，故除之。"

[15]【顏注】師古曰：言其夸張也。視，亦讀曰"示"。

[16]【顏注】孟康曰：其繇曰"枯楊生華"，象曰："枯楊生華，何可久也！"謂匈奴破不久也。

[17]【今注】大史：即太史。王先謙《漢書補注》引《續漢書·百官志》本注曰："掌天時，星曆。凡歲將終，奏新年曆。凡國祭祀、喪、娶之事，掌奏良日及時節禁忌。國有瑞應、災異，掌記之。丞一人。"陳直《漢書新證》："《漢官儀》云：'太史令屬吏有望郎三十人，掌故三十人。'又按：《律曆志》有主曆使者及大典星，疑亦屬於太史令。至於《漢官》所稱太史令屬吏，有待詔三十七人，靈臺待詔四十一人，雖爲東漢制度，亦可能淵源於西漢。"案，大，蔡琪本、大德本、殿本作"太"。

[18]【今注】大卜：即太卜，掌占卜。屬太常（奉常），秩六百石。案，蔡琪本、大德本、殿本作"太卜"。

[19]【顏注】師古曰：今便利之時，後不可再得也。

[20]【顏注】師古曰：行將謂遣將率行也。翩山，山名也。翩，古"釜"字。【今注】案，王先謙《漢書補注》引徐松《漢書·西域傳補注》："《匈奴傳》：'漢遣貳師將軍七萬人出五原。'則翩山者，五原塞外山也。"

[21]【顏注】師古曰：上遣諸將，而於卦中貳師最吉也。【今注】案，王先謙《漢書補注》引王念孫言："《通典》與此相同。案師古所説，於文義不順。'卦'當作'卜'，言卜諸將孰吉，則貳師最吉也。下文云'卜漢軍一將不吉'即其證。今作'卦'者，涉上下文'卦'字而誤，《漢紀》正作'卜'。"

［22］【顏注】師古曰：言不效也。繆，妄也。

［23］【顏注】師古曰：於軍所行之道及水上埋牛羊。

［24］【顏注】師古曰：能，音“耐”。

［25］【顏注】師古曰：言死及被虜略，并自離散也。

［26］【顏注】師古曰：隧者，依深險之處開通行道也。

［27］【顏注】師古曰：伯，讀曰“霸”。五霸尚恥不爲（霸，大德本、殿本同，蔡琪本作“伯”），況今大漢也。

［28］【顏注】師古曰：搜索者，恐其或私齎文書也。

［29］【顏注】師古曰：言邊塞有闌出逃亡之人，而主者不禁。又長吏利於皮肉，多使障候之卒獵獸，故令烽火有乏。又其人勞苦，因致奔亡，凡有此失。皆不集於所上文書。

［30］【顏注】師古曰：既不上書，所以當時不知，至有降者來，及捕生口，或虜得匈奴人言之，乃知此事。

［31］【顏注】孟康曰：先是令長吏各以秩養馬，亭有牝馬，民養馬皆復不事。後馬多絕乏，至此復脩之也。師古曰：此説非也。馬復，因養馬以免徭賦也。復，音方目反。

［32］【顏注】師古曰：與上計者同來赴對也。

［33］【今注】案，對於漢武帝《輪臺詔》的性質和意義，學界存在一定分歧，有學者將其視作武帝政治取向發生重大轉折的標志，自此之後，武帝治國的基本方略由開邊、興利、改制、用法和擅賦轉向“守文”，爲“昭宣中興”的出現奠定了基礎。也有學者認爲《輪臺詔》所反映的“只是一種調整對外作戰策略的權宜之計，而不是從根本上轉變漢廷的政治路綫”，否認漢武帝晚年的政治路綫出現過重大轉折。（參見田餘慶《論輪臺詔》，《歷史研究》1984 年第 2 期；辛德勇《漢武帝晚年政治取向與司馬光的重構》，《清華大學學報》2014 年第 6 期；陳蘇鎮《〈春秋〉與“漢道”：兩漢政治與政治文化研究》，中華書局 2011 年版，第 282—289 頁）

　　初，貳師將軍李廣利擊大宛，還過扞彌，扞彌遣大子賴丹爲質於龜茲。[1] 廣利責龜茲曰：“外國皆臣屬於漢，龜茲何以得受扞彌質？”即將賴丹入至京師。昭帝乃用桑弘羊前議，以扞彌大子賴丹爲校尉將軍田輪臺，輪臺與渠犁地皆相連也。龜茲貴人姑翼謂其王曰：“賴丹本臣屬吾國，今佩漢印綬來，迫吾國而田，必爲害。”王即殺賴丹，而上書謝漢，漢未能征。

　　[1]【今注】案，大子，蔡琪本、大德本、殿本作“太子”。下同不注。

　　宣帝時，長羅侯常惠使烏孫還，便宜發諸國兵，[1] 合五萬人攻龜茲，責以前殺校尉賴丹。龜茲王謝曰：“迺我先王時爲貴人姑翼所誤，我無罪。”執姑翼詣惠，惠斬之。[2] 時烏孫公主遣女來至京師學鼓琴，漢遣侍郎樂奉送主女，過龜茲。龜茲前遣人至烏孫求公主女，未還。會女過龜茲，龜茲王留不遣，復使使報公主，主許之。後公主上書，願令女比宗室入朝，而龜茲王絳賓亦愛其夫人，上書言得尚漢外孫爲昆弟，願與公主女俱入朝。元康元年，[3] 遂來朝賀。王及夫人皆賜印綬。夫人號稱公主，賜以車騎旗鼓，歌吹數十人，[4] 綺繡雜繒琦珍凡數千萬。[5] 留且一年，厚贈送之。後數來朝賀，樂漢衣服制度，歸其國，治宮室，作徼道周衛，[6] 出入傳呼，撞鍾鼓，如漢家儀。外國胡人皆曰：“驢非驢，馬非馬，若龜茲王，所謂騾也。”絳賓死，其子丞德自謂漢外孫，成、哀帝時往來尤數，漢遇之亦甚親密。

[1]【顏注】師古曰：以便宜擅發兵也。

[2]【今注】案，事在漢宣帝本始四年（前70）。

[3]【今注】元康元年：公元前65年。元康，漢宣帝年號（前65—前61）。

[4]【今注】案，王先謙《漢書補注》引徐松《漢書·西域傳補注》：“劉昭《百官志》：‘大將軍賜官騎三十人及鼓吹。’此蓋寵之如大將軍。歌吹者，橫吹也。《後書·班超傳》注引《古今樂錄》：‘橫吹，胡樂也。張騫入西域，傳其法於長安，乘輿以爲武樂。’”

[5]【顏注】師古曰：琦，音“奇”。

[6]【今注】徼道：巡行警戒的道路。　周衞：環衞，禁衞。引申指宮禁。

東通尉犁六百五十里。

尉犁國，[1]王治尉犁城，[2]去長安六千七百五十里。戶千二百，口九千六百，勝兵二千人。尉犁侯、安世侯、左右將、左右都尉、擊胡君各一人，譯長二人。西至都護治所三百里，南與鄯善、且末接。

[1]【今注】尉犁國：北道綠洲國。

[2]【今注】尉犁城：尉犁城的位置有多種推測。其一，在今新疆紫泥泉子附近，最早見於清代編纂的《皇輿西域圖志》，岑仲勉亦主此説（參見岑仲勉《漢書西域傳地里校釋》下冊，中華書局2004年版，第416頁）。其二，在今新疆焉耆的四十里城子古城，由黄文弼提出（參見黄文弼《西北史地論叢》，上海人民出版

社 1981 年版，第 281—283 頁）。其三，在今新疆焉耆的錫科沁古城（七格星古城），亦由黄文弼提出（參見黄文弼《新疆考古發掘報告》，文物出版社 1983 年版，第 229 頁）。其四，在今新疆庫爾勒市的夏渴蘭旦古城，由陳戈提出（參見陳戈《焉耆尉犁危須都城考》，《西北史地》1985 年第 2 期）。

　　危須國，[1]王治危須城，[2]去長安七千二百九十里。户七百，口四千九百，勝兵二千人。擊胡侯、擊胡都尉、左右將、左右都尉、左右騎君、擊胡君、譯長各一人。西至都護治所五百里，至焉耆百里。

　　[1]【今注】危須國：北道緑洲國。
　　[2]【今注】危須城：現在一般認爲危須城在今新疆和碩縣曲惠古城（參見陳戈《焉耆尉犁危須都城考》，《西北史地》1985 年第 2 期）。

　　焉耆國，[1]王治員渠城，[2]去長安七千三百里。户四千，口三萬二千一百，勝兵六千人。擊胡侯、卻胡侯、輔國侯、左右將、左右都尉、擊胡左右君、擊車師君、歸義車師君各一人，擊胡都尉、擊胡君各二人，譯長三人。西南至都護治所四百里，南至尉犁百里，北與烏孫接。近海水多魚。

　　[1]【今注】焉耆：北道緑洲國。
　　[2]【顔注】師古曰：員，音于權反。【今注】員渠城：關於員渠城的位置，争議較大，現在認可度最高的説法是今焉耆縣城西南二十公里的博格達沁古城（四十里城子古城）（參見陳戈《焉耆

尉犁危須都城考》,《西北史地》1985年第2期)。此外,也有今焉耆縣城以南的黑格達(參見馮承鈞編、陸峻嶺增訂《西域地名》,中華書局1980年版,第43頁)、今哈拉木登古城(參見黃文弼《塔里木盆地考古記》,科學出版社1958年版,第1、135、136頁;《焉耆博斯騰湖周圍三個古國考》,載《西北史地論叢》,上海人民出版社1981年,第277—285頁;《新疆考古發掘報告》,文物出版社1983年,第25—26頁)、今北哈拉毛坦古城(參見孟凡人《尉犁城、焉耆都城及焉耆鎮城的方位》,《中國邊疆史地研究》1991年第1期)等説法。

烏貪訾離國,[1]王治于婁谷,去長安萬三百三十里。户四十一,口二百三十一,勝兵五十七人。輔國侯、左右都尉各一人。東與單桓、南與且彌、西與烏孫接。[2]

[1]【今注】烏貪訾離:西域國名。具體位置不明。

[2]【顏注】師古曰:且,音子余反。

卑陸國,[1]王治天山東乾當國,[2]去長安八千六百八十里。户二百二十七,口千三百八十七,勝兵四百二十二人。輔國侯、左右將、左右都尉、左右譯長各一人。西南至都護治所千二百八十七里。

[1]【今注】卑陸:東部天山北麓綠洲國,具體位置不詳。

[2]【顏注】師古曰:乾,音"干"。【今注】案,王先謙《漢書補注》引劉奉世曰謂"國"字當作"谷"。

卑陸後王國，[1]治番渠類谷，[2]去長安八千七百一
十里。户四百六十二，口千一百三十七，勝兵三百五
十人。輔國侯、都尉、譯長各一人，將二人。東與郁
立師、北與匈奴、西與劫國、南與車師接。

[1]【今注】卑陸後王國：天山北麓綠洲國，具體位置不詳。
案，王國，蔡琪本、大德本、殿本作“國王”。
[2]【顔注】師古曰：番，音“盤”。

郁立師國，[1]王治内咄谷，[2]去長安八千八百三十
里。户百九十，口千四百四十五，勝兵三百三十一人。
輔國侯、左右都尉、譯長各一人。東與車師後城長、
西與卑陸、北與匈奴接。

[1]【今注】郁立師：天山北麓綠洲國。具體位置不詳。
[2]【顔注】師古曰：咄，音丁忽反。

單桓國，[1]王治單桓城，去長安八千八百七十里。
户二十七，口百九十四，勝兵四十五人。輔國侯、將、
左右都尉、譯長各一人。

[1]【今注】單桓：西域國名。具體位置不詳。

蒲類國，[1]王治天山西疏榆谷，[2]去長安八千三百
六十里。户三百二十五，口二千三十二，勝兵七百九
十九人。輔國侯、左右將、左右都尉各一人。西南至

都護治所千三百八十七里。

[1]【今注】蒲類：天山北麓綠洲國。

[2]【今注】疏榆谷：當在今新疆巴里坤湖一帶。

蒲類後國，[1]王去長安八千六百三十里。户百，口千七十，勝兵三百三十四人。輔國侯、將、左右都尉、譯長各一人。

[1]【今注】蒲類後國：天山北麓綠洲國。余太山先生認爲，其當位於蒲類國之西北270里處，一説位於大石頭綠洲一帶。

西且彌國，王治天山東于大谷，[1]去長安八千六百七十里。户三百三十二，口千九百二十六，勝兵七百三十八人。西且彌侯、左右將、左右騎君各一人。西南至都護治所千四百八十七里。[2]

[1]【顏注】師古曰：且，音子余反。【今注】西且彌：天山北麓綠洲國。余太山認爲，其王治于大谷可能在今新疆瑪納斯南郊山谷。

[2]【今注】案，余太山認爲，東、西且彌國距都護治所之里數應當互換。

東且彌國，[1]王治天山東兑虛谷，[2]去長安八千二百五十里。户百九十一，口千九百四十八，勝兵五百七十二人。東且彌侯、左右都尉各一人。西南至都護治所千五百八十七里。

[1]【今注】東且彌：天山北麓緑洲國。

[2]【今注】兌虚谷：余太山認爲其地可能在今新疆烏魯木齊市南郊水西溝一帶。

劫國，[1]王治天山東丹渠谷，[2]去長安八千五百七十里。户九十九，口五百，勝兵百一十五人。輔國侯、都尉、譯長各一人。西南至都護治所千四百八十七里。

[1]【今注】劫國：天山北麓緑洲國。

[2]【今注】丹渠谷：一説位於今新疆烏魯木齊市西南，余太山則認爲丹渠谷可能位於烏魯木齊市東北方向的阜康市。

狐胡國，[1]王治車師柳谷，[2]去長安八千二百里。户五十五，口二百六十四，勝兵四十五人。輔國侯、左右都尉各一人。西至都護治所千一百四十七里，至焉耆七百七十里。

[1]【今注】狐胡：西域國名。

[2]【今注】車師柳谷：大致位於今新疆雅爾湖之西，托克遜東北。

山國，王去長安七千一百七十里。[1]户四百五十，口五千，勝兵千人。輔國侯、左右將、左右都尉、譯長各一人。西至尉犁二百四十里，西北至焉耆百六十里，西至危須二百六十里，東南與鄯善、且末接。山出鐵，民山居，寄田糴穀於焉耆、危須。

[1]【顏注】師古曰：常在山下居，不爲城治也。【今注】山國：西域國名。王先謙《漢書補注》引王念孫言：“此山國亦當作‘墨山國’，互見上□‘王’下當有‘治墨山城’四字。據《河水注》：‘國與城皆以墨山得名’。墨山國王治墨山城，猶上文之皮山國王治皮山城也。寫者脱之。”先謙案：“據酈《注》‘山’上當有‘墨’字，‘王’下當有‘治墨山城’四字，然《後漢·和帝紀》及《焉耆傳下》兩見並作‘山國’，則非寫脱，蓋所據本異也。”山國（墨山國）的位置在今庫魯克塔格山一帶，其王治所在有多種觀點：其一，今辛格爾（Singer）或克孜爾辛格爾（Kizil-sangir）綠洲一帶。由斯坦因提出，目前在學界認可度較高。其二，今新疆尉犁縣的營盤遺址（參見黃文弼《漢西域諸國之分布及種族問題》，《黃文弼歷史考古論集》，文物出版社 1989 年版，第 22—36 頁）。其三，在辛格爾以東，庫魯克塔格山南麓蘇蓋提布拉克山谷中的夏爾托卡依古城（參見羊毅勇《論漢晉時期羅布淖爾地區與外界的交通》，載穆舜英等編《樓蘭文化研究論集》，新疆人民出版社 1995 年版，第 310—315 頁）。山國（墨山國）處於溝通天山南北、聯接羅布洼地和吐魯番盆地的交通要道上，曾在兩漢魏晉時期西域地區的政治和軍事活動當中扮演過重要的角色〔參見羅新《墨山國之路》，《國學研究》（第五卷），北京大學出版社 1998 年版，第 483—519 頁〕。

車師前國，[1]王治交河城。[2]河水分流繞城下，故號交河。去長安八千一百五十里。户七百，口六千五十，勝兵千八百六十五人。輔國侯、安國侯、左右將、都尉、歸漢都尉、車師君、通善君、鄉善君各一人，[3]譯長二人。西南至都護治所千八百七里，[4]至焉耆八百三十五里。

［1］【今注】車師前國：西域國家。

［2］【今注】交河城：在今新疆吐魯番市以西的雅爾和圖（Yar-Khoto）。余太山《兩漢魏晉南北朝正史西域傳要注》認爲："車師所在地扼守著連接天山南北的重要孔道，自公元前 177 或前 176 年冒頓單于逐走月氏以來，一直是匈奴在西域的重要據點。武帝開展西域經營後，西漢與匈奴曾在車師及其附近反復較量，宣帝地節、元康間，又曾屯田交河城，並在神爵二年（前 60）占領車師後，徙部分渠犂屯田至博格多山以北的北胥鞬，並將車師國分爲車師前後國，以便控制。這一切都表明西漢對車師一地的重視；而車師前後國也逐步成爲西漢在西域的重要據點。元帝初元元年西漢置戊己校尉，屯田車師前王庭，而從此渠犂屯田不復見諸記載，很可能是廢止了。這清楚説明在西漢通西域路綫上，交河城的位置是何等重要。西漢在西域屯田之處，均爲交通樞紐，無一例外。"（第 200 頁）

［3］【顏注】師古曰：鄉，讀曰"嚮"。【今注】案，王先謙《漢書補注》引徐松《漢書·西域傳補注》曰："車師叛服不常，故名官多以降附爲義。"

［4］【今注】案，七，蔡琪本、殿本同，大德本作"十"。

車師後王國，[1]治務塗谷，[2]去長安八千九百五十里。戶五百九十五，口四千七百七十四，勝兵千八百九十人。擊胡侯、左右將、左右都尉、道民君、譯長各一人。[3]西南至都護治所千二百三十七里。

［1］【今注】車師後王國：西域國家。宣帝神爵二年（前 60）西漢擊敗車師後，從原車師國分裂出來。同車師前國不同，車師後國的居民主要從事游牧業。案，王國，蔡琪本、殿本作"國王"。

［2］【今注】務塗谷：王庭所在的務塗谷，一般認爲在今新疆

吉木薩爾縣南部，主要包括以下幾種説法：其一，今吉木薩爾縣泉子街鎮吾塘溝（參見陳戈《別失八里（五城）名義考實》，《新疆社會科學》1986 年第 1 期；薛宗正《務涂谷、金蒲、疏勒考》，《新疆文物》1985 年第 2 期）。其二，今吉木薩爾縣千佛洞（參見孟凡人《北庭史地研究》，新疆人民出版社 1985 年版，第 17、62 頁）。其三，今吉木薩爾縣可汗浮圖城遺址，具體而言，是在今吉木薩爾縣小西溝疙瘩梁遺址（參見戴良佐《務涂谷今地考》，《西北史地》1997 年第 4 期）；主張這一觀點的學者認爲，"務塗"即"浮屠"或"浮圖"，爲 Buddha 之音譯，其得名或與佛教有關。

[3]【顔注】師古曰：道，讀曰"導"。

車師都尉國，[1]户四十，口三百三十三，勝兵八十四人。

[1]【今注】車師都尉國：西域國家，應該是由原車師國分裂而來。徐松《漢書·西域傳補注》認爲其當爲漢朝所設置的用於監視車師的都尉官，余太山《兩漢魏晉南北朝正史西域傳要注》則認爲其是車師後國的都尉，並非漢人所置。該國地望不詳，王先謙《漢書補注》引《西域圖考》認爲"廣安城東七十里喀喇和卓即車師都尉國治也"，即今新疆吐魯番市境内。余太山則認爲其可能在車師後國之西。（第 202 頁）

車師後城長國，[1]户百五十四，口九百六十，[2]勝兵二百六十人。

[1]【今注】車師後城長國：西域國家。應該是由原車師國分裂而來。徐松《漢書·西域傳補注》認爲其爲漢人所置，余太山《兩漢魏晉南北朝正史西域傳要注》則認爲其是車師後國的城長

（第 202 頁）。案，從後文匈奴單于和車師後王“遣兵與共寇擊車師，殺後城長，傷都護司馬”的記載來看，該國爲漢人所置的可能性更大。該國地望不詳，王先謙《漢書補注》引《西域圖考》認爲其在奇臺縣之北，余太山則認爲其可能在車師都尉國之西。

[2]【今注】案，九，大德本同，蔡琪本、殿本作“五”。

武帝天漢二年，[1] 以匈奴降者介和王爲開陵侯，將樓蘭國兵始擊車師，匈奴遣右賢王將數萬騎救之，漢兵不利，引去。[2] 征和四年，[3] 遣重合侯馬通將四萬騎擊匈奴，[4] 道過車師北，復遣開陵侯將樓蘭、尉犁、危須凡六國兵別擊車師，勿令得遮重合侯。諸國兵共圍車師，[5] 車師王降服，臣屬漢。

[1]【今注】天漢二年：公元前 99 年。天漢，漢武帝年號（前 100—前 97）。

[2]【今注】案，余太山《兩漢魏晉南北朝正史西域傳要注》謂：“車師之前身姑師於武帝元封三年（前 108）被漢軍擊破，其王被俘虜後，餘衆越過庫魯克塔克山投靠匈奴。史籍將此後占有博格多山南北的姑師記作‘車師’。‘車師’與‘姑師’實爲同名異譯……天漢二年（前 99）之役是西漢第一次攻擊位於博格多山南北的車師，故傳文稱‘始擊車師’。這次攻擊的主要是配合漢軍在天山東端對匈奴的進攻。蓋同年漢遣李廣利出酒泉，擊右賢王於天山。由於匈奴回援及時，漢軍無功而返。”（第 202—203 頁）

[3]【今注】征和四年：公元前 89 年。征和，漢武帝年號（前 92—前 89）。王先謙《漢書補注》引徐松《漢書·西域傳補注》曰：“當從《武紀》《功臣表》《李廣利傳》作‘三年’。”

[4]【今注】案，侯，蔡琪本、殿本同，大德本作“從”。

[5]【今注】案，大德本、殿本同，蔡琪本無“兵”字。

昭帝時，匈奴復使四千騎田車師。宣帝即位，遣五將將兵擊匈奴，[1]車師田者驚去，車師復通於漢。匈奴怒，召其大子軍宿，欲以爲質。軍宿，焉耆外孫，不欲質匈奴，亡走焉耆。車師王更立子烏貴爲大子。及烏貴立爲王，與匈奴結婚姻，教匈奴遮漢道通烏孫者。

[1]【顏注】師古曰：謂本始二年御史大夫田廣明爲祁連將軍，後將軍趙充國爲蒲類將軍，雲中太守田順爲武牙將軍，及度遼將軍范明友、前將軍韓增，凡五將也。

地節二年，[1]漢遣侍郎鄭吉、校尉司馬憙，[2]將免刑罪人田渠犁，積穀，欲以攻車師。至秋收穀，吉、憙發城郭諸國兵萬餘人，自與所將田士千五百人共擊車師，攻交河城，破之。王尚在其北石城中，[3]未得，會軍食盡，吉等且罷兵，歸渠犁田。收秋畢，復發兵攻車師王於石城。王聞漢兵且至，北走匈奴求救，匈奴未爲發兵。王來還，與貴人蘇猶議欲降漢，恐不見信。蘇猶教王擊匈奴邊國小蒲類，[4]斬首，略其人民，以降吉。車師旁小金附國隨漢軍後盜車師，[5]車師王復自請擊破金附。

[1]【今注】地節二年：公元前68年。地節，漢宣帝年號（前69—前66）。
[2]【顏注】師古曰：憙，音許吏反。
[3]【今注】石城：地望不詳。

[4]【今注】小蒲類：王先謙《漢書補注》引徐松《漢書·西域傳補注》：“《匈奴傳》言左右賢王、左右谷蠡最大國，然則裨小王爲小國矣。諸小王亦稱諸侯，《匈奴傳》言匈奴西邊諸侯是也。匈奴有東蒲類王。”

[5]【今注】小金附：西域國名。或以爲《後漢書》卷一九《耿恭傳》中的“金蒲城”即其都城。余太山認爲，其故址可能在今吉木薩爾縣泉子街東大龍溝古城遺址。另有吉木薩爾縣泉子街小西溝古城遺址（參見薛宗正《絲綢之路北庭研究》，新疆人民出版社 2008 年版，第 73—79 頁）、烏魯木齊市南的烏拉泊古城之西北子城（參見李樹輝《烏拉泊古城新考》，《敦煌研究》2016 年第 3 期）等觀點。

　　匈奴聞車師降漢，發兵攻車師，吉、熹引兵北逢之，匈奴不敢前。吉、熹即留一候與卒二十人留守王，吉等引兵歸渠犁。車師王恐匈奴兵復至而見殺也，迺輕騎奔烏孫，吉即迎其妻子置渠犁。東奏事，至酒泉，有詔還田渠犁及車師，益積穀以安西國，侵匈奴。吉還，傳送車師王妻子詣長安，賞賜甚厚，每朝會四夷，常尊顯以示之。於是吉始使吏卒三百人別田車師。得降者言，單于大臣皆曰：“車師地肥美，近匈奴，使漢得之，多田積穀，必害人國，不可不爭也。”果遣騎來擊田者，吉迺與校尉盡將渠犁田士千五百人往田，匈奴復益遣騎來，漢田卒少不能當，保車師城中。匈奴將即其城下謂吉曰：[1]“單于必爭此地，不可田也。”圍城數日迺解。後常數千騎往來守車師，吉上書言：“車師去渠犁千餘里，間以河山，[2]北近匈奴，漢兵在渠犁者執不能相救，願益田卒。”公卿議以爲道遠煩費，可且罷車師田者。詔遣長羅侯[3]將張掖、酒泉騎出車師北千餘里，揚威武車師旁。胡騎引去，[4]吉迺得出，歸渠犁，凡三校尉屯田。[5]

[1]【顏注】師古曰：即，就也。

[2]【顏注】師古曰：間，隔也，音居莧反。

[3]【顏注】師古曰：常惠也。

[4]【今注】案，大德本、殿本同，蔡琪本"引"後有"兵"字。《漢書考正》宋祁曰："淳化本作'引兵去'，熙寧本及越本無'兵'字。"

[5]【今注】三校尉：西漢在西域設置的主管屯田等事務的官員。"三校尉"的具體所指存在一定爭議，或以爲指"戊校尉、己校尉和西域都護副校尉"（參見黃文弼《羅布淖爾漢簡考釋》，《西北史地論叢》，上海人民出版社1981年版，第309—354頁）；或以爲指"戊校尉、己校尉和戊己校尉"（參見張維華《西域都護通考》，《漢史論集》，齊魯書社1980年版，第245—308頁；余太山《兩漢戊己校尉考》，《兩漢魏晉南北朝與西域關係史研究》，第258—270頁）；或以爲爲戊校尉、己校尉和比胥鞬校尉的前身（參見李炳泉《兩漢戊己校尉建制考》，《史學月刊》2002年第6期）。

車師王之走烏孫也，烏孫留不遣，遣使上書，願留車師王，備國有急，可從西道以擊匈奴。漢許之。於是漢召故車師太子軍宿在焉耆者，立以爲王，盡徙車師國民令居渠犁，遂以車師故地與匈奴。車師王得近漢田官，與匈奴絕，亦安樂親漢。後漢使侍郎殷廣德責烏孫，求車師王。烏孫貴將詣闕，[1]賜第與其妻子居。是歲，元康四年也。[2]其後置戊己校尉屯田，居車師故地。

[1]【顏注】師古曰：烏孫遣其將之貴者入漢朝。【今注】案，《漢書考正》劉敞曰："漢求車師王耳，烏孫貴將反詣闕，又賜第與妻子居，非理也。按，《鄭吉傳》送車師王妻子詣長安，今漢復責烏孫求車師王，故賜車師王第與妻子居耳，又當云'烏孫遣其貴人將詣闕'。"錢大昕《廿二史考異·漢書三》曰："烏貴者，車師王之名。是時車師已別立王，故稱其前王名以別之，當以'求車師王烏貴'六字爲句。'將詣闕'三字爲句，刊本誤衍'孫'字，顏不能校正，曲爲之説。劉知其未安，乃謂當云'烏孫遣其貴人將詣闕'，亦非也。"

[2]【今注】元康四年：公元前 62 年。元康，漢宣帝年號（前 65—前 61）。

元始中，車師後王國有新道，出五船北，[1]通玉門關，往來差近，戊己校尉徐普欲開以省道里半，避白龍堆之阸。[2]車師後王姑句[3]以道當爲拄置，[4]心不便也。地又頗與匈奴南將軍地接，普欲分明其界然後奏之，召姑句使證之，不肯，繫之。姑句數以牛羊賕吏，求出不得。姑句家矛端生火，其妻股紫陬[5]謂姑句曰："矛端生火，此兵氣也，利以用兵。前車師前王爲都護司馬所殺，今久繫必死，不如降匈奴。"即馳寇出高昌壁，[6]入匈奴。

[1]【今注】五船：地名。具體位置不詳。案，船，蔡琪本、大德本同，殿本作"船"。

[2]【今注】案，阸，蔡琪本、大德本、殿本作"阸"。

[3]【顏注】師古曰：句，音"鈎"。

[4]【顏注】師古曰：拄者，支拄也。言有所置立，而支拄於己，故心不便也。拄，音竹羽反，又竹具反（大德本、殿本同，蔡琪本"竹"前有"音"字）。其字從手，而讀之者或不曉，以拄爲梁柱之柱，及分破其句，言置柱於心，皆失之矣。【今注】案，《漢書考正》劉敞曰："道當爲拄置者，新道出車師後王國，則漢使往來，後王主爲之供億，故心不便也，'拄置'猶言'儲侍'矣。"《漢書考正》宋祁曰："按《通典》，'道'下有'通'字。"

[5]【顏注】師古曰：陬，音子侯反。

[6]【今注】案，寇，蔡琪本、大德本、殿本作"突"。　高昌壁：西域漢軍營壘，後來成爲戊己校尉的駐地。一般認爲，高昌壁就在今新疆吐魯番的高昌故城遺址。余太山認爲，"高昌"是 Gasiani 的對譯；王素則認爲，高昌之得名，源於敦煌高昌里，蓋因始建高昌壁的士兵多來自敦煌高昌里，遂以之爲名（參見王素《高昌得名新探》，《西北史地》1992 年第 3 期）。

　　又去胡來王唐兜，國比大種赤水羌，[1]數相寇，不勝，告急都護。都護但欽不以時救助，[2]唐兜困急，怨欽，東守玉門關。玉門關不內，即將妻子人民千餘人亡降匈奴。匈奴受之，而遣使上書言狀。是時，新都侯王莽秉政，遣中郎將王昌等使匈奴，告單于西域內屬，不當得受。單于謝罪，執二王以付使者。莽使中郎王萌待西域惡都奴界上逢受。[3]單于遣使送，因請其罪。[4]使者以聞，莽不聽，詔下會西域諸國王，陳軍斬姑句、唐兜以示之。

[1]【顏注】師古曰：比，近也，音頻寐反。

[2]【今注】但欽：西漢第十八任西域都護，任期自平帝元始元年（1）至新莽始建國五年（13）。

[3]【顏注】師古曰：逆受謂先至待之，逆見即受取也。【今注】案，據本書卷九四下《匈奴傳下》中，王萌爲中郎將。

[4]【顏注】師古曰：請免其罪也。

　　至莽篡位，建國二年，[1]以廣新公甄豐爲右伯，當出西域。車師後王須置離聞之，與其右將股鞮、左將尸泥支謀曰：[2]“聞甄公爲西域太伯，當出，故事給使者牛羊穀芻茭，導譯，[3]前五威將過，[4]所給使尚未能備。今太伯復出，國益貧，恐不能稱。”[5]欲亡入匈奴。戊己校尉刁護聞之，[6]召置離驗問，辭服，乃械致都護但欽在所埒婁城。[7]置離人民知其不還，皆哭而送之。至，欽則斬置離。置離兄輔國侯狐蘭支將置離衆二千餘人，驅畜産，舉國亡降匈奴。[8]

[1]【今注】建國二年：即始建國二年（10）。始建國，王莽年號（9—13）。

[2]【顏注】師古曰：鞮，音丁奚反。

[3]【今注】導譯：導，嚮導；譯，翻譯。

[4]【今注】案，據本書卷九九《王莽傳》，事在始建國元年秋。

[5]【顏注】師古曰：不副所求也。

[6]【顏注】師古曰：刁，音“彫”。

[7]【顏注】師古曰：埒婁，城名。埒，音“劣”。婁，音“樓”。【今注】案，埒婁位置不詳，余太山認爲其當與“輪臺”爲同名異譯。成，蔡琪本、大德本、殿本作“城”。

[8]【顔注】師古曰：盡率一國之衆也（率，大德本、殿本同，蔡琪本作“卒”）。

是時，莽易單于璽，[1]單于恨怒，遂受狐蘭支降，遣兵與共寇擊車師，殺後城長，傷都護司馬，及狐蘭兵復還入匈奴。時戊己校尉刁護病，遣史陳良屯桓且谷備匈奴寇，[2]史終帶取糧食，司馬丞韓玄領諸壁，右曲候任商領諸壘，相與謀曰：“西域諸國頗背叛，匈奴欲大侵，要死。可殺校尉，將人衆降匈奴。”[3]即將數千騎至校尉府，脅諸亭令燔積薪，[4]分告諸壁曰：“匈奴十萬騎來入，吏士皆持兵，後者斬！”得三四百人，去校尉府數里止，晨火燃。[5]校尉開門擊鼓收吏士，良等隨入，遂殺校尉刁護及子男四人、諸昆弟子男，獨遺婦女小兒。[6]止留戊己校尉城，遣人與匈奴南將軍相聞，[7]南將軍以二千騎迎良等。[8]良等盡脅略戊己校尉吏士男女二千餘人入匈奴。單于以良、帶為烏賁都尉。[9]

[1]【今注】案，指將“匈奴單于”改為“降奴服于”之事。

[2]【顔注】師古曰：且，音子余反（余，大德本、殿本同，蔡琪本作“餘”）。

[3]【顔注】如淳曰：言匈奴來侵，會當死耳，可降匈奴也。師古曰：要，音一妙反。

[4]【顔注】師古曰：示為爇火也。

[5]【顔注】師古曰：古“然”字。

[6]【顔注】師古曰：遺，留置不殺也。

[7]【今注】案，"相聞"二字底本殘缺，據蔡琪本、大德本補。

[8]【今注】案，"二千"二字底本殘缺，據蔡琪本、大德本補。

[9]【顏注】師古曰：賁，音"奔"。

後三歲，單于死，弟烏纍單于咸立，[1]復與莽和親。莽遣使者多齎金幣賂單于，購求陳良、終帶等。單于盡收四人及手殺刁護者芝音妻子以下二十七人，皆械檻車付使者。到長安，莽皆燒殺之。其後莽復欺詐單于，和親遂絕。匈奴大擊北邊，而西域亦瓦解。焉耆國近匈奴，先叛，殺都護但欽，莽不能討。[2]

[1]【顏注】師古曰：纍，音力追反。

[2]【今注】案，據本書卷九九中《王莽傳中》，焉耆叛殺都護但欽在始建國五年（13）。

天鳳三年，[1]迺遣五威將王駿、西域都護李崇將戊己校尉出西域，[2]諸國皆郊迎，送兵穀。焉耆詐降而聚兵自備。駿等將莎車、龜茲兵七千餘人，分爲數部入焉耆，焉耆伏兵要遮駿。及姑墨、尉犁、危須國兵爲反間，還共襲擊駿等，皆殺之。唯戊己校尉郭欽別將兵，後至焉耆。焉耆兵未還，欽擊殺其老弱兵還。[3]莽封欽爲劋胡子。[4]李崇收餘士，還保龜茲。數年莽死，崇遂沒，西域因絕。

[1]【今注】天鳳三年：公元 16 年。天鳳，王莽年號（14—19）。

[2]【今注】案，吳礽驤據敦煌漢簡中的記載提出，王駿西征時的職銜爲“使西域大使五威左率都尉”，主要依據是漢簡中有六條簡文較完整地記載了這一稱謂，並且認爲“左率”當即“連率”，“連率”職如太守，可稱“將軍”。“連率”分左右，史籍闕載〔參見吳礽驤《敦煌馬圈灣漢代烽燧遺址發掘報告·伍·簡牘》，收入甘肅省文物考古研究所編《敦煌漢簡》（下冊），中華書局 1991 年版，第 67—89 頁〕。張德芳、李永良則認爲，“左率”不能釋作“連率”，因爲“左”“連”不通假，且傳世文獻中絶無連率分左右的痕迹；此外，地方官直到地皇元年（20）以後纔兼稱武職，比王駿西征的時間（天鳳三年至四年）晚了三四年，且此時“連率”也衹能稱“偏將軍”。他們認爲，王駿的職銜爲“使西域大使五威將”，“使西域大使五威左率都尉”應爲王駿的屬官，其具體所指很可能是王駿的佐帥何封（參見張德芳、李永良《關於敦煌漢簡中西域史料的幾個問題》，收入大庭脩主編《漢簡研究的現狀與展望》，日本關西大學出版部 1993 年版，第 150—163 頁）。關於此次西征的行軍路綫，余太山《兩漢魏晉南北朝正史西域傳要注》謂：“王駿於天鳳三年十二月經過玉門千秋隧，翌年正月抵達大煎都候障，亦於此置幕府，調集軍隊，籌積糧秣。王駿所率兵，皆自河西各郡徵調，並分三批到達敦煌大煎都候官，凡七千餘人。漢軍分兩路進兵，一路由王駿、李崇自將，約二千兵，自大煎都候障西出，經鄯善至尉犁，會莎車、龜兹、尉犁等西域諸國兵，共七千餘人，於天鳳四年六月進擊焉耆。初戰頗有斬獲，曾向朝廷請賞，但旋即中伏敗績，又上書請罪，並求救兵。王駿被殺，全軍覆沒後，李崇退守龜兹，上書請罪。另一路，據《漢書·王莽傳中》，王駿命‘佐帥何封，戊己校尉郭欽別將’。兩將率兵五千，經‘新道’，亦即經由車師、西南向擊焉耆，於襲殺其老幼後，退守車師。焉耆乃與匈奴連兵，攻車師，何封、郭欽等孤軍作戰，備歷艱辛，

終因'糧食乏盡，吏士飢餒'，無法堅守，退入塞内。西漢與焉耆等三國關係至此斷絕。"（第215頁）

　　[3]【今注】案，大德本同，蔡琪本、殿本"兵還"前有"引"字。

　　[4]【顏注】鄧展曰：剗，音"衫"。師古曰：剗，絕也，音子小反。字本作"剗"，轉寫誤耳。

　　最凡國五十。[1]自譯長、城長、君、監、吏、大禄、百長、千長、都尉、且渠、當户、將、相至侯、王，皆佩漢印綬，凡三百七十六人。而康居、大月氏、安息、罽賓、烏弋之屬，皆以絶遠不在數中，其來貢獻則相與報，不督録總領也。

　　[1]【今注】案，徐松《漢書·西域傳補注》："據哀、平間，分五十五國，除去不屬都護者五國，故曰五十。"

　　贊曰：孝武之世，圖制匈奴，患其兼從西國，結黨南羌，[1]迺表河曲，列四郡，[2]開玉門，通西域，以斷匈奴右臂，隔絕南羌、月氏。單于失援，由是遠遁，而幕南無王庭。

　　[1]【顏注】師古曰：圖，謀也。從，音子容反。
　　[2]【今注】案，四，蔡琪本同，大德本、殿本作"西"。《漢書考正》宋祁曰："新本'西'作'四'。"

　　遭值文、景玄默，養民五世，天下殷富，財力有餘，士馬彊盛。故能睹犀布、瑇瑁則建珠崖七郡，[1]感枸醬、竹杖則開牂柯、越嶲，[2]聞天馬、蒲陶則通大宛、安息。自是之後，明珠、文甲、通犀、翠羽之珍盈於後宮，[3]蒲梢、龍文、魚目、汗血之馬充於黃門，[4]鉅象、師子、猛犬、大雀之群食於外囿。[5]殊方異物，四面而至。於是廣開上林，穿昆明池，營千門萬户之宮，[6]立神明通天之臺，[7]興造甲乙之帳，[8]落以隨珠和璧，[9]天子負黼依，襲翠被，馮玉几，而處其中。[10]設酒池肉林以饗四夷之客，作巴俞都盧、海中碭極、漫衍魚龍、角抵之戲以觀視之。[11]及賂遺贈送，萬里相奉，師旅之費，不可勝計。至於用度不足，迺榷酒酤，[12]筦鹽鐵，鑄白金，造皮幣，算至車舩，[13]租及六畜。民力屈，財用竭，[14]因之以凶年，寇盜並起，道路不通，直指之使始出，衣繡杖斧，斷斬於郡國，然後勝之。是以末年遂棄輪臺之地，而下哀痛之詔，豈非仁聖之所悔哉！且通西域，近有龍堆，遠則蔥嶺，身熱、頭痛、縣度之阨。淮南、杜欽、楊雄之論，[15]皆以爲此天地所以界別區域，絕外内也。《書》曰“西戎即序”，[16]禹既就而序之，非上威服致其貢物也。

[1]【顏注】師古曰：瑇，音“代”。瑁，音“妹”。【今注】案，王先謙《漢書補注》引王念孫言，疑“布”爲“象”之訛。瑇瑁：一種大型海龜。　建珠崖七郡：漢武帝元鼎六年（前111）平南越，置南海、蒼梧、鬱林、合浦、交趾、九真、日南、珠崖、儋耳九郡，後棄珠崖、儋耳兩郡。

　　[2]【顏注】師古曰：枸，音“矩”。【今注】牂柯越嶲：郡

名。牂柯郡治且蘭（今貴州東南部），轄境包括今貴州大部、廣西西北部和雲南東部地區；越嶲郡治邛都（今四川西昌市東南）。武帝元鼎六年，定西南夷，新設武都、牂柯、越嶲、沈黎、文山等郡。

［3］【顏注】如淳曰：文甲即瑇瑁也。通犀，中央色白，通兩頭。【今注】通犀：犀牛角的一種，又名通天犀，因角中央有入綫的白色紋理通向兩頭而得名。　翠羽：翠色的鳥羽，裝飾品。

［4］【顏注】孟康曰：四駿馬名也。師古曰：梢馬（梢，大德本、殿本同，蔡琪本作“稍”），音所交反。

［5］【顏注】師古曰：巨亦大。

［6］【今注】千門萬户之宫：指建章宫，在未央宫之西，其營建在武帝太初元年（前104）。

［7］【今注】神明通天之臺：指神明臺和通天臺，分別在建章宫和甘泉宫内。

［8］【顏注】師古曰：其數非一，以甲乙次第名之也。

［9］【顏注】師古曰：落，與“絡”同。

［10］【顏注】師古曰：依，讀曰“扆”。扆如小屏風，而畫爲黼文也。白與黑謂之黼，又爲斧形。襲，重衣也。被，音皮義反。

［12］【顏注】晉灼曰：都盧，國名也。李奇曰：都盧，體輕善緣者也。碭極，樂名也。師古曰：巴人，巴州人也。俞，水名，今渝州也（渝，大德本、殿本同，蔡琪本作“俞”）。巴俞之人，所謂賨人也，勁鋭善舞，本從高祖定三秦有功，高祖喜觀其舞，因令樂人習之，故有巴俞之樂。漫衍者，即張衡《西京賦》所云“巨獸百尋，是爲漫延”者也。魚龍者，爲含利之獸，先戲於庭極，畢乃入殿前激水，化成比目魚，跳躍漱水。作霧障日，畢，化成黄龍八丈，出水敖戲於庭，炫燿日光。《西京賦》云“海鱗變而成龍”，即爲此色也。俞，音“踰”。陽，音大浪反（陽，殿

本、蔡琪本、大德本作"碭";大,大德本同,殿本、蔡琪本、白鷺洲本作"徒")。衍,音弋戰反。視,讀曰"示"。觀示者,視之令觀也。

[12]【今注】案,攉,大德本同,蔡琪本、殿本作"榷"。

[13]【今注】案,舩,蔡琪本同,大德本、殿本作"船"。

[14]【顏注】師古曰:屈。音其勿反。【今注】案,"攉酒酤,筦鹽鐵,鑄白金,造皮幣,算至車船,租及六畜",詳見本書卷六《武紀》和卷二四《食貨志》。

[15]【今注】淮南杜欽楊雄之論:淮南之論,見本書卷六四上《嚴助傳》所載淮南王諫伐閩越書;杜欽之論,見本卷《西域傳上》;楊雄之論,見本書卷九四下《匈奴傳下》載建平四年(前3)楊雄上書。案,楊,大德本同,蔡琪本、殿本作"揚"。

[16]【顏注】師古曰:《禹貢》之辭也。序,次也。

西域諸國,各有君長,兵眾分弱,無所統一,雖屬匈奴,不相親附。匈奴能得其馬畜旃罽,[1]而不能統率與之進退。與漢隔絕,道里又遠,得之不爲益,棄之不爲損。盛德在我,無取於彼。故自建武以來,[2]西域思漢威德,咸樂內屬。唯其小邑鄯善、車師,界迫匈奴,尚爲所拘。而其大國莎車、于闐之屬,數遣使置質于漢,願請屬都護。聖上遠覽古今,因時之宜,羈縻不絕,辭而未許。[3]雖大禹之序西戎,周公之讓白雉,太宗之卻走馬,義兼之矣,亦何以尚茲![4]

[1]【今注】旃罽:指毛織品。

[2]【今注】建武:東漢光武帝劉秀年號(25—56)。

[3]【今注】案,據《後漢書》卷八八《西域傳》,建武十四

年（38），莎車王賢與鄯善王安俱遣使貢獻；建武十七年莎車王賢復遣使貢獻，請都護；建武二十一年，車師前王、鄯善、焉耆等十八國俱遣子入侍，並請都護。光武帝以"中國初定，北邊未服"，"皆還其侍子"。

　　[4]【顏注】師古曰："西戎即序"，説已在前。昔周公相成王，越裳氏重九譯而獻白雉。至（至，蔡琪本作"成"，殿本無"至"字），王問周公，公曰："德不加焉，則君子不饗其質；政不施焉，則君子不臣其遠。吾何以獲此物也？"譯曰："吾受命國之黃耇曰：'久矣天之無列風雨雷也，意中國有聖人乎？盍往朝之，然後歸之。'"王稱先王之神所致，以薦宗廟。太宗，漢文帝也。卻走馬，謂有人獻千里馬，不受，還之，賜道路費也。《老子德經》曰"天下有道（老，蔡琪本、大德本同，殿本作"考"），卻走馬以糞"，故贊引也。